Daolu Lüke Yunshu Jiashiyuan Peixunshi

道路旅客运输驾驶员培训师

Peixun Jiaocai

培训教材

张广友　主　编

李利勤　刘毓佳　副主编

人民交通出版社股份有限公司

China Communications Press Co.,Ltd.

内 容 提 要

本书围绕道路旅客运输驾驶员培训师需要掌握的重点知识和技能进行介绍，全书分为基础篇、专业篇、应用篇。主要内容包括道德法规、培训通识、驾驶规范、车辆技术和驾驶评价5个单元。

本书可作为道路旅客运输驾驶员培训师的培训教材，也可作为道路旅客运输企业的内部培训教材。

图书在版编目(CIP)数据

道路旅客运输驾驶员培训师培训教材/张广友主编
.—北京：人民交通出版社股份有限公司，2019.12

ISBN 978-7-114-16104-9

Ⅰ.①道… Ⅱ.①张… Ⅲ.①旅客运输—汽车驾驶员—职业培训—教材 Ⅳ.①U471.3

中国版本图书馆CIP数据核字(2019)第278267号

书　　名：道路旅客运输驾驶员培训师培训教材
著 作 者：张广友
责任编辑：翁志新
责任校对：孙国靖　扈　婕
责任印制：张　凯
出版发行：人民交通出版社股份有限公司
地　　址：(100011)北京市朝阳区安定门外外馆斜街3号
网　　址：http://www.ccpress.com.cn
销售电话：(010)59757973
总 经 销：人民交通出版社股份有限公司发行部
经　　销：各地新华书店
印　　刷：北京印匠彩色印刷有限公司
开　　本：787×1092　1/16
印　　张：14.25
字　　数：240千
版　　次：2019年12月　第1版
印　　次：2019年12月　第1次印刷
书　　号：ISBN 978-7-114-16104-9
定　　价：45.00元

PREFACE 前言

《道路旅客运输驾驶员培训师培训教材》由广东省交通运输厅组织编写，教材开发小组在深入结合粤港汽车运输联营有限公司实行了6年的"驾驶员培训师"制度，在充分调研与深入提炼的基础上形成。实践证明，粤港汽车运输联营有限公司推行的"驾驶员培训师"制度，取得了显著的经济效益与社会效益。在编写的过程中，充分地结合了驾驶员培训师的职能，从驾驶员培训师应具备的道德法规（包括职业道德、道路运输安全相关法律法规）、培训通识（包括驾驶员身心健康与调节、应急处置与伤员急救常识、管理与沟通、教育教学方法）、驾驶规范（包括驾驶员操作规范、驾驶员安全意识、防御性驾驶技术）、车辆技术（包括车辆构造和日常维护、节油驾驶技术）、驾驶评价（包括基于防御性驾驶技术的车辆驾驶人员驾驶评价）五方面展开。

本教材按单元编写，每个单元下还设计了不同的模块，每个模块通过案例引入，起到画龙点睛的作用。每个模块根据以下内容呈现：

(1)知识目标：使读者通过本模块的学习，了解需要掌握的内容。

(2)能力目标：使读者清楚，通过本模块的学习需要掌握的具体技能。

(3)案例导入：通过案例引起读者的思考，同时对本模块所要介绍的内容起到画龙点睛的作用。

(4)知识储备：集中了本模块所介绍的内容，也是本模块主要的知识点。

(5)模块小结：总结提炼本模块所介绍的知识点，以及该知识点对驾驶员培训师在从业过程中的作用。

(6)练习提高：紧扣本模块的学习设计练习内容，在完成练习的过程中不断提高读者的能力。

本书由张广友担任主编，李利勤、刘毓佳担任副主编，李培龙、崔冠乔、杨志义参与了编写。

由于教材编写组水平有限，书中难免有不妥与错误之处，恳请专家和读者批评指正。

编　者

2019年7月

CONTENTS

目录

基础篇

单元1　道德法规 …… 2
　模块1　职业道德 …… 2
　　1　认知职业道德 …… 3
　　2　认知职业化 …… 6
　　3　驾驶员职业道德 …… 9
　模块2　道路运输法律法规 …… 11
　　1　道路运输法律法规体系 …… 12
　　2　道路运输相关法律主要内容 …… 13
　　3　道路运输驾驶员的权利和义务 …… 30
　　4　道路交通事故处理相关规定 …… 33
　　5　道路交通安全违法行为及处罚 …… 36
单元2　培训通识 …… 42
　模块3　驾驶员身心健康与调节 …… 42
　　1　驾驶员的个性心理特征 …… 46
　　2　驾驶员心理健康与行车安全 …… 49
　　3　心理调节 …… 51
　　4　驾驶员生理健康与行车安全 …… 56
　　5　驾驶员常见职业病及其预防措施 …… 60
　模块4　应急处置与伤员急救常识 …… 63
　　1　常见紧急情况的处置原则和方法 …… 63
　　2　道路交通事故现场的应急处置方法与伤员救护 …… 71
　模块5　管理与沟通 …… 77
　　1　管理认知 …… 78
　　2　运输企业安全管理 …… 82

3 非暴力沟通 …… 85
模块 6 教育教学方法 …… 94
1 教学方法 …… 95
2 规范的教学组织 …… 95
3 常用的教学方法 …… 96
4 教育教学方法的应用与技巧 …… 99

专 业 篇

单元 3 驾驶规范 …… 106
模块 7 驾驶员操作规范 …… 106
1 遵守安全操作规范的意义 …… 106
2 一般道路车辆行驶安全操作 …… 107
3 复杂环境车辆安全操作规范 …… 112
模块 8 驾驶员安全意识 …… 119
1 认识安全意识 …… 120
2 驾驶员安全意识 …… 122
3 认识“本质安全型”驾驶员 …… 125
4 驾驶员安全意识的典型案例 …… 127
模块 9 防御性驾驶技术 …… 130
1 防御性驾驶技术的基本概念 …… 130
2 防御性驾驶关键技术 …… 134
3 防御性驾驶技术的运用 …… 141
单元 4 车辆技术 …… 146
模块 10 车辆构造和日常维护 …… 146
1 大客车的总体结构 …… 146
2 大客车发动机的结构原理及日常使用注意事项 …… 149
3 大客车底盘的结构原理及日常维护 …… 164
4 大客车电气设备的结构原理及日常维护 …… 190
5 大客车的安全性装置 …… 191
6 大客车的日常维护 …… 193
模块 11 节油驾驶技术 …… 195
1 客车工况特点介绍 …… 195

2 影响客车油耗的因素 …… 196
3 客车节油操作技能 …… 199

应 用 篇

单元 5 驾驶评价 …… 204
模块 12 基于防御性驾驶技术的车辆驾驶人员驾驶评价 …… 204
1 概述 …… 204
2 驾驶评价具体内容 …… 204

附录 道路交通安全违法行为记分分值 …… 215
参考文献 …… 218

基础篇

单元1 道德法规

模块1 职业道德

知识目标

1. 了解职业道德基础知识;
2. 理解职业化基本内涵;
3. 掌握职业化养成与塑造的方法;
4. 掌握驾驶员职业道德规范。

能力目标

1. 能够遵守本行业的职业道德;
2. 能够让自己拥有良好的职业态度;
3. 能够让自己成为职业化的专业人才;
4. 能够提升自己的职业素养。

案例导入

布若与爱若的差距

爱若和布若同时受雇于一家超市,开始时两人都是从最底层干起。一段时间后,爱若受到总经理的青睐,一再被提升,布若却原地踏步。终于有一天,布若向总经理提出辞呈,并抱怨总经理用人不公平。总经理耐心地听着,他了解这个小伙子,工作肯吃苦,但似乎缺少了点什么,缺什么呢?他忽然想到了一个好主意。

"布若先生",总经理说,"请你马上到集市上去,看看今天集市上都有卖什么的。"布若很快从集市回来说,刚才集市上有一个农民拉了一车土豆在卖。

"价格多少?"布若再次跑到集市上。

等布若回来的时候,总经理望着跑得气喘吁吁的他,说:"请休息一会吧。你可以看看爱若是怎么做的。"说完叫来爱若,对他说:"爱若先生,请你马上到集市去看看今天有卖什么的。"

爱若很快从集市回来了,汇报说,到现在为止,只有一个农民在卖土豆,有10袋,价格适中,质量很好,他带回几个让经理看。这个农民过一会儿还有几筐西红柿要卖,价格还公道,可以进一些货。考虑到这种价格的西红柿总经理可能会要,所以他不仅带回了几个西红柿样品,而且还把那个农民也带来了,他现在正在外面等回话呢。

总经理看了一眼脸红的布若,说:“请他进来。”

爱若由于比布若多想了几步,所以在工作上取得了成功。

思考:什么是职业?什么是职业道德?

知识储备

1 认知职业道德

职业人应该遵循的职业道德是诚实、正直、守信、忠诚、公平、关心他人、尊重他人、追求卓越、承担责任。这些都是最基本的职业化素养。

1.1 职业道德

职业道德主要体现在职业理想、职业态度、职业义务、职业纪律、职业良心、职业荣誉、职业作风和职业技能等方面。

1.1.1 职业道德的定义

职业道德的概念有广义和狭义之分。广义的职业道德是指从业人员在职业活动中应该遵循的行为准则,涵盖了从业人员与服务对象、职业与职工、职业与职业之间的关系。狭义的职业道德是指在一定职业活动中应遵循的、体现一定职业特征的、调整一定职业关系的职业行为准则和规范。职业道德既是从业人员在进行职业活动时应遵循的行为规范,同时又是从业人员对社会所应承担的道德责任和义务。不同职业的人员在特定的职业活动中形成了特殊的职业关系、职业利益、职业活动范围和方式,由此形成了不同职业人员的道德规范。

1.1.2 职业道德的特点

职业道德作为职业行为的准则和规范,具有体现其自身性质的鲜明特征:

(1)鲜明的行业性。职业道德是与人们的职业生活、职业活动联系在一起的。它所规范的是每一种行业的从业人员的职业行为,只适用于本行业,不具有全社会的普遍适用性。例如,商业职业道德强调公平交易、诚实守信,医务人员职业道德强调救死扶伤、治病救人,都体现了行业特点而无普遍性。所以,行业性是职业道德最显著的特点。

(2)适用范围的有限性。职业道德虽有共同的特征和要求,存在职业道德的通用内容,如敬业、诚信、互助等,但在某一特定的行业和具体的岗位上,必须有与该行业和该岗位相适应的具体职业道德规范。例如"教书育人,为人师表"的职业道德要求不适用于医务工作者,而医务工作者"救死扶伤、治病救人"的职业道德要求不适用于教师。因此,职业道德的适用范围不是普遍的,而是特定的、有限的。

(3)表现形式的多样性。职业道德的内容千差万别,各行各业为了使职业道德在实践操作层面上更具有针对性和实效性,都根据自己的行业特点,归纳整理出适用本行业的行业公约、规章制度、员工守则、行为须知、岗位职责等。行业将职业道德的基本要求规范化、具体化、通俗化,使职业道德在形式上也表现出极其丰富的多样性特征。

(4)一定的强制性。职业道德除了通过传统习惯、社会舆论和从业人员的内心信念对从业人员的职业行为进行调节之外,它的另一个重要特征就是与职业责任和职业纪律相关联,具有一定的强制性。当从业人员违反了具有一定法律效力的职业章程、职业合同、职业责任、操作规程等,给集体和社会带来损失或危害时,职业道德就将用具体的评价标准对违规者进行处罚。

(5)相对的稳定性与连续性。职业的相对稳定性和延续性决定了与反映职业特征相适应的职业道德也具有相对稳定性和连续性,只要一定的职业连续存在下去,与这一职业相适应的职业道德就会延续并存在下去。如商业界的"童叟无欺"的职业道德、医务行业的"救死扶伤、治病救人"的职业道德等,千百年来为从事这些行业的人们传承和遵守。

(6)与物质利益具有的直接关联性。职业道德一般都要将它与自身的行业特点、要求紧密结合在一起,变成更加具体、明确、严格的岗位责任或岗位要求,并制订出相应的奖励制度和处罚措施,与从业人员的物质利益挂钩,强调责、权、利的有机统一。

1.2 社会主义职业道德

(1)爱岗敬业。爱岗就是指热爱自己的岗位,热爱自己的本职工作。敬业就是指尽心尽力做好本职工作,表现为对本职工作专心、认真、负责。

爱岗敬业就是指从业人员在特定的社会形态中,尽职尽责、一丝不苟地履行自己所从事的社会事务行为,以及在职业生活中表现出来的兢兢业业、埋头苦干、任劳任怨的强烈事业心和忘我精神。

爱岗敬业是对各行各业工作人员最普通、最基本的要求,是为人民服务和集体主义精神的具体体现，是职业道德基本规范的核心和基础。

爱岗敬业必须树立正确的职业态度。职业态度就是劳动态度，它是各行各业的劳动者对社会、对其他劳动者履行各种劳动义务的基础。

爱岗敬业必须树立正确的职业理想。职业理想贯穿于职业活动实践的始终，它决定着从业者的基本劳动态度。社会主义职业道德所提倡的职业理想以为人民服务为核心，以集体主义为原则，热爱本职工作，兢兢业业干好本职工作。

爱岗敬业必须掌握并不断提高职业技能。职业技能不仅能在人们确立职业态度、明确职业理想的过程中起到积极作用，而且也是从业者职业理想付诸实现的重要保障。

爱岗敬业必须自觉遵守职业纪律。职业纪律是调整职业实践的行为方式、保证行业内部行为一致并履行自己业已确定的职业道德规范的一种条件机制，它兼有法制、行政规范强制性和道德规范感召性的双重特征，是在社会主义条件下为完善各行各业的科学管理所提倡的职业道德，并最终扩展到全社会实现由法制调节过渡到道德调节的必要环节。

(2)诚实守信。诚实就是指外在言行与内心思想的一致性，即不弄虚作假、不欺上瞒下，言行一致、表里如一，做老实人、说老实话、办老实事。守信就是指遵守诺言、讲求信誉，注重信用，忠实地履行自己应当承担的责任和义务。

诚实和守信两者是紧密联系在一起的。诚实中蕴含着守信的要求，守信中包含着诚实的内涵。

诚实守信作为社会主义职业道德的基本规范之一，是社会发展的必然要求。诚实守信不仅是个人安身立命的基础，也是企业赖以生存和发展的基础，更是社会主义市场经济发展的内在要求。诚实守信具体体现在：诚实劳动；遵守合同和契约；维护单位的信誉；保守单位秘密。

(3)办事公道。办事公道是指从业者在办事情、处理问题时，站在公正的立场上，对当事各方公平合理、不偏不倚，都按照一个标准办事。

办事公道这一职业道德规范要求各行各业的劳动者在本职工作中，做到公平、公开、公正，不以私损公、不出卖原则。办事公道是社会主义职业道德的一个重要方面，是职业活动中的一种高尚道德情操，也是千百年来为人所称道的职业品质。办事公道的具体要求体现在：坚持真理，光明磊落；公平公正，公私分明。

(4)服务群众。“服”有承担、担当之意，“务”的本意是勉力从事。服务群众揭示了职业与人民群众的关系，指出了职业劳动者的主要服务对象是人民群众。服务群众是职业行为的本质，是社会主义道德建设的核心在职业活动中的具体运用。

服务群众的内容包含两个层次：首先，要求热情周到，从业人员对服务对象要主动、热情、耐心，服务细致周到、勤勤恳恳；其次，努力满足群众需要，为群众提供方便，想群众之所想，急群众之所急。

(5)奉献社会。奉献就是指不期望有所回报和酬劳而愿意为他人、为社会或为真理、为正义贡献出自己的一切，包括宝贵生命的情怀和品质。

奉献社会就是全心全意为社会作贡献，为人民谋福祉，是为人民服务和集体主义精神的最高体现，是社会主义职业道德的最高要求和最高境界，也是从业人员应具备的最高层次的职业修养。

在社会主义市场经济条件下，讲无私奉献精神，必须和利益追求结合起来，应当在求利的过程中发扬无私奉献的精神。个人求利首先应当以奉献为前提条件，把个人的利益融合在国家和人民的整体利益之中，勇于为人民的利益和社会的利益牺牲个人利益。只有这样，才能正确处理国家、集体和个人三者之间的利益关系，防止极端个人主义、利己主义倾向，从而形成自觉奉献、健康追求的高尚情操。

2　认知职业化

职业化是现代化过程中的必然产物，其目的是提高劳动生产率，保证企业工作的品质达到一定的标准。可以说，职业化是企业发展的核心竞争力。职业化有广义和狭义之分。广义上的职业化是指一个职工群体在其所具备的岗位上所具有的特定的素质，其主要是指对于这个职工群体的职业做出具体的标准化的要求。而狭义上的职业化，主要是指员工在从事某个职业工作的时候所需要具备的相关素质与技能。

2.1　职业化的内涵

以国际通行的概念分析，职业化的内涵至少包括四个方面：

(1)职业化的工作技能(像个做事的样子)。

(2)职业化的工作形象(像个那一行的样子)。

(3)职业化的工作态度(做事情力求完美，把事情尽量做好)。

(4)职业化的工作道德(对商业品牌的维护)。

2.2　职业化的养成与塑造

营运汽车驾驶员是营运企业运输生产一线直接服务社会、服务旅客的主要工种，肩负着比普通驾驶员更重大的社会和经济责任。职业的特殊性决定了营运汽车驾驶员应当具备相应的职业道德、运输服务知识和服务技能，了解道路运输法规业务规范，同时还要掌握一定的车辆维修、故障处理知识和娴熟的驾驶技能。营运汽车驾驶员不仅关系国家、人民生命财产的安全，也直接关系着驾驶员个人的生命和家庭的幸福。成为营运企业职业驾驶员,除需具有一定的驾龄要求外,必须参加营运车辆驾驶员的职业培训。

所谓职业培训,实质是进行职业化的工作技能、职业化的工作形象、职业化的工作态度、职业化的工作道德,进行规范的全面教育过程,其培训内容广、项目多、要求严、时间长。同时对于已经从事营业性道路运输的职业驾驶员,还要求每年进行再教育,以保证从业人员的技能和素质水平。

2.2.1 职业化的工作技能

职业化的工作技能就是“像个做事的样子”。当客户的知识、经验与需求超过我们的供给时,他很容易就会放弃我们。

(1)道路运输客运企业从业人员的工作技能要求,即企业每一个部门或岗位,各个层级的人员都要有必须具备的“能力(技术)”。

(2)每个部门或岗位的人员都要有岗位责任书或定岗说明书,列明这些能力应该拥有的知识、技巧;记录每位干部、员工的能力差距(缺口);准备相关的教材、课程、工具等。

要获得工作技能就要对自身的知识进行管理。所谓知识管理,就是在组织中建构一个量化与质化的知识系统,让组织中的资讯与知识,透过获得、创造、分享、整合、记录、存取、更新、创新等过程,不断地回馈到知识系统内,形成永不间断的个人与组织累积的知识,成为组织智慧的循环。在企业组织中成为管理与应用的智慧资本,有助于企业做出正确的决策,以适应市场的变迁。21 世纪企业的成功越来越依赖于企业所拥有知识的质量,利用企业所拥有的知识为企业创造竞争优势和持续竞争优势对企业来说始终是一个挑战。

(3)对技能不足的人员进行培训,要先识别其不足,再做针对性的培训和考核,培训前特别要注意教材中案例的选择。

综上所述,我们今天要做一个像做事的样子,那么就应该要知道得比客户知道得更清楚、更多、更正确!

2.2.2 职业化的工作形象

职业化的工作形象就是“看起来像那一行的人”。客户从公司的名片、招牌,工厂的车间、地板,员工的穿着、仪表就大致可以想象我们的产品或是服务。

CIS(企业识别系统)不只要区分你与其他竞争者,还要区分你的专业档次。CIS 很容易设计出来,但是一个企业只设计一套 CIS 是不行的。

你是哪一行的,你的公司像吗?你的员工像吗?

关于公司层面,识别系统应该注意三个方面:

第一,统一。即公司所有的用品、装饰、摆设、器具都要在颜色、造型、流派、质感上“力求统一”。不统一带来的便是不协调和不专业。统一与价格没有直接的关系,只是认知的问题。一个公司对色系要定调,装潢的风格要定调。

第二,简化与标准。公司所有的流程、文书、档案、作业都要在操作上“力求标准”,而且“力求简化”。

首先来讲标准。我国有很多快餐店,但很少有人做得过肯德基和麦当劳,为什么呢?就是因为肯德基和麦当劳的每一张擦手纸、每一根吸管、哪怕是每一个杯垫、每一个餐盘、每一个门把手、每一块招牌,全部都是标准化的。他们的食品加工流程全部都是标准化的时间控制,经过多少程序出来一个产品都是标准的。这些都是值得我们学习的地方。

其次是简单化。为什么新搬的家和样板房都很漂亮,就是因为里面没有太多的东西。检讨一下我们的工作场所、客车车厢,是不是成堆不用的东西没有清理?那些乱七八糟的东西很久不用了为什么不拿掉?那些已经过期的广告为什么不拆除?太多多余的东西了,这都叫作不够简化。

管理层面的简化包括三个方面:一是层级简化;二是部门简化;三是作业步骤简化。

第三,力求精致。公司所有的建筑、门厅、招牌、展示间、办公场所都要在设计或布置上“力求精致”。精致并不是奢侈,也不是浮华,更不是浪费。精致是指这个东西很细致、很高尚、很典雅。

2.2.3 职业化的工作态度

职业化的工作态度就是“用心把事情做好”。认真做事只是把事情做对,用心做事才能把事情做好。我们基本上认为是客户没有批评就算是好了。我们说客户没有批评,只能说是把事情做完了,但是要把事情做好,一定要表现在预期之外,也就是说我们做的事情客户没有想到,这样客户才会惊喜,才会难忘。

到一个公司来上班,你的目的是什么?你的价值观是什么?你这一生打算做什么?你到这个公司想要学什么?你在这个公司想要体会什么?将来带着什么离开这个公司?你对这个公司有什么贡献?而不是每天在那里研究我们薪水为什么没调,我的奖金为什么这么少,老板为什么不多发点钱给我。

当客户有问题找到你的时候,不管你是不是承办人,千万不要说我不知道,也不要说我们公司没有这个产品。没有就想办法把它找到,我们不能为客户提供直接的服务,可以提供间接的服务,每一个员工都要把自己当作公司的“窗口”。

2.2.4 职业化的工作道德

职业化的工作道德就是“对一个品牌信誉的坚持”。

品牌是一种“整体意识”,除非全员努力,否则很难创立,更难持久。品牌需要时间的积累,更需要管理体系来塑造。

客户接纳一个品牌要经历三个阶段,即由喜欢到信任再到依赖。

第一个阶段,先要让他(她)喜欢你。即让客户喜欢你。每一个产品都要做好差异化,也就是做出你的核心竞争力。核心竞争力是指能够为企业带来比较竞争优势的资源,以及资源的配置与整合方式。随着企业资源的变化以及配置与整合效率的提高,企业的核心竞争力也会随之发生变化。凭借着核心竞争力产生的动力,一个企业就有可能在激烈的市场竞争中脱颖而出,使产品和服务的价值在一定时期内得到提升。通俗地说,核心竞争力就是自己的产品别人不能替代,别人不能模仿。

思考:道路运输企业的产品不管是有形的还是无形的,有什么地方是别人不能替代?有什么地方是别人不能模仿的?

第二个阶段,让他(她)信任你。即让客户信任你。如何取得信任?答应的事情一定要做到。

第三个阶段,让他(她)依赖你。先有知名度和影响力,然后才有忠诚度。一个产品或是服务一定是先有名,有名以后就会对别人产生一种影响,用久了就形成了习惯。一旦变成习惯,他就变成你的忠诚客户了。

要毁掉一个品牌,一两件事情就可以了,但是要打造一个优秀品牌常常要二三十年,甚至更长时间。企业管理层应该有更大的责任和义务来维护品牌,因为只有企业管理层的价值观才会起到一个标杆的作用。很多企业的管理层都认为客户找的不是我,客户要看的不是我,客户的问题也不是我解决,但其实整个公司的品牌意识是从管理层开始的,这就是企业管理层的标杆作用。所以,我们说职业化的工作道德就是“对一个品牌信誉的坚持”。

整个公司或全体员工不可能自动地职业化,除非各层管理者自己先朝这方面努力。管理者必须自己先身体力行,对下属起到一个示范的作用。管理者自己职业化以后,才可以纠正或批评下属不够职业化的地方。职业化的下属大多看不起非职业化的主管,轻则怠工,重则求去,最后就是“集体平庸化”。

3 驾驶员职业道德

对驾驶员职业道德的要求如下:

(1)树立“四个意识”。

第一,道德意识。做事先做人,这个道理适用于任何行业。驾驶员必须清楚自己的责任和应遵循的规矩,哪些是应该说的、应该做的,哪些是不该说的、不该做的。本分做人，实在做事。平时要加强政治和业务学习，提高个人修养和驾驶水平，对和自己无关的事不问、不说、不传。

第二，守法意识。驾驶员要学法、懂法、守法，用道路交通法规来约束自己的行为，这是机动车驾驶员职业道德的基本要求，也是安全行车的重要保证。

第三，服务意识。驾驶员的工作，是通过车辆运送乘客和货物，从某种角度来讲也是一种服务性工作，需要讲究服务意识。对驾驶员来讲，树立服务意识就是尊客爱货，把乘客当亲人，视货物为家珍。

第四，安全意识。安全是第一位的，作为机动车驾驶员来说，安全行车是头等大事，它关系到社会的安定，也关系到他人和自己家庭的幸福。要做到行车安全，就必须牢固树立安全意识，维护好自己驾驶的车辆，不开故障车，行车中要谨慎驾驶，时时刻刻注意安全，不辜负社会和家庭对自己的期望。

(2)弘扬“三种精神”。

第一，敬业精神。机动车驾驶员担负着国民经济建设和人们日常生活中交通往来的重任。要有高度的责任感，勤勤恳恳，认真负责。

第二，见义勇为精神。当今社会存在着各种各样的不稳定因素，违法犯罪现象时有发生，道路上的各类意外事故也屡见不鲜。当国家和人民群众安全受到威胁、社会公共利益受到危害时，机动车驾驶员应该挺身而出，伸张正义，不畏强暴，敢于斗争和善于斗争。

第三，救死扶伤精神。救死扶伤是每个公民应尽的义务。机动车驾驶员在驾驶工作中经常会遇到突发性的伤员或病员，如交通事故中的受伤者，急需救助的病人和孕妇，遇到这种情况，驾驶员应急群众之所急，将伤员或病员尽快送往医院救治。

模块小结

本模块主要介绍了职业道德基本知识，职业化基本内涵，职业化养成与塑造的方法，驾驶员的职业道德规范等知识，使驾驶员对本职业的职业道德有一个更加专业的认识和理解。在驾驶员职业生涯中，如何提升自己的职业化工作技能、工作形象、工作态度和工作道德，做一个更专业的职业驾驶员，也是道路运输企业对客运驾驶员的职业要求。

练习提高

请分析，一个人喝了酒在家里摔盆摔碗和在外大耍酒疯有什么区别？

模块2 道路运输法律法规

知识目标

1. 了解道路运输法律法规体系和道路运输标准；
2. 了解道路运输主要法律；
3. 了解道路运输驾驶员的权利和义务；
4. 理解道路秩序通行规定。

能力目标

1. 具备较强的遵纪守法意识，并做到主动防范交通安全事故；
2. 掌握法律法规对驾驶员的要求，在工作中维护自身权利，自觉履行义务；
3. 掌握道路交通安全违法行为及处罚的相关规定。

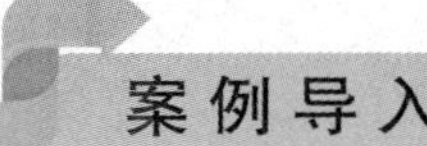

案例导入

2017年8月10日14时01分，驾驶员冯××驾驶河南省××××运输集团有限公司号牌为豫C×××××的大型普通客车，从四川省成都市城北客运中心出发前往河南省洛阳市。出站时，车内共有41人(2名驾驶员、1名乘务员及38名乘客)。行驶途中，先后在京昆高速公路成都市新都北收费站外停车上客2人，在德阳市金山收费站外停车上客4人，在绵阳市金家岭收费站外停车上客3人。20时28分，车辆从陕西省汉中市南郑出口下高速公路至客车服务站用餐，在此期间下客1人。21时01分，车辆更换驾驶员，由王××驾驶车辆从汉中南郑口驶入京昆高速公路，此时车上实载49人。23时30分，当该车行驶至秦岭1号隧道南口1164千米+867米处时，正面冲撞隧道洞口端墙，导致车辆前部严重损毁变形、座椅脱落，造成36人死亡、13人受伤。

知识储备

道路运输从业人员必须遵守道路运输法律法规，道路运输驾驶员只有掌握道路运输相关法律法规，理解法律法规对驾驶员责任权利和义务的规定，严格按照规定依法从事道路运输，才能真正做到知法、懂法、守法，依法经营和做好本职工作。

1 道路运输法律法规体系

1.1 道路运输法律法规体系介绍

我国道路运输行业的相关法律法规,包括针对道路运输制定的和与道路运输相关的法律、行政法规、部门规章、地方法规、行政规范性文件(见表2-1)。这些法律法规从道路运输综合管理、旅客运输、货物运输、车辆管理、驾驶员管理及交通事故处理六大方面对从业行为进行规范。

驾驶员只有全面系统学习这些法律法规,才能在从业过程中履行自己应尽的职责和义务,保护自身的合法权益。道路运输法律法规框架见表2-1。

道路运输法律法规框架 表2-1

分类	名称
法律	《中华人民共和国安全生产法》《中华人民共和国道路交通安全法》《中华人民共和国公路法》《中华人民共和国劳动合同法》等
行政法规	《中华人民共和国道路交通安全法实施条例》《中华人民共和国道路运输条例》《公路安全保护条例》等
部门规章	《道路旅客运输企业安全管理规范》《道路运输从业人员管理规定》《道路旅客运输及客运站管理规定》《机动车驾驶证申领和使用规定》等
地方法规	《××省道路运输管理条例》
行政规范性文件	《道路运输驾驶员诚信考核办法(试行)》《道路运输驾驶员继续教育办法》等

1.2 道路运输标准

国家、行业制定的强制性道路运输相关标准以及在相关法规中被应用的推荐性标准,是从事道路运输必须执行的技术规范,具有与法律法规同样的地位和效力。执行道路运输标准是道路运输生产经营单位和驾驶员的法定义务,违反相关标准的要求,需要承担法律责任。相关的主要标准见表2-2。

道路运输标准性文件 表2-2

分类	名称
强制性标准	《机动车运行安全技术条件》(GB 7258—2017)、《道路运输车辆综合性能要求和检验方法》(GB 18565—2016)、《汽车、挂车及汽车列车外廓尺寸、轴荷及质量限值》(GB 1589)、《道路交通标志和标线》(GB 5768)等
被法规引用的推荐性标准	《汽车维护、检测、诊断技术规范》(GB/T 18344—2016)、《道路运输车辆技术等级划分和评定要求》(JT/T 198—2016)、《营运客车类型划分及等级评定》(JT/T 325—2018)等

2 道路运输相关法律主要内容

2.1 《道路交通安全法》

《中华人民共和国道路交通安全法》是新中国成立后涉及道路交通安全问题的第一部法律,以下简称《道路交通安全法》,是所有参与道路交通活动者的基本规范和行为准则,是道路交通管理的法律依据。全国人民代表大会常务委员会根据我国道路交通情况的变化,于2007年12月29日进行第一次修订,2011年4月22日进行第二次修订,主要对机动车驾驶员饮酒后驾驶、醉酒后驾驶和伪造、变造或使用伪造、变造车牌等各种危害交通安全的违法行为加大了处罚力度。

(1)立法目的与适用范围。

①立法目的和宗旨。"为了维护道路交通秩序,预防和减少交通事故,保护人身安全,保护公民、法人和其他组织的财产安全及其他合法权益,提高通行效率,制定本法。"作为道路交通方面的基本法律,保障道路交通"有序、安全、畅通"是对其立法目的的完整表述。立法的目的体现在四个方面:

a. 维护道路交通秩序。道路交通秩序主要包含:通行秩序(包括机动车通行秩序、非机动车通行秩序和行人通行秩序)、车辆停放秩序、非交通占道秩序等。

b. 预防和减少交通事故的发生。当前道路交通事故高发的原因,一是交通需求矛盾突出;二是人们的交通安全意识和交通法制意识淡薄;三是道路交通法律法规滞后于守法和执法的需要。

c. 保护公民、法人和其他组织的合法权益。主要包括:预防和减少交通事故,以使公民的人身安全,公民、法人和其他组织的财产安全得到保障;公民、法人和其他组织的通行权利、受到良好服务的权利等受到尊重,不受侵害。

d. 提高道路通行效率。主要是规范车辆及行人的交通行为,确保道路安全、畅通。

②适用范围。《道路交通安全法》作为道路交通的基本法律,保障道路交通"有序、安全、畅通"是对其立法目的的完整表述。《道路交通安全法》的适用范围,主要是指其效力范围,即生效的空间效力、时间效力以及对人的效力。

a. 空间效力。空间效力指法律生效的地域范围,即法律在什么地方具有普遍约束力。《道路交通安全法》适用于中华人民共和国境内的道路上,本法对道路的定义做了解释:道路,是指公路、城市道路和虽在单位管辖范围但允许社会机动车通行的地方,包括广场、公共停车场等用于公众通行的场所。

b. 时间效力。时间效力是指本法何时生效、何时失效以及对以前的行为和时间有无追溯力。

c.对人的效力。对人的效力是指本法对什么人有普遍约束力。在我国境内道路上通行的中国车辆驾驶人、行人、乘车人以及进行与道路交通有关活动的中国自然人、法人和其他组织都应当遵守本法;对外国人适用时,应注意对享有外交特权和豁免权的外国人的适用问题,在我国境内道路上通行的外国车辆驾驶人、行人、乘车人以及进行与道路交通活动有关的外国自然人、法人和其他组织,也应当遵守本法。

(2)《道路交通安全法》的主要内容。

①道路交通秩序管理。

《道路交通安全法》中关于道路交通秩序管理方面的内容包括道路通行条件和道路通行规定。道路通行条件是指为保障道路交通有序、安全、畅通而对道路、交通信号、交通标志、交通标线及其他交通设施提出的基本要求,是保障“道路为交通所用”的基本出发点。道路通行规定是从道路通行的一般规定、机动车通行规定、非机动车通行规定、行人和乘车人通行规定、高速公路的特别规定五个方面对道路通行作了基本的规范,提出了道路通行中最具稳定性、社会效果性的合理解决办法。

②车辆和驾驶人安全管理。

《道路交通安全法》中关于车辆和驾驶人安全管理方面的内容,主要涉及车辆登记、检验、报废、保险和特种车辆使用,以及驾驶人驾驶资格、培训、审验、记分和驾驶车辆上道路行驶前的要求等。车辆和驾驶人管理是道路交通安全管理工作的基础,也是公安机关交通管理部门的管理重点。

③道路交通事故调查与处理。

《道路交通安全法》规定了道路交通事故当事人的现场处理措施与责任、交通警察的交通事故处理职责、受伤人员医疗费承担、损害赔偿责任承担、当事人赔偿争议的解决方式、交通事故逃逸案举报奖励、道路外事故的处理等,对现行的道路交通事故处理办法做了较大改革。

④道路交通安全管理行政处罚。

《道路交通安全法》规定的道路交通安全管理行政处罚的内容有两类:一是道路交通参与人实施了道路交通安全违法行为应当承担的法律责任;二是道路交通安全执法者违反《道路交通安全法》规定应当承担的法律责任。

⑤道路交通管理执法监督。

《道路交通安全法》规定的对公安机关交通管理部门及其交通警察的执法监督,主要有党的监督、权力机关的监督、司法机关的监督、新闻媒体的监督、群众的监督，以及行政机关内部的各级监督，这些监督方式在改善执法活动、提高执法水平方面发挥了重要作用。

⑥道路交通安全科技工作。

道路交通安全工作是一项社会化和专业化水平都很高的工作，而在专业化水平的提高方面，加强科学研究，充分利用科学技术、设备和先进的管理方法至关重要。交通安全管理必须依靠科技进步，科学技术必须面向交通安全管理。道路交通安全必须走“依靠科技进步，振兴交通管理”的道路。道路交通管理的科技发展目标是：建立科学的交通管理体系，充分应用国内外成熟的技术和经验，逐步提高管理的科学化水平和“智能交通系统”的应用程度，改善交通管理技术手段和装备，缓解城市交通堵塞，减少交通事故。

2.2　《道路交通安全法实施条例》

《道路交通安全法实施条例》（以下简称《实施条例》）是具体贯彻《道路交通安全法》的措施和规定。车辆驾驶人、行人、乘车人以及与道路交通活动有关的单位和个人，都应自觉遵守《道路交通安全法》及《实施条例》，以保证交通安全和道路畅通。

（1）指导思想及内容。

按照《道路交通安全法》的配套要求，国务院根据《道路交通安全法》的规定，于2004年4月28日第49次常务会议通过了《中华人民共和国道路交通安全法实施条例》，并于2004年5月1日起与《道路交通安全法》同步施行。

《实施条例》中对《道路交通安全法》规定已经比较明确的，不重复规定；在框架结构上与《道路交通安全法》相一致，主要从四个方面体现与《道路交通安全法》的配套：

①《道路交通安全法》对道路交通基本法律制度做了概括性规定的，如：车辆登记制度、检验制度，机动车驾驶人累积记分制度，驾驶证定期审验制度，这些制度的实施需要有具体的配套规定。

②《道路交通安全法》授权国务院对有关内容制定具体办法的，如道路通行规则、机动车安全技术检验社会化等进行具体的配套规定。

③将《道路交通安全法》有关道路交通事故处理的内容进行细化，增强可操作性。

④《道路交通安全法》已将行人、乘车人、非机动车、机动车的道路通行违法行为作了授权性处罚规定，《实施条例》的法律责任部分不再区分具体的违法行为处罚，而是对《道路交通安全法》规定的处罚以及强制措施的实施作了程序性规定。

（2）相关规定。

《实施条例》体现了《道路交通安全法》保障道路交通有序、安全、畅通的指导思想和依法管理、方便群众的基本原则，内容上重点对《道路交通安全法》规定要在配套法规中明确规定；对《道路交通安全法》的原则规定予以细化，增强其可操作性。

①政府的道路交通安全管理职责规定。

《道路交通安全法》规定：各级人民政府应当保障道路交通安全管理工作与经济建设和社会发展相适应。县级以上地方各级人民政府应当适应道路交通发展的需要，依据道路交通安全法律、法规和国家有关政策，制定道路交通安全管理规划，并组织实施。

②机动车强制报废的规定。

《实施条例》规定：已注册登记的机动车达到国家规定的强制报废标准的，公安机关交通管理部门应当在报废期满的2个月前通知机动车所有人办理注销登记。机动车所有人应当在报废期满前将机动车交售给机动车回收企业，由机动车回收企业将报废的机动车登记证书、号牌、行驶证交公安机关交通管理部门注销。机动车所有人逾期不办理注销登记的，公安机关交通管理部门应当公告该机动车登记证书、号牌、行驶证作废（第九条）。

③安装使用行驶记录仪的规定。

汽车行驶记录仪实时记录车辆运行和驾驶人驾驶活动的有关信息，在遏制疲劳驾驶、车辆超速等严重交通违法行为，预防道路交通事故，保障车辆行驶安全，提高营运管理水平等方面发挥着重要的作用，并将为事故分析鉴定提供原始数据。《实施条例》第十四条将安装、使用记录仪作为维护道路交通安全的重要措施予以明确：用于公路营运的载客汽车、重型载货汽车、半挂牵引车应当安装、使用符合国家标准的行驶记录仪。第六十二条第七款规定，驾驶机动车不得有下列行为：连续驾驶机动车超过4小时未停车休息或者停车休息时间少于20分钟。

④对机动车安全技术检验社会化的具体规定。

《道路交通安全法》规定：机动车的安全技术检验实行社会化，具体办法由国务院规定（第十三条第一款）。《实施条例》规定："由安全技术检验机构对机动车进行检验，并对检验结果承担法律责任；政府的质量技术监督部门负责对安全技术检验机构实行资格管理和计量认证，对设备进行检定，对国家标准的执行情况进行监督，安全技术检验的具体项目由国务院公安部门会同国务院质量技术监督部门规定"（第十五条）。

⑤对机动车安全技术检验周期的规定。

《道路交通安全法》规定:机动车的安全技术检验应当根据机动车用途、载客载货数量、使用年限等区别不同情况进行(第十三条第一款)。为保障道路交通活动中的公共安全和预防、减少群死群伤道路交通事故的发生,《实施条例》区别不同情况规定了机动车的安全技术检验周期:一是营运载客汽车5年以内每年检验1次;超过5年的,每6个月检验1次;二是载货汽车和大型、中型非营运载客汽车10年以内每年检验1次;超过10年的,每6个月检验1次;三是小型、微型非营运载客汽车6年以内每2年检验1次;超过6年的,每年检验1次;超过15年的,每6个月检验1次;四是摩托车4年以内每2年检验1次;超过4年的,每年检验1次;五是拖拉机和其他机动车每年检验1次(第十六条)。《实施条例》还明确规定了营运机动车在规定检验期限内经安全技术检验合格的,不再重复进行安全技术检验。与现行的所有机动车每年一次的年检制度相比,增强了针对性,体现了管住重点、方便大多数人的管理理念。第二十二条还规定,机动车驾驶人初次申领机动车驾驶证后的12个月为实习期,在实习期内驾驶机动车的,应当在车身后部粘贴或者悬挂统一式样的实习标志。

⑥对驾驶证审验制度与累积记分制度动态结合的规定。

《道路交通安全法》规定:公安机关交通管理部门对机动车驾驶人违反道路交通安全法律、法规的行为,除依法给予行政处罚外,实行累积记分制度。《实施条例》将驾驶证审验与累积记分制度结合起来,做了具体规定:公安机关交通管理部门对机动车驾驶人的道路交通安全违法行为除给予行政处罚外,实行道路交通安全违法行为累积记分(以下简称记分)制度,记分周期为12个月。对在一个记分周期内记分达到12分的,由公安机关交通管理部门扣留其机动车驾驶证,该机动车驾驶人应当按照规定参加道路交通安全法规的学习并接受考试。考试合格的,记分予以清除,发还机动车驾驶证;考试不合格的,继续参加学习和考试(第二十三条)。机动车驾驶人在一个记分周期内记分未达到12分,所处罚款已经缴纳的,记分予以清除;记分虽未达到12分,但尚有罚款未缴纳的,记分转入下一记分周期。机动车驾驶人在一个记分周期内记分2次以上达到12分的,除按照本条例第二十三条的规定被扣留机动车驾驶证、参加学习、接受考试外,还应当接受驾驶技能考试。考试合格的,记分予以清除,发还机动车驾驶证;考试不合格的,继续参加学习和考试(第二十四条),对机动车驾驶人记分达到12分,拒不参加公安机关交通管理部门通知的学习,也不接受考试的,《实施条例》规定由公安机关交通管理部门公告其机动车驾驶证停止使用(第二十五条)。

⑦对现行道路通行规则的完善细化。

《道路交通安全法》及其《实施条例》对现行通行规则做了完善和细化：一是保留了《道路交通管理条例》《高速公路管理办法》等现行行政法规、公安部规章中较为合理，并且已被广大交通参与人熟练掌握的规定，如：有关机动车车速、让车、超车、会车、掉头、倒车、停车装载、安全视距以及非机动车驾驶人、行人、乘车人的具体通行规定等内容。二是借鉴了发达国家以及港、澳、台地区的一些成功经验和规定，如：台湾地区关于机动车让行、会车的规定（第五十二条）。三是吸收了地方性道路交通法规中的一些好的做法和规定，如：驾驶机动车不得手持接听拨打移动电话的规定（第六十八条）。四是细化了一些以人为本的措施，如：在盲人通行较为集中的路段设置人行横道信号灯应当使用声响提示装置（第三十二条）。

⑧对机动车载人、载物的规定。

《实施条例》规定：公路载客汽车不得超过核定的载客人数（第五十五条）。超过核定载客人数的，公安机关交通管理部门应当扣留机动车，由驾驶人转运超载的乘客（第一百零六条）。为了有效控制货车超载，《实施条例》规定“机动车载物不得超过机动车行驶证上核定的载质量，装载长度、宽度不得超出车厢”，还规定了车辆的装载限高（第五十四条），规定了对超载的货运机动车扣车卸载（第一百零六条）。

⑨对高速公路行车道的规定。

《实施条例》按照从左向右速度递减的办法具体规定车道的最低行驶速度：同方向有 2 条车道的，左侧车道的最低车速为 100 千米/小时；同方向有 3 条以上车道的，最左侧车道的最低车速为 110 千米/小时，中间车道的最低车速为 90 千米/小时。同时，《实施条例》也规定在高速公路上行驶的小型载客汽车最高车速不得超过 120 千米/小时，其他机动车不得超过 100 千米/小时。这样的规定有利于提高高速公路的通行效率，维护通行秩序，保障交通安全（第七十八条）。

⑩对交通事故现场快速处理的规定。

《实施条例》第八十六条规定：“机动车与机动车、机动车与非机动车在道路上发生未造成人身伤亡的交通事故，当事人对事实及成因无争议的，在记录交通事故的时间、地点、对方当事人的姓名和联系方式、机动车牌号、驾驶证号、保险凭证号、碰撞部位，并共同签名后，撤离现场，自行协商损害赔偿事宜。当事人对交通事故事实及成因有争议的，应当迅速报警。”第一百一十条规定：“当事人对公安机关交通管理部门及其交通警察的处罚有权进行陈述和申辩，交通警察应当充分听取当事人的陈述和申辩,不得因当事人陈述、申辩而加重其处罚。”

⑪对交通事故当事人责任确定的规定。

公安机关交通管理部门应当在查明事实、分析交通事故发生的主客观原因的基础上,提出当事人责任的专业性结论。《实施条例》规定:“公安机关交通管理部门应当根据交通事故当事人的行为对发生交通事故所起的作用以及过错的严重程度,确定当事人的责任。”(第九十一条)交通事故当事人没有过错或者虽有过错但不属于发生交通事故原因的,当事人无责任。《实施条例》还对肇事逃逸责任做了具体规定:发生交通事故后当事人逃逸的,逃逸的当事人承担全部责任(第九十二条)。

⑫对交通信号的细化规定。

《实施条例》对机动车信号灯、非机动车信号灯、人行横道信号灯、车道信号灯、方向指示信号灯、闪光警告信号灯以及道路与铁路平交道口信号灯的具体含义分别进行了细化规定(第三十八条、第三十九条、第四十条、第四十一条、第四十二条、第四十三条)。

2.3 《机动车驾驶证申领和使用规定》

《机动车驾驶证申领和使用规定》是由中华人民共和国公安部出台的关于指导机动车驾驶证申领和使用的部门规章。

2013年1月1日,公安部修订《机动车驾驶证申领和使用规定》(公安部第123号令,以下简称123号令)开始施行,123号令严格驾驶证申请和考试,加强审验和实习期管理,完善记分和退出机制,进一步加强驾驶人特别是大中型客货车驾驶人的监督管理,主要体现在:

(1)严格驾驶证申请限制条件,提高驾驶人准入门槛。

123号令进一步对大中型客货车驾驶证申请人安全驾驶记录提出了更加严格的限制条件:一是将原来发生死亡事故承担主要以上责任,不得申请增驾的限制条件修改为,有死亡交通事故负同等以上责任、醉酒驾驶记录的终身不得申请;二是明确有被处以吊销或者撤销驾驶证记录的10年内不得申请;三是针对不同车型规定了不同记满12分记录的年限条件。记满12分的5年内不得申请大型客车驾驶证,3年内不得申请牵引车、中型客车驾驶证。

(2)完善驾驶证审验制度,强化驾驶人日常教育管理。

为进一步加强对驾驶人特别是大中型客货车驾驶人的日常教育管理,123号令借鉴国外管理经验,完善了驾驶证审验制度。

①细化审验对象和期限。规定了驾驶人办理驾驶证有效期满换证、转入换证业务时接受审验。但持有大型客车、牵引车、城市公交车、中型客车、大型货车

驾驶证的驾驶人,应当在每个记分周期结束后 30 日内接受审验,持有其他准驾车型驾驶证发生交通死亡事故承担同等以上责任、驾驶证未被吊销的,应当在发生事故的记分周期结束后 30 日内接受审验。

②完善审验措施。规定大中型客货车驾驶人,以及发生交通死亡事故承担同等以上责任、驾驶证未被吊销的驾驶人,除审验交通违法、事故处理,违法记分和满分学习、申报身体条件情况以外,还要参加不少于 3 小时的法律法规学习和交通事故警示教育。

③制定奖励措施。规定大中型客货车驾驶人,一年内没有记分的免于当年审验,不必参加法规等学习和事故案例警示教育,鼓励驾驶人安全守法驾驶。

④简化身体条件证明手续。持有大型客车、牵引车、城市公交车、中型客车、大型货车驾驶证,以及其他准驾车型驾驶证发生交通死亡事故承担同等以上责任、驾驶证未被吊销的驾驶人,参加审验时只需填表自主申报身体条件情况,不必再到医院进行体检。但是,年龄在 60 周岁以上的驾驶人,以及持有残疾人专用小型自动挡载客汽车驾驶证的机动车驾驶人,还要按照原有规定期限,提交医疗机构出具的有关身体条件的证明。

(3)建立驾驶证降级制度,严格大中型客货车驾驶人监管。

123 号令建立了大中型客货车驾驶证注销降级制度:

①明确注销降级条件。规定大中型客货车驾驶人发生交通事故造成人员死亡、承担同等以上责任未构成犯罪,一个记分周期内有记满 12 分记录或者连续三个记分周期不参加审验的,将被注销降级。

②实行逐级降级制度。在注销降级时,只注销其当前最高准驾车型的准驾资格,逐级降低其驾驶资格,最终只保留其小型汽车驾驶资格。

③与实习期管理制度相衔接。规定对于大中型客货车驾驶人在实习期内记满 12 分记录,且实习车型不属于最高准驾车型的,除按照实习期管理规定注销其实习车型驾驶资格外,还要按照降级规定一并注销其最高准驾车型资格。

此外,还进一步明确运输企业主体监管责任,规定运输企业每月对聘用的驾驶人向公安交通管理部门备案,公安交通管理部门每月将驾驶人违法、事故等情况通报运输企业,督促企业加强管理。

(4)完善交通违法行为记分制度,提高执法管理的针对性。

为充分发挥机动车驾驶人累积记分制度在预防道路交通事故、维护道路交通秩序中的积极作用,规范驾驶人驾驶行为,进一步加大对严重危害交通安全的违法行为的惩处力度,123 号令对校车、大中型客货车、危险品运输车等重点车型驾驶人的严重交通违法行为提高了记分分值,记分项由 38 项增加至 52 项(见附录)。

①新增使用伪造和变造校车标牌、校车超员20%以上记12分、不按规定避让校车记6分等14个涉及校车管理的记分项。

②新增大中型客货车、危险品运输车在高速公路、城市快速路行驶超速20%以上,或者在其他道路行驶超速50%以上,驾驶营运客车、校车超员20%以上记12分,以及疲劳驾驶载客汽车、危险品运输车记12分等记分项。

③将未悬挂或者不按规定安装号牌、故意遮挡污损号牌等违法行为记分由6分提高到12分,将违反道路交通信号灯通行等违法记分由3分提高到6分。

④根据《道路交通安全法》中关于醉酒驾驶机动车的,吊销机动车驾驶证且5年内不得重新取得驾驶证的规定,取消了原醉酒驾驶机动车违法行为记分等内容。

(5)加强内部业务监管,严格驾驶人考试责任追究。

为进一步严格车辆管理所考试发证的监管,123号令对现行的有效管理制度进行梳理,明确了考试工作监管机制和考试工作纪律规定。

①完善考试工作监管机制,建立驾驶人考试业务数据分析核查机制,完善考试能力、考试质量公告制度等社会监督机制。

②明确考试员工作纪律。对不符合机动车驾驶许可条件、未经考试、考试不合格核发驾驶证的,减少机动车驾驶人考试项目、降低评判标准或者参与、协助、纵容作弊的,收取培训机构、教练员、考生财物的,给予相应处分;构成犯罪的,依法追究刑事责任。

③实行考试责任倒查。对三年以下驾龄的驾驶人发生交通死亡事故负主要以上责任的,要开展车辆管理所考试发证情况责任倒查。对车辆管理所存在严重违规办理机动车驾驶证业务的,上级部门可以暂停其业务或者指派人员接管业务。

2.4　《中华人民共和国道路运输条例》

《中华人民共和国道路运输条例》(以下简称《道路运输条例》)是我国道路运输法规体系中重要的行政法规之一,从事道路运输经营以及道路运输相关业务的人员,都应遵守《道路运输条例》。

(1)道路运输管理。

为了维护道路运输市场秩序,保障道路运输安全,保护道路运输有关各方当事人的合法权益,促进道路运输业的健康发展,国务院制定了《道路运输条例》。

①道路运输经营。

道路运输相关业务包括站(场)经营、机动车维修经营、机动车驾驶人培训。

道路运输经营包括道路旅客运输经营（以下简称客运经营）和道路货物运输经营（以下简称货运经营）。

②道路运输经营管理。

道路运输经营管理应遵守公平、公正、公开和便民的原则，国家鼓励道路运输企业实行规模化、集约化经营。任何单位和个人不得封锁或者垄断道路运输市场，从事道路运输经营以及道路运输相关业务，应遵守依法经营、诚实信用、公平竞争的原则。

国务院交通主管部门主管全国道路运输管理工作，县级以上地方人民政府交通主管部门负责组织领导本行政区域的道路运输管理工作，县级以上道路运输管理机构负责具体实施道路运输管理工作。

（2）道路旅客运输经营。

①客运经营条件。

申请从事客运经营的，应当具备下列条件：

a. 有与其经营业务相适应并经检测合格的车辆；

b. 有符合《道路运输条例》规定条件的驾驶人员；

c. 有健全的安全生产管理制度。

②客运经营驾驶人条件。

从事客运经营的驾驶人员，应当符合下列条件：

a. 取得相应的机动车驾驶证；

b. 年龄不超过 60 周岁；

c. 3 年内无重大以上交通责任事故记录；

d. 经设区的市级道路运输管理机构对有关客运法律法规、机动车维修和旅客急救基本知识考试合格。

2.5 《道路旅客运输企业安全管理规范》

《道路旅客运输企业安全管理规范》（以下简称《规范》）是根据《安全生产法》《道路交通安全法》等法律法规而制定的。该《规范》于 2012 年 1 月 19 日由交通运输部、公安部、国家安全生产监督管理总局联合印发。2018 年 4 月 30 日进行了修订，自 2018 年 6 月 1 日起施行。修订后的《规范》分总则、安全生产基础保障、安全生产职责、安全生产制度、安全隐患排查治理与风险管控、安全生产绩效管理、附则共七章八十二条。

《规范》强化并量化了企业安全生产主体责任，督促道路客运企业树立主人翁意识，把安全生产责任记在心上、落到实处。《规范》贯穿了“人员”“机制”“硬件”三条主线，分别从人员选拔与素质提升、安全制度体系建设、硬件设施安全维护三大方面对道路客运企业建设标准化的安全生产体系提出了全面、细致的要求。通过强化道路客运企业安全生产主体责任，促进企业安全管理方式转变，提高道路客运企业安全生产管理水平，预防和减少道路交通事故。

(1)从业者的要求。

人是企业安全生产责任的承担者和落实者，把人选好、用好、培训好，是保障道路客运安全的重要因素。因此，《规范》从“人”的角度出发，对道路客运企业安全生产主体责任的落实做了明确要求，其中又具体分为安全生产管理者与客运驾驶员两个层面。

①安全生产管理者：既“专”且“优”。

《规范》首次明确了拥有20辆以上(含)营运客车的道路旅客运输企业应当设置安全生产管理机构，配备专职安全管理人员。拥有20辆以下营运客车的道路旅客运输企业应当配备专职安全管理人员。对于300辆(含)以下客运车辆的，按照每30辆车1人的标准配备专职安全管理人员，最低不少于1人；对于300辆以上客运车辆的，按照每增加100辆增加1人的标准配备。

《规范》要求客运企业主要负责人和安全管理人员应当具备与本企业所从事的道路旅客运输生产经营活动相适应的安全生产知识和管理能力，并经县级以上交通运输管理部门对其安全生产知识和管理能力考核合格，或者取得注册安全工程师(道路运输安全)执业资格并经属地县级以上交通运输管理部门报备。

客运企业主要负责人和安全管理人员初次安全生产教育培训时间不得少于24学时，每年再培训时间不少于12学时。

②客运驾驶员：严“选”勤“训”。

《规范》对驾驶员的聘用、培训、考试、档案管理等方面进行了详细的规定。

一是提高门槛。《规范》指出，道路旅客运输企业应当建立客运驾驶员聘用制度。统一录用程序和客运驾驶员录用条件，严格审核客运驾驶员从业资格条件、安全行车经历及职业健康检查结果，对实际驾驶技能进行测试。

《规范》还要求，对无有效的、适用的机动车驾驶证和从业资格证件，以及诚信考核不合格或被列入黑名单的；36个月内发生道路交通事故致人死亡且负同等以上责任的；最近3个完整记分周期内有1个记分周期交通违法记满12分的；36个月内有酒后驾驶、超员20%以上、超速50%(高速公路超速20%)以上或12个月内有3次以上超速违法记录的；有吸食、注射毒品行为记录，或者长期服用依赖性精神药品成瘾尚未戒除的，以及发现其他职业禁忌的驾驶员，客运企业不得聘用其驾驶客运车辆。

二是强化培训。丰富及时的培训能够不断提高客运驾驶员的业务素质,《规范》明确要求道路旅客运输企业应建立客运驾驶员岗前培训制度,岗前培训的主要内容包括:道路交通安全和安全生产相关法律法规、安全行车知识和技能、交通事故案例警示教育、职业道德、安全告知知识、交通事故法律责任规定、防御性驾驶技术、伤员急救常识等安全与应急处置知识、企业有关安全运营管理的规定等。《规范》要求客运驾驶员岗前培训不少于24学时,并应在此基础上实际跟车实习,提前熟悉客运车辆性能和客运线路情况。

除了岗前培训外,客运驾驶员上岗后还要定期接受继续培训。《规范》要求,道路客运企业应定期对客运驾驶员开展安全教育培训,内容应当包括:法律法规、典型交通事故案例、技能训练、安全驾驶经验交流、突发事件应急处置训练等。安全教育培训应当每月不少于1次,每次不少于2学时。道路客运企业应当组织和督促本企业的客运驾驶员参加继续教育,保证客运驾驶员参加教育和培训的时间,为其提供必要的学习条件。客运企业可依托互联网技术积极创新、改进安全培训教育手段,丰富培训方式。

三是严格考核。严格的考核能有效督促客运驾驶员严于律己。《规范》要求道路客运企业建立客运驾驶员从业行为定期考核制度,考核内容包括:客运驾驶员违法违规情况、交通事故情况、道路运输车辆动态监控平台和视频监控系统发现的违规驾驶情况、服务质量、安全运营情况、安全操作规程执行情况以及参加教育培训情况等。考核周期应不大于3个月,而且考核的结果要与企业安全生产奖惩制度挂钩。

四是健全档案。对于企业来说,只有对客运驾驶员的各方面情况全面掌握,才能更有效地对其进行管理。因此,《规范》要求道路客运企业建立客运驾驶员信息档案管理制度,驾驶员信息档案实行一人一档,内容包括:客运驾驶员基本信息、体检表、安全驾驶信息、交通事故信息、交通违法信息、内部奖惩、诚信考核信息等。

五是加强关心。为使客运驾驶员提高安全意识,《规范》要求,道路客运企业应当建立客运驾驶员安全告诫制度,客运企业应指定专人或委托客运站对客运驾驶员出车前进行问询、告知,预防客运驾驶员酒后、带病、疲劳、带不良情绪上岗驾驶车辆或者上岗前服用影响安全驾驶的药物,督促客运驾驶员做好车辆的日常维护和检查。

此外,《规范》还要求企业关心驾驶员的身心健康,每年组织客运驾驶员进行体检,对发现客运驾驶员身体条件不适宜继续从事驾驶工作的,应及时调离驾驶岗位。

客运企业应当建立防止客运驾驶员疲劳驾驶制度,为客运驾驶员创造良好的工作环境,合理安排运输任务,保障客运驾驶员落地休息,防止其疲劳驾驶。

(2)企业安全生产制度建设。

一个完善的、良性的制度体系是道路客运企业安全生产的基础保障。《规范》从隐患预防、目标设立、责任划分、应急处置、隐患治理、考核评价等方面对道路客运企业安全生产制度的建立进行了详细规定。

①预防机制:例会要常开,疲劳不上路。

《规范》要求,道路旅客运输企业应定期召开安全生产工作会议和例会,分析安全形势,安排各项安全生产工作,研究解决安全生产中的重大问题。企业每季度至少应召开一次安全生产工作会议,每月至少召开一次安全例会。安全生产工作会议和例会应当有会议记录,并建档保存,保存期不少于36个月。拥有20辆(含)以下客运车辆的客运企业,安全生产工作会议可与安全例会一并召开。

为避免疲劳驾驶造成的安全隐患,《规范》要求道路客运企业在安排运输任务时应严格遵守客运驾驶员日间连续驾驶时间不得超过4小时,夜间连续驾驶时间不得超过2小时,每次停车休息时间应不少于20分钟;在24小时内累计驾驶时间不得超过8小时;任意连续7日内累计驾驶时间不得超过44小时。

为规范客运企业运输经营行为,《规范》要求班线客车应当严格按照许可的或经备案的线路、班次、站点运行,在规定的停靠站点上下旅客,不得随意站外上客或揽客。客运车辆不得超过核定的载客人数,但按照规定免票的儿童除外,在载客人数已满的情况下,按照规定免票的儿童不得超过核定载客人数的10%。客运包车应当凭包车客运标志牌,按照约定的时间、起始地、目的地和线路,持包车票或包车合同运行,不得承运包车合同约定之外的旅客。客运驾驶员应当提前了解和熟悉客运包车路线和路况,谨慎驾驶。

②责任机制:责任层层定,位高担子重。

《规范》明确了道路客运企业应当依法建立健全安全生产责任制,将本企业的安全生产责任分解到各部门、各岗位,与各分支机构层层签订安全生产目标责任书,明确责任人员、责任内容和考核标准,制定明确的考核指标,定期考核并公布考核结果及奖惩情况。

《规范》明确了道路客运企业实行安全生产一岗双责。客运企业的法定代表人和实际控制人为安全生产的第一责任人,负有安全生产的全面责任。其主要职责包括建立健全本单位安全生产责任制、按规定足额提取安全生产专项资金、严肃处理事故责任人等。

此外,分管安全生产的负责人协助主要负责人履行安全生产职责,对安全生产工作负组织实施和综合管理及监督的责任;其他负责人对各自职责范围内的安全生产工作负直接管理责任。企业党委、工会、各职能部门、各岗位人员在职责范围内承担相应的安全生产职责。

《规范》明确了客运企业的主要负责人、安全生产管理机构及安全管理人员的安全生产职责。

③应急机制:出事反应快,救援当及时。

《规范》要求,道路旅客运输企业应当建立安全生产事故应急处置制度。发生安全生产事故后,企业应立即采取有效措施,组织抢救,防止事故扩大,减少人员伤亡和财产损失。

对于在旅客运输过程中发生的生产安全事故,客运驾驶员和乘务员应当及时向事发地的公安部门及所属客运企业报告,并迅速按本企业应急处置程序规定进行现场处置。客运企业应当按规定的时间、程序、内容向事故发生地和企业所属地县级以上的应急管理、公安、交通运输等相关部门报告事故情况,并启动生产安全事故应急处置预案。

《规范》还明确了道路旅客运输企业应当建立应急救援制度,健全应急救援组织体系,制定完善应急救援预案,开展应急救援演练。

④治理机制:防微以杜渐,隐患尽早灭。

为使道路客运安全隐患降到最低,《规范》要求道路运输企业应当建立事故隐患排查治理制度,依据相关法律法规及本企业管理规定,对客运车辆、客运驾驶员、运输线路、运营过程等安全生产各要素和环节进行安全隐患排查,及时消除安全隐患。

在排查方式上,企业可根据安全生产需要和特点,采用综合检查、专业检查、季节性检查、节假日检查、日常检查等方式,每月至少开展1次安全生产隐患排查工作,一旦查出隐患,客运企业应当对排查出的安全隐患进行登记和治理,落实整改措施、责任人和完成时限,及时消除安全隐患。

《规范》明确要求道路客运企业建立安全隐患排查治理档案,安全隐患排查治理档案保存期限应不少于36个月。每月对本单位事故隐患排查治理情况进行统计,分析隐患形成的原因、特点及规律,对多发、普发的安全隐患要深入分析,建立安全隐患排查治理长效机制。

《规范》规定企业要建立安全隐患报告制度,鼓励企业建立有奖举报机制,发动职工发现和排除安全隐患,鼓励社会公众举报。

《规范》还要求客运企业应当按照相关法规的要求积极推行安全生产风险管理制度,及时开展安全生产风险源辨识和评估工作,做好风险控制。

⑤考核机制:内外相结合,不足及时改。

为督促道路客运企业切实将安全生产管理落到实处,建立企业自律机制,《规范》对企业安全生产绩效目标考核进行了详细的规定。

《规范》要求道路客运企业应当根据相关法律法规、管理部门要求和自身实际情况,制定年度安全生产绩效目标。安全生产绩效目标应当包括:道路交通责任事故数、死亡人数、受伤人数、百万车千米事故起数、百万车千米伤亡人数、安全行车千米数等。

应当建立安全生产年度考核与奖惩制度。针对年度目标,对各部门、各岗位人员进行安全绩效考核,通报考核结果。

客运企业根据安全生产年终考核结果,对安全生产相关部门、岗位工作人员给予一定的奖惩。对全年无事故、无交通违法记录、无旅客投诉的安全文明驾驶人员予以表彰奖励。

《规范》要求客运企业应当建立安全生产内部评价机制,每年至少进行1次安全生产内部评价。评价内容应当包括:安全生产目标、安全生产责任制、安全投入、安全教育培训、从业人员管理、客运车辆管理、生产安全监督检查、应急响应与救援、事故处理与统计报告等安全生产制度的适宜性、充分性及有效性等。

同时,《规范》还规定,客运企业可聘请第三方机构对本企业的安全生产情况进行评估,并根据评估结果,及时修订和完善安全生产制度,持续改进和提高安全管理水平。

(3)企业安全生产保障。

维护道路客运安全需要充足的资金保障、可靠的硬件设施以及先进的科技支撑。《规范》对这几个方面也进行了详细规定,确保道路旅客运输企业安全生产的物质条件。

①保障安全生产投入。

《规范》明确规定,道路旅客运输企业应当保障安全生产投入,依据有关规定,按照不低于上年度实际营业收入1.5%的比例提取、设立安全生产专项资金,建立独立的台账,专款专用。

安全生产专项资金主要用于:

a.完善、改造、维护安全运营设施和设备支出;

b.道路运输车辆动态监控平台、视频监控系统的建设、运行、维护和升级改造,以及具有行驶记录功能的卫星定位装置、视频监控装置的购置、安装和使用等支出；

c. 配备、维护应急救援器材、设备和开展应急演练支出；

d. 开展安全风险管控和事故隐患排查、评估、监控和整改支出；

e. 安全生产检查、评价、咨询和安全生产标准化建设支出；

f. 配备和更新现场作业人员安全防护用品支出；

g. 安全宣传、教育、培训和安全奖励等支出；

h. 安全生产适用的新技术、新标准、新工艺、新装备的推广应用支出；

i. 安全设施设备检测检验支出；

j. 其他与安全生产直接相关的支出。

为减轻道路客运安全的后顾之忧，《规范》还要求，客运企业应当按照有关法律法规要求，投保承运人责任险、工伤保险等安全生产责任保险和机动车交通事故责任强制保险。同时，积极探索、完善安全统筹行业互助形式，提高企业抗风险能力。

②加强车辆硬件监管。

良好的营运车辆是道路客运安全不可或缺的一环。《规范》指出，应当建立客运车辆选用管理制度。按照相关法规和标准要求，统一选型、统一车身标识、统一购置符合道路旅客运输技术要求的车辆从事运营。鼓励客运企业选用安全、节能、环保型客车。

《规范》明确了拥有20辆（含）以上客运车辆的客运企业应当设置车辆技术管理机构，配备专业车辆技术管理人员，提供必要的工作条件。拥有20辆以下客运车辆的客运企业应当配备专业车辆技术管理人员，提供必要的工作条件。专业车辆技术管理人员原则上按照每50辆车1人的标准配备，最低不少于1人。

《规范》要求客运企业应当建立客运车辆技术档案管理制度。按照规定建立客运车辆技术档案，实行一车一档，实现车辆从购置到退出运输市场的全过程管理。

《规范》规定客运企业应当建立客运车辆维护制度。客运车辆日常维护由客运驾驶员实施，一级维护和二级维护由客运企业按照相关规定组织实施，并做好记录。

客运企业还应当建立客运车辆技术状况检查制度。配合客运站做好车辆安全例检，对未按规定进行安全例检或安全例检不合格的车辆不得安排运输任务。对于不在客运站进行安全例检的客运车辆，客运企业应当安排专业技术人员在每日出车前或收车后按照相关规定对客运车辆的技术状况进行检查。对于一个趟次超过 1 日的运输任务,途中的车辆技术状况检查由客运驾驶员具体实施。

《规范》要求道路客运企业应当建立并有效实施安全告知制度,由驾乘人员在发车前按照相关要求向旅客告知,或者在发车前向旅客播放安全告知、安全带宣传等音像资料。驾驶员应当在发车前提醒乘客系好安全带,主动排查并及时消除车辆安全隐患,每月检查车内安全带、应急锤、灭火器、三角警告牌以及应急门、应急窗、安全顶窗的开启装置等是否齐全、有效,安全出口通道是否畅通,确保客运车辆应急装置和安全设施处于良好的技术状况。

此外,《规范》要求道路客运企业应当在车内明显位置清晰地标示客运车辆车牌号码、核定载客人数和投诉举报电话,从事班车客运的客车还应当在车内明显位置标示客运车辆行驶区间和线路、经批准或经备案的停靠站点,方便旅客监督。

《规范》还要求从事省际、市际班线客运和包车客运的客运企业应当建立客运驾驶员行车日志制度,督促客运驾驶员如实填写行车日志。行车日志信息应当包含:驾驶员姓名、车辆牌照号、起讫地点及中途站点,车辆技术状况检查情况(车辆故障等),客运驾驶员停车休息情况,以及行车安全事故等。行车日志保存期限不少于 6 个月。客运企业安全管理人员应当对客运驾驶员每趟次填写的行车日志进行审核、检查,发现问题及时纠正。

③完善动态监管系统。

动态监控是维护道路旅客运输安全、降低安全隐患的一种重要的技术手段。为实现对于道路运输车辆的实时动态监控,《规范》对客运车辆动态监控系统的安装和使用提出了明确细致的要求,要求客运企业应当按照相关规定为其客运车辆安装符合标准的卫星定位装置,并有效接入符合标准的道路运输车辆动态监控平台及全国重点营运车辆联网联控系统。

客运企业应当建立道路运输车辆动态监控平台建设、维护及管理制度配备专职道路运输车辆动态监控人员,建立动态监控人员管理制度。专职动态监控人员配置原则上按照监控平台每接入 100 辆车 1 人的标准配备,最低不少于 2 人。

《规范》要求客运企业应当建立客运车辆动态信息处理制度。对客运车辆和驾驶员进行实时监控和管理。动态监控人员应当实时分析、处理车辆行驶动态信息,及时提醒客运驾驶员纠正超速行驶、疲劳驾驶等违法行为,并记录存档至动态监控台账;对经提醒仍然继续违法驾驶的客运驾驶员,应当及时向企业安全生产管理机构报告,企业安全生产管理机构应当立即采取措施制止;对拒不执行制止措施仍然继续违法驾驶的,企业应当及时报告公安机关交通管理部门,并在事后解聘客运驾驶员。

《规范》要求客运企业应当建立客运车辆动态信息统计分析制度。对道路运输车辆动态监控数据质量问题、驾驶员违法违规驾驶行为进行汇总分析,及时采取措施处理。对存在交通违法违规信息的客运驾驶员,客运企业应当在事后及时给予处理,对多次存在违法违规行为的驾驶员应当作为重点监控和安全培训教育的重点对象。客运车辆动态监控数据应当至少保存 6 个月,违法驾驶信息及处理情况应当至少保存 36 个月。

3 道路运输驾驶员的权利和义务

3.1 法律赋予道路运输驾驶员的权利

《中华人民共和国安全生产法》《中华人民共和国劳动合同法》等相关法律为保护驾驶员健康、安全,保障乘客、货物的安全,规定了从业人员必须享有的有关安全生产和人身安全的最基本的权利。具体有以下几个方面:

(1)获得安全生产保障的权利。

驾驶员有获得安全生产保障、获知生产经营危险因素、事故防范及事故应急措施的权利。

①获得安全生产教育和培训的权利,包括上岗前接受安全教育培训、在职期间继续教育培训等。

②获得符合国家标准或行业标准劳动防护用品的权利。

③道路运输企业确保营运车辆技术状况合格,为驾驶员提供安全可靠的运输车辆。

④获知运输线路危险源和安全隐患,行车中如何正确使用安全防护装置,如安全带等方面的知识。

⑤获知防范交通事故的措施及发生交通事故的应急措施。

(2)获得工伤保护和民事赔偿的权利。

道路运输企业必须为驾驶员办理社会保险缴纳义务,具体包括养老、医疗、失业、工伤、生育等保险,不得利用驾驶员不懂法律和弱势状态,与驾驶员订立“生死合同”,逃避对驾驶员伤亡进行经济赔偿的责任。驾驶员因工伤丧失或者部分丧失劳动能力时,企业不得解除劳动合同。

因生产安全事故受到损害的驾驶员,除依法享有工伤社会保险外,依照有关民事法律尚有获得赔偿的权利的,有权向本单位提出赔偿要求。

(3)对安全生产隐患进行批评、检举和控告的权利。

安全生产是道路运输企业和驾驶员共同的责任和义务。驾驶员在从业过程中，对道路运输企业存在的安全生产隐患，如车辆带故障行车、技术检验不合格、车辆安全生产设施设备不齐全等安全生产隐患，驾驶员有权对此进行批评，或向行业主管部门、安监部门及地方政府检举、控告。道路运输企业不得因此降低驾驶员的工资、福利等待遇或者解除与其签订的劳动合同。

(4)拒绝违章指挥和强令冒险作业的权利。

驾驶员在从事营运生产过程中，如果道路运输企业强制要求驾驶员疲劳驾驶、强令超载、超员运输，违规超范围营运等违章指挥或作业要求，驾驶员有权拒绝执行，道路运输企业不得因此降低从业人员的工资、福利等待遇或者解除与其签订的劳动合同。

(5)解除劳动合同和获得赔偿的权利。

根据《劳动合同法》相关规定，道路运输企业出现以下情形，驾驶员可以解除劳动合同，而不需事先告知企业。

①未按照劳动合同约定提供劳动保护或者劳动条件；

②未足额支付劳动报酬；

③未依法为驾驶员缴纳社会保险；

④损害驾驶员权益；

⑤违背诚实信用原则订立或变更合同的情况。

3.2 法律赋予道路运输驾驶员的义务

《安全生产法》《道路交通安全法》及《实施条例》《劳动合同法》等相关法律规定了以下驾驶员的安全义务：

(1)安全生产义务规定。

①驾驶员从事道路客货运输活动，首先应当合法。包括依法取得机动车驾驶证，按照驾驶证载明的准驾车型驾驶机动车；依法取得道路运输驾驶员从业资格证件，在从业资格证件许可的范围内从事道路运输活动；驾驶技术性能符合要求的道路运输车辆从事道路运输活动。

②驾驶员应认真学习、掌握并遵守法律法规的规定、企业制定的安全生产规章制度和操作规程。这些法规、制度和操作规程是从事故教训中总结得来的经验，是保证道路运输安全、防范道路交通事故的要求和基础，驾驶员应该认真学习、掌握，并在日常作业中严格执行。

③行车中，驾驶员应按照交通标志和标线、交通信号灯的指示行驶，保持安全车速，与前车保持足够的安全距离，不得超速行驶；还应正确使用车辆安全设施、设备，预防事故或减少事故的损害程度。

④驾驶员应按规定参加安全教育和培训，掌握本职工作所需的安全知识，提

高安全驾驶技能，增强事故预防和应急处理能力。机动车驾驶是一项具有较高安全风险的职业，且安全知识和车辆技术在不断更新，因此，驾驶员必须通过不断学习，来掌握系统的安全知识和熟练的驾驶技能，以及事故预防、应急处理能力和经验。

⑤正确使用安全设施。安全设施可以为驾驶员、乘客提供安全防护，有效降低事故发生后造成的人员伤亡和经济损失，因此，驾驶员必须做到以下几个方面：

a. 正确佩戴安全带，提醒和检查车上其他乘客按要求佩戴安全带；

b. 掌握车载灭火器的使用方法；

c. 正确使用警告标志。

道路旅客运输驾驶员还要掌握安全门、安全顶窗的开启方法及安全锤配备数量、位置和使用方法等。

⑥驾驶员一旦发现事故隐患或者其他不安全因素，应立即按规定向相关管理人员报告。驾驶员是道路运输活动的执行者，是事故隐患和不安全因素的第一见证人，发现事故隐患并及时报告，可以更好地开展事前防范，有效避免事故的发生或降低事故损失。

(2)经营服务义务规定。

道路运输是人们出行或货物托运的重要方式，所以对道路运输的服务要求也很高，驾驶员要深入理解《中华人民共和国合同法》关于运输合同的规定，尽可能避免或减少经营服务纠纷。驾驶员作为道路运输承运人的主要活动主体，了解合同法规定的承运人经营服务义务(表2-3)非常必要。

道路运输承运人经营服务义务 表2-3

<table>
<tr><th>承运人分类</th><th colspan="2">承运人经营服务义务</th></tr>
<tr><td rowspan="4">道路旅客运输</td><td>基本义务</td><td>在约定的时间、按照约定的或通常的运输线路将旅客安全运输到约定地点</td></tr>
<tr><td>保证旅客安全</td><td>(1)救助患有急病、分娩、遇险的乘客。
(2)发现旅客携带违禁物品上车时，可以将违禁物品卸下、销毁或送交有关部门。
(3)旅客坚持携带或者夹带违禁物品的，驾驶员应当拒绝运输。
(4)发生旅客伤亡事故，承运人应承担赔偿责任</td></tr>
<tr><td>告知旅客乘车重要事项</td><td>(1)告知运输行为不能正常进行的事由。
(2)告知旅客正确佩戴安全带，不得将头、胳膊伸出窗外等安全注意事项</td></tr>
<tr><td>其他义务</td><td>发生运输延迟或擅自变更运输工具标准时，应根据旅客要求安排改乘、退票或者减收票款</td></tr>
</table>

续上表

承运人分类	承运人经营服务义务	
道路货物运输	通知收货人取货	承运人将货物安全运到目的地后,知道收货人联系方式的,应当及时通知收货人提货
	保证货物安全	承运人应当将货物安全运输到目的地,在运输过程中因承运人过失发生货物损毁、灭失,应当承担损害赔偿责任

(3)道路运输驾驶员继续教育。

道路运输驾驶员应当按照规定参加相关法规、职业道德及业务知识培训。经营性道路客货运输驾驶员和道路危险货物运输驾驶员在岗从业期间,应当按照规定参加继续教育。

根据《道路运输驾驶员继续教育办法》的规定,驾驶员继续教育周期为2年,在每个周期内,接受继续教育的时间累计应不少于24学时。继续教育的内容包括:道路运输相关政策法规、社会责任与职业道德、职业心理和生理健康、道路客货运输车辆知识、行车危险源辨识、防御性驾驶方法和不安全驾驶习惯纠正、紧急情况及应急处置、道路客货运输知识、节能减排相关知识。

驾驶员可以参加以下任何一种形式的继续教育。驾驶员完成继续教育后,应经相应道路运输管理机构确认。

①具有一定规模的道路运输企业组织的继续教育;

②经许可的驾驶员从业资格培训机构组织的继续教育;

③交通运输部或省级交通运输主管部门备案的网络远程继续教育;

④经省级道路运输管理机构认定的其他继续教育形式。

4 道路交通事故处理相关规定

4.1 道路交通事故处理概念

交通事故认定是公安机关交管部门根据交通事故现场勘验、检查、调查情况和有关检验、鉴定结论,对交通事故的基本事实、成因和当事人的责任作出具体认定。道路交通事故由公安机关现场处理纠纷,公安机关交管部门的责任认定是对交通事故因果关系的分析,对造成交通事故原因的确认,并作为认定当事人承担责任或者确定受害人一方有过失的重要证据材料。

道路交通事故分为财产损失事故、伤人事故和死亡事故。

财产损失事故是指造成财产损失,尚未造成人员伤亡的道路交通事故。伤人事故是指造成人员受伤,尚未造成人员死亡的道路交通事故。死亡事故是指造成人员死亡的道路交通事故。

4.2 责任分类

交通事故责任分五级,即全部责任、主要责任、同等责任、次要责任和无责任。交通事故责任的划分是彼此对应的,即全部责任对应无责任、主要责任对应次要责任、同等责任对应同等责任。

(1)全部责任和无责任。

一方当事人有下列情形之一造成交通事故的,该当事人应当负事故全部责任,事故其他方当事人无责任:

①一方当事人故意造成道路交通事故的,负全部责任,他方无责任;

②因一方当事人过错导致道路交通事故的,其他方当事人无违法行为的,由过错一方当事人承担事故全部责任;

③当事人逃逸,造成现场变动、证据灭失,公安交管部门无法查证道路交通事故事实的,由逃逸当事人承担全部责任;

④当事人故意破坏、伪造现场及毁灭证据的,由其承担事故全部责任;

⑤驾驶机动车发生与本车有关联的交通事故时,当事人不立即停车,不保护现场,致使交通事故责任无法认定的,应当负事故的全部责任;

⑥当事人一方有条件报案而未报案或未及时报案,使交通事故责任无法认定的,应当负全部责任;

⑦各方均无导致道路交通事故的过错,属于交通意外事故的,各方均无责任。

(2)主要责任和次要责任。

当事人一方具有以下行为负主要责任,另一方负次要责任:

①机动车、非机动车、行人发生交通事故,交通事故各方当事人有违法行为,在交通事故中作用大的一方负主要责任,另一方负次要责任;

②机动车与非机动车行人发生交通事故,当事人各方有条件报案而未报案或者未及时报案,致使事故基本事实无法查清的,机动车方应当负主要责任,非机动车、行人一方负次要责任;

③机动车与非机动车、行人发生交通事故后未立即停车,未保护现场,致使事故基本事实无法查清的,机动车一方负事故主要责任。

(3)同等责任。

因两方(或两方以上)当事人的违法行为共同导致交通事故的,其行为在事故中作用相当的,负同等责任。当事人双方有以下行为负同等责任:

①机动车、非机动车行人发生交通事故,交通事故各方当事人均有违法行为,且违法在交通事故中的作用基本相当;

②发生交通事故后各方当事人均未立即停车,未保护现场,致使交通事故责任无法认定的;

③当事人各方均有条件报案而未报案或者未及时报案,使交通事故责任无法认定的。

(4)不确定责任。

对交通事故无法查证事故事实责任认定的,公安机关交管部门制作道路交通事故认定书,载明道路交通事故发生的时间、地点、当事人情况及调查得到的事实,但对事故责任不做认定。

4.3　道路交通事故处理程序

(1)事故报警。

发生死亡事故、伤人事故的,或者发生财产损失事故且有下列情形之一的,当事人应当保护现场并立即报警:

①驾驶人无有效机动车驾驶证或者驾驶的机动车与驾驶证载明的准驾车型不符的;

②驾驶人有饮酒、服用国家管制的精神药品或者麻醉药品嫌疑的;

③驾驶人有从事校车业务或者旅客运输,严重超过额定乘员载客,或者严重超过规定时速行驶嫌疑的;

④机动车无号牌或者使用伪造、变造的号牌的;

⑤当事人不能自行移动车辆的;

⑥一方当事人离开现场的;

⑦有证据证明事故是由一方故意造成的。

发生财产损失事故且有下列情形之一,车辆可以移动的,当事人应当组织车上人员疏散到路外安全地点,在确保安全的原则下,采取现场拍照或者标划事故车辆现场位置等方式固定证据,将车辆移至不妨碍交通的地点后报警:

①机动车无检验合格标志或者无保险标志的;

②碰撞建筑物、公共设施或者其他设施的。

载运爆炸性、易燃性、毒害性、放射性、腐蚀性、传染病病原体等危险物品车辆发生事故的,当事人应当立即报警。

(2)事故现场处置。

驾驶机动车在道路上发生交通事故,驾驶人应当立即停车,保护现场;事故造成人身伤亡时,驾驶人应当立即抢救受伤人员,不得移动肇事车辆,并迅速报告执勤的交通警察或者公安机关交通管理部门。因抢救受伤人员变动现场的,应当标明位置。

驾驶机动车在道路上发生轻微交通事故,未造成人身伤亡,当事人对事实及成因无争议的,可以即行撤离现场,恢复交通,自行协商处理损害赔偿事宜。

(3)高速公路事故现场处置。

机动车在高速公路上发生事故时,驾驶人应当开启危险报警闪光灯,在来车方向150米以外设置警告标志,车上人员应当迅速转移到高速公路应急车道内(右侧路肩上)或者护栏外安全位置,并且迅速报警。

(4)自行协商。

机动车与机动车、机动车与非机动车发生财产损失事故,当事人应当在确保安全的原则下,采取现场拍照或者标划事故车辆现场位置等方式固定证据后,立即撤离现场,将车辆移至不妨碍交通的地点,再协商处理损害赔偿事宜。但驾驶人无有效机动车驾驶证或者驾驶的机动车与驾驶证载明的准驾车型不符的除外。

(5)简易程序。

公安机关交通管理部门可以使用简易程序处理以下道路交通事故,但有交通肇事、危险驾驶犯罪嫌疑的除外:

①财产损失事故;

②受伤当事人伤势轻微,各方当事人一致同意适用简易程序处理的伤人事故。

适用简易程序的,可以由1名交通警察处理。

(6)事故现场的强制撤离。

机动车发生财产损失交通事故,对应当自行撤离现场而未撤离的,交通警察应当责令当事人撤离现场。造成交通堵塞的,可以对驾驶人处以200元罚款。驾驶人有其他道路交通安全违法行为的,依法一并处罚。

5 道路交通安全违法行为及处罚

5.1 道路交通安全违法行政强制措施

(1)扣留机动车的情形。

有下列情形之一的,依法扣留车辆:

①上道路行驶的机动车未悬挂机动车号牌,未放置检验合格标志、保险标志,或者未随车携带机动车行驶证、驾驶证的;

②有伪造、变造或者使用伪造、变造的机动车登记证书、号牌、行驶证、检验合格标志、保险标志、驾驶证的;

③使用其他车辆的机动车登记证书号牌、行驶证、检验合格标志、保险标志嫌疑的;

④未按照国家规定投保机动车交通事故责任强制保险的；

⑤机动车有拼装或者达到报废标准嫌疑的；

⑥对发生道路交通事故，因收集证据需要的事故车。

(2)扣留机动车驾驶证的情形。

有下列情形之一的，依法扣留机动车驾驶证：

①饮酒后驾驶机动车的；

②将机动车交由未取得机动车驾驶证或者机动车驾驶证被吊销、暂扣的人驾驶的；

③机动车行驶超过规定时速百分之五十的；

④驾驶有拼装或者达到报废标准嫌疑的机动车上道路行驶的；

⑤在一个记分周期内累积记分达到12分的。

(3)拖移机动车的情形。

违反机动车停放、临时停车规定，驾驶人不在现场或者虽在现场但拒绝立即驶离，妨碍其他车辆、行人通行的，公安机关交通管理部门及其交通警察可以将机动车拖移至不妨碍交通的地点或者公安机关交通管理部门指定的地点。

(4)强制检验体内违禁饮(用)品含量的情形。

机动车驾驶人有下列情形之一的，应当对其检验体内酒精、国家管制的精神药品、麻醉药品含量：

①对酒精呼气测试等方法测试的酒精含量结果有异议的；

②涉嫌饮酒、醉酒驾驶车辆发生交通事故的；

③涉嫌服用国家管制的精神药品、麻醉药品后驾驶车辆的；

④拒绝配合酒精呼气测试等方法测试的、酒后行为失控或者拒绝配合检验的，可以使用约束带或者警绳等约束性警械。

5.2　道路交通安全违法行政处罚

(1)道路交通安全违法的行政处罚种类。

公安机关交通管理部门及其交通警察应当依据事实和法律规定对道路交通安全违法行为予以处罚。对道路交通安全违法行为的处罚种类包括警告、罚款、暂扣或者吊销机动车驾驶证、拘留。

(2)违反道路通行规定的处罚。

机动车驾驶人违反道路交通安全法律、法规关于道路通行规定的，处警告或者20元以上200元以下罚款。

(3)饮酒、醉酒驾车的处罚。

饮酒后驾驶机动车的，处暂扣6个月机动车驾驶证，并处1000元以上2000

元以下罚款。因饮酒后驾驶机动车被处罚,再次饮酒后驾驶机动车的,处10日以下拘留,并处1000元以上2000元以下罚款,吊销机动车驾驶证。

醉酒驾驶机动车的,由公安机关交通管理部门约束至酒醒,吊销机动车驾驶证,依法追究刑事责任;5年内不得重新取得机动车驾驶证。

饮酒后驾驶营运机动车的,处15日拘留,并处5000元罚款,吊销机动车驾驶证,5年内不得重新取得机动车驾驶证。

醉酒驾驶营运机动车的,由公安机关交通管理部门约束至酒醒,吊销机动车驾驶证,依法追究刑事责任;10年内不得重新取得机动车驾驶证,重新取得机动车驾驶证后,不得驾驶营运机动车。

饮酒后或者醉酒驾驶机动车发生重大交通事故,终生不得重新取得机动车驾驶证。

(4)涉及登记证书、号牌、证件、标志违法的处罚。

上道路行驶的机动车未悬挂机动车号牌,未放置检验合格标志、保险标志,或者未随车携带行驶证、驾驶证的,公安机关交通管理部门应当扣留机动车,通知当事人提供相应的牌证、标志或者补办相应手续,并可以依照《道路交通安全法》第九十条的规定予以处罚。当事人提供相应的牌证、标志或者补办相应手续的,应当及时退还机动车。

故意遮挡、污损或者不按规定安装机动车号牌的,处警告或者20元以上200元以下罚款。

伪造、变造或者使用伪造、变造的机动车登记证书、号牌、行驶证、驾驶证的,由公安机关交通管理部门予以收缴,扣留该机动车,处15日以下拘留,并处2000元以上5000元以下罚款;构成犯罪的,依法追究刑事责任。

伪造、变造或者使用伪造、变造的检验合格标志、保险标志的,由公安机关交通管理部门予以收缴,扣留该机动车,处10日以下拘留,并处1000元以上3000元以下罚款;构成犯罪的,依法追究刑事责任。

使用其他车辆的机动车登记证书、号牌行驶证、检验合格标志、保险标志的,由公安机关交通管理部门予以收缴,扣留该机动车,处2000元以上5000元以下罚款。

(5)未投保交强险的处罚。

机动车所有人、管理人未按照国家规定投保机动车第三者责任强制保险的,由公安机关交通管理部门扣留车辆至依照规定投保后,并处依照规定投保最低责任限额应缴纳的保险费的2倍罚款。

(6)违法停车的处罚。

对违反道路交通安全法律、法规关于机动车停放、临时停车规定的,可以指出其违法行为,并予以口头警告,令其立即驶离。

机动车驾驶人不在现场或者虽在现场但拒绝立即驶离,妨碍其他车辆、行人通行的,处20元以上200元以下罚款,并可以将该机动车拖移至不妨碍交通的地点或者公安机关交通管理部门指定的地点停放。公安机关交通管理部门拖车不得向当事人收取费用,并应当及时告知当事人停放地点。

(7)超速等其他违法行为的处罚。

有下列行为之一的,由公安机关交通管理部门处200元以上2000元以下罚款,可以并处吊销机动车驾驶证:

①将机动车交由未取得机动车驾驶证或者机动车驾驶证被吊销、暂扣的人驾驶的;

②机动车行驶超过规定时速50%的。

有下列行为之一的,由公安机关交通管理部门处200元以上2000元以下罚款,可以并处15日以下拘留:

①未取得机动车驾驶证、机动车驾驶证被吊销或者机动车驾驶证被暂扣期间驾驶机动车的;

②造成交通事故后逃逸,尚不构成犯罪的;

③强迫机动车驾驶人违反道路交通安全法律法规和机动车安全驾驶要求驾驶机动车,造成交通事故,尚不构成犯罪的;

④违反交通管制的规定强行通行,不听劝阻的;

⑤故意损毁、移动、涂改交通设施,造成危害后果,尚不构成犯罪的;

⑥非法拦截、扣留机动车辆,不听劝阻,造成交通严重阻塞或者较大财产损失的。

5.3 道路交通安全违法刑事处罚

《中华人民共和国刑法修正案(九)》[以下简称《刑法修正案(九)》]将一些严重的交通违法行为列为犯罪行为,并对它们作出了相应的刑事处罚规定。

(1)交通肇事罪。

《中华人民共和国刑法》(以下简称《刑法》)第一百三十三条规定:违反交通运输管理法规,因而发生重大事故,致人重伤、死亡或者使公私财产遭受重大损失的,处三年以下有期徒刑或者拘役;交通运输肇事后逃逸或者有其他特别恶劣情节的,处三年以上七年以下有期徒刑;因逃逸致人死亡的,处七年以上有期徒刑。

①“发生重大事故”,根据《最高人民法院关于审理交通肇事刑事案件具体应用法律若干问题的解释》(以下简称《解释》)第二条第一款规定,是指具有以

下情形之一的：

a. 死亡一人或者重伤三人以上，负事故全部或者主要责任的；

b. 死亡三人以上，负事故同等责任的；

c. 造成公共财产或者他人财产直接损失，负事故全部或者主要责任，无能力赔偿数额在三十万元以上的。

②《解释》第二条第二款规定：交通肇事致一人以上重伤，负事故全部或者主要责任，并具有下列情形之一的，以交通肇事罪定罪处罚：

a. 酒后、吸食毒品后驾驶机动车辆的；

b. 无驾驶资格驾驶机动车辆的；

c. 明知是安全装置不全或者安全机件失灵的机动车辆而驾驶的；

d. 明知是无牌证或者已报废的机动车辆而驾驶的；

e. 严重超载驾驶的；

f. 为逃避法律追究逃离事故现场的。

③其他特别恶劣情节，是指具有下列情形之一：

a. 死亡二人以上或者重伤五人以上，负事故全部或者主要责任；

b. 死亡六人以上，负事故同等责任的；

c. 造成公共财产或者他人财产直接损失，负事故全部或主要责任，无能力赔偿数额在六十万元以上的。

(2)危险驾驶罪。

根据《刑法修正案(九)》第八条、《刑法》第一百三十三条规定，在道路上驾驶机动车，有下列情形之一的，处拘役，并处罚金：

①追逐竞驶，情节恶劣的；

②醉酒驾驶机动车的；

③从事校车业务或者道路旅客运输业务，严重超过额定乘员载客，或者严重超过规定时速行驶的；

④违反危险化学品安全管理规定运输危险化学品，危及公共安全的。

机动车所有人、管理人对前款第三项、第四项行为负有直接责任的，依照前款的规定处罚。有前两款行为，同时构成其他犯罪的，依照处罚较重的规定定罪处罚。

(3)以危险方法危害公共安全罪。

根据《刑法》第一百一十四条规定，危险方法危害公共安全罪，是指以放火、决水、爆炸、投毒或者以其他危险方法破坏工厂、矿场、油田、港口、河流、水源、仓库、住宅、森林、农场、谷场、牧场、重要管道、公共建筑物或者其他公私财产，危害公共安全,尚未造成严重后果的,处三年以上十年以下有期徒刑。

第一百一十五条:放火、决水、爆炸、投毒或者以其他危险方法致人重伤、死亡或者使公私财产遭受重大损失的,处十年以上有期徒刑、无期徒刑或者死刑。

过失犯前款罪的,处三年以上七年以下有期徒刑;情节较轻的,处三年以下有期徒刑或者拘役。

“以驾车撞人的危险方法危害公共安全”这种犯罪,行为人在主观上往往是出于故意。这种危险方法与放火、爆炸以及投放危险物质的危害性相当,其危害的是不特定的多数人的生命、健康安全,符合以危险方法危害公共安全罪的构成特征。

模块小结

道路运输驾驶员具备与本职工作相关的法律意识,掌握必要的法律知识,既是保证从业合法性的前提,也是对自身合法权益的有力保障。道路运输驾驶员应积极参加法律法规的教育和培训,全面、系统地学习道路交通安全法律法规,理解法律法规对驾驶人责任、权利和义务的规定,自觉遵守法律法规的要求,约束自己的驾驶行为,做到知法、懂法、守法、用法,确保安全行车。

练习提高

1. 在道路运输法律法规框架中,除《道路交通安全法》外,还有哪些法律法规跟我们的日常工作有关?
2. 法律赋予驾驶人的权利和义务具体表现在哪些方面?
3. 对饮酒、醉酒驾车的处罚有哪些规定?
4. 涉及道路交通安全违法刑事处罚有哪些规定?

单元2　培 训 通 识

模块3　驾驶员身心健康与调节

知识目标

1. 了解驾驶员的性格特征；
2. 了解气质类型以及驾驶员的气质特征；
3. 了解驾驶员心理、生理健康与道路旅客运输安全的关系；
4. 了解驾驶员常见职业病及预防措施。

能力目标

1. 能够掌握驾驶员性格与行车安全的关系；
2. 能够掌握气质对驾驶活动的影响；
3. 能够掌握心理健康调节方法；
4. 能够按照道路运输企业安全管理理念开展工作。

案例导入

遇到看戏迟到的情景

多血质的人知道检票员不会放他进去，因而不会与其争吵，而是悄悄跑到楼上寻找另一个适当的地方观看演出。

胆汁质的人会与检票员争吵起来，甚至企图推开检票员径直走到自己的座位上去，并埋怨说戏院的时钟走得太快了，他不会影响任何人。

黏液质的人知道检票员不会让其从检票口进入，他想反正第一场戏不会太精彩，还是暂时到在外面等一会儿，等幕间休息再进去吧。

抑郁质的人则会说自己老是不走运，偶尔来一次戏院就这样倒霉，干脆回家吧。

气质类型问卷：看看自己是什么气质类型

表3-1共有60个问题，只要你能根据自己的实际行为表现如实回答，就

能帮助你确定自己的气质类型。但必须做到:回答时请不要猜测题目内容要求,也就是说,不要去推敲答案的正确性,以下题目答案本身无所谓正确与错误之分;回答要迅速,整个问题限在10分钟之内完成;每一题都必须回答,不能有空题;在回答下列问题时,你认为很符合自己情况的,记2分;较符合自己情况的,记1分;介于符合与不符合之间的,记0分;认为较不符合自己情况的,记 -1 分;完全不符合自己情况的,记 -2 分。

气质类型问卷 表3-1

选择	题号	内　　容
	1	做事力求稳妥,不做无把握的事
	2	遇到可气的事就怒不可遏,想把心里话全说出来才痛快
	3	宁肯一个人干事,不愿很多人在一起
	4	到一个新环境很快就能适应
	5	厌恶那些强烈的刺激,如尖叫、噪声、危险镜头等
	6	和人争吵时,总是先发制人,喜欢挑衅
	7	喜欢安静的环境
	8	善于和人交往
	9	羡慕那种善于克制自己感情的人
	10	生活有规律,很少违反作息制度
	11	在多数情况下情绪是乐观的
	12	碰到陌生人觉得很拘束
	13	遇到令人气愤的事,能很好地自我控制
	14	做事总是有旺盛的精力
	15	遇到问题常常举棋不定,优柔寡断
	16	在人群中从不觉得过分拘束
	17	情绪高昂时,觉得什么都有趣;情绪低落时,又觉得什么都没意思
	18	当注意力集中在一事物时,别的事很难使我分心
	19	理解问题总比别人快
	20	碰到危险情境,常有一种极度恐惧感
	21	对学习、工作、事业怀有很高的热情
	22	能够长时间做枯燥、单调的工作

续上表

选择	题号	内　　容
	23	符合兴趣的事情,干起来劲头十足;否则就不想干
	24	一点小事就能引起情绪波动
	25	讨厌做那种需要耐心、细致的工作
	26	与人交往不卑不亢
	27	喜欢参加热烈的活动
	28	爱看感情细腻,描写人物内心活动的文学作品
	29	工作、学习时间长了,常感到厌倦
	30	不喜欢长时间谈论一个问题,愿意实际动手干
	31	宁愿侃侃而谈,不愿窃窃私语
	32	别人说我总是闷闷不乐
	33	理解问题常比别人慢些
	34	疲倦时只要短暂的休息就能精神抖擞,重新投入工作
	35	心里有话宁愿自己想,不愿说出来
	36	认准一个目标就希望尽快实现,不达目的,誓不罢休
	37	学习、工作同样长时间,常比别人更疲倦
	38	做事有些莽撞,常常不考虑后果
	39	老师或师傅讲授新知识、新技能时,总希望他讲慢些,多重复几遍
	40	能够很快地忘记那些不愉快的事情
	41	做作业或完成一项工作总比别人花的时间多
	42	喜欢运动量大的剧烈体育活动或参加各种文艺活动
	43	不能很快地把注意力从一件事转移到另一件事上去
	44	接受一个任务后,就希望把它迅速解决
	45	认为墨守成规比冒风险强些
	46	能够同时注意几个事物
	47	当我烦闷的时候,别人很难使我高兴起来
	48	爱看情节起伏跌宕、激动人心的小说
	49	对工作抱认真严谨、始终一贯的态度
	50	和周围人们的关系总是相处不好

续上表

选择	题号	内　　容
	51	喜欢复习学过的知识,重复做已经掌握的工作
	52	希望做变化大、花样多的工作
	53	小时候会背的诗歌,我似乎比别人记得清楚
	54	别人说我出语伤人,可我并不觉得是这样
	55	在体育活动中,常因反应慢而落后
	56	反应敏捷,头脑机智
	57	喜欢有条理而不甚麻烦的工作
	58	兴奋的事常使我失眠
	59	老师讲新概念,常常听不懂,但弄懂以后就很难忘记
	60	假如工作枯燥无味,马上就会情绪低落

把每题得分按表3-2题号相加,计算各栏的总分。

气质类型得分统计　　表3-2

气质类型	题　　号	得分合计
胆汁质(A)	2;6; 9;14;17;21;27;31;36;38;42;48;50;54;58	
多血质(B)	4;8;11;16;19;23;25;29;34;40;44;46;52;56;60	
黏液质(C)	1;7;10;13;18;22;26;30;33;39;43;45;49;55;57	
抑郁质(D)	3;5;12;15;20;24;28;32;35;37;41;47;51;53;59	

如某栏得分超出20分,并明显高于其他三栏,则为该栏所指的典型气质。例如,某人A栏得分为25分,即为典型的胆汁质类型,其余类推。

如某栏得分在10~20分,并高于其他三栏,则为该栏所指的一般型气质,如一般胆汁质类型,其余类推。

如果出现两栏得分接近(分差小于等于3分),并明显高于其他两栏(分差大于4分),则为混合型气质,如胆汁质—多血质混合型等。

如果某一栏得分很低,其余三栏得分接近,则为三种气质的混合型。如胆汁质—多血质—黏液质混合型等。

如4栏分数皆不高且相近(小于3分),则为四种气质的混合型。

多数人的气质是一般型气质或两种气质的混合型,典型气质和三种、四种气质混合型的人较少。

知识储备

1 驾驶员的个性心理特征

驾驶员的个性心理特征，是指人的多种心理特点的一种独特的结合，个体经常、稳定地表现出来的心理特点。比较集中地反映了人的心理面貌的独特性、个别性。主要包括能力、气质和性格。

(1)能力。

能力是指完成某种活动的心理条件，包括一般能力和特殊能力两个方面。一般能力是指智力，如观察能力、记忆能力、想象能力、思维能力、语言表达能力等。特殊能力是指与某种专业活动密切联系的能力。一般能力与其天生素质有很大关系，特殊能力则需要后天的锻炼与培养。

(2)气质。

气质俗称性情、脾气、秉性，气质是人的典型的、稳定的心理特性。气质表现为人的情绪与行为活动中的动力性方面的个性特征，它具有先天性的特点，驾驶员的气质对安全驾驶是很重要的。因此要加强对个人气质的重视并扬长避短，调理好心理状态确保安全行车。

①驾驶员的气质与安全行车的关系。

根据心理活动的特性和神经系统的类型特点来分析人的气质类型，主要有胆汁质、多血质、黏液质、抑郁质四种。因此，我们主要从这四种不同的气质类型来分析驾驶员的行为特点。表3-3为驾驶员的气质与安全行车的关系。

驾驶员的气质与安全行车的关系　　表3-3

气质类型	驾驶车辆时积极的一面	驾驶车辆时消极的一面
多血质	动作迅速敏捷、胆大心细、机动灵活，对道路条件适应快，应变能力强	注意力转移，感情易变化，耐久力差
胆汁质	精力旺盛、胆大粗心、不易疲劳、反应迅速敏捷	往往争强好胜、超速行车、强行超车、争道抢行、情绪急躁
黏液质	小心谨慎、行动迟缓、遵章守纪、不急不躁、自制力强	遇突然情况应变能力差、反应迟钝、固执呆板
抑郁质	观察细致、谨慎敏感，能遵章守纪	处理情况犹豫不决、行动慢，遇危险心慌失意，面临险情时往往极度恐慌

a. 胆汁质(兴奋型)。

这种气质的人直率、热情,对外界信息刺激反应迅速,情绪容易冲动,注意力容易转移,对自己的行为往往难以控制。

这种驾驶员应该着重培养自己的耐心、毅力和自控能力。只有这样,才能在驾驶车辆时,集中精力,全神贯注,用自己坚强的毅力,排除外界干扰。

b. 多血质(活泼型)。

这种气质的人活泼、好动,反应迅速,兴趣易变换,注意力易转移,做事往往缺乏持久性。

这种类型的驾驶员在平常工作中,往往会出现只顾数量不求质量。比如,为赶任务而开快车,这样很容易发生交通事故。因此,要培养教育他们逐步具备扎实、专一、克服困难、有始有终的精神。

c. 黏液质(安静型)。

这种气质的人安静、稳重、沉默寡言,情感不轻易外露,善于忍耐。这些品质,比较适合驾驶员的职业特点。

这种类型的驾驶员,应以正面教育为主,给予必要指导,帮助他们总结经验、克服弱点、树立典型、带动全面。

d. 抑郁质(柔弱型)。

这种气质的人细心、谨慎、体验深刻,没有强烈的外部表现,善于觉察别人不易觉察到的细小事情,但有时行动稍显迟缓、怯懦,并给人一种不太合群的印象。

对这一类型的驾驶员,应该多鼓励、支持,逐步培养他们的自信心和紧张工作的习惯,应该组织他们多参加集体活动,增进与他人的友谊,激励他们的工作热情,成为优秀的驾驶员。

②不同气质类型驾驶员心理调节方案。

对于不利于驾驶员驾驶活动的气质特征,在有些情形下,可以寻找到对应的补偿方法,有针对性地进行心理调整,扬长避短。

a. 胆汁质:尽量少开长途车。

胆汁质的人反应快,日常生活中的行为动作比较干脆利落,代表人物如张飞。胆汁质的人行车时的速度也较快,而一旦发生变故,其心理耐挫能力也最差,容易产生焦虑、急躁等激动情绪。因此,对胆汁质驾驶员的缺点错误,不要当面批评,不要用“激将法”。另外,胆汁质的人尽量少开长途车。

b. 多血质:可通过练习书法改变情绪。

在易发生交通事故的调查中,多血质的人排第二。他们灵活性好,但情绪容易波动,意志力弱,不易集中。而驾驶需要一定的平顺性。情绪起伏大的人,随情绪变化开车时快时慢。人们在生活中会遇到很多问题,比如工作碰到困难,不被同事接纳,或者在与亲友的交往中发生不愉快等。多血质的人情绪比较容易受到这些压力的影响,不利于安全驾驶。此外,多血质的人比较粗心,时常疏忽对设备的定期检查,也给行车安全造成隐患。有关专家建议,多血质的人可以通过练习书法等行为疗法改变情绪。在驾驶训练过程中,可以采用团体训练的方式,着重进行踏实、专一、不开快车等方面的教育。

c. 黏液质:应在决断方面加强训练。

黏液质的人被认为是交通事故发生概率最少的群体。他们在驾驶时操作稳定自如,不急不躁,有节奏性,而且不易受到外界干扰。但是他们自信心不足,在遇到突然抉择时容易犹豫不决。此外,针对黏液质的驾驶员不善于处理紧急情况,还可以通过实践不断锻炼,使其对交通状况有一个很好的预测能力,可以避免紧急情况的产生。

d. 抑郁质:应经常作心理疏导。

抑郁质的人思想比较狭窄,不易受外界刺激的影响,做事刻板、不灵活,积极性低。他们在驾车中容易疲劳。由于对社会的适应性不良,社会支持系统较差,因而心理承受能力和自我调控能力也比较弱,容易受各种压力所拖累而造成交通事故。几年前,北京曾有一名女性公交驾驶员,在奖金发放上遇到些问题,在开车途中因反复考虑这件事疏忽了交通安全而造成事故发生,死伤20多人。有关专家建议,抑郁质的人应及时作心理疏导和放松训练,多寻找一些释放压力的渠道,而不是将所有问题放在心里。

(3)性格。

性格是指一个人在个体生活过程中所形成的对现实稳固的态度,以及与之相适应的习惯了的行为方式。如勤劳、勇敢、自私、懒惰等。性格可分为情绪型、理智型和意志型。

①情绪型。

情绪型性格的人言行举止易受情绪和心境的影响,其知觉和观察受个人主观情绪的控制,反应比较迅速和敏锐,但往往是混乱和无知的,这种性格的驾驶员容易发生交通肇事,并且在驾驶汽车时往往开快车、开斗气车。

②理智型。

理智型性格的人习惯于用理智尺度衡量客观事物,其情感表现是理智感,言行举止不容易冲动,这种性格的人作为汽车驾驶员是比较合适的。

③意志型。

意志型性格的人,其意志因素在性格中起主导作用,这种人积极主动,意志坚定,为着自己明确的目标而努力奋斗,如目标正确,这种性格的人会成为优秀的汽车驾驶员。

个性心理特征在个性结构中并非孤立存在,它受到个性倾向性的制约。例如,能力和性格是在动机、理想等推动作用下形成,稳定或者再变化,也需要依赖于动机和理想等动力机制才表现出来。两者相互制约、相互作用,使个体表现出时间上和情境中的一贯性,体现个体行为。个性心理特征的形成具有相对稳定性,例如形容一个人脾气暴躁、性格外向,其含义是通过一段时间的了解、看到这个人的一些行为表现,才产生这样的评价,所以,心理特征在一段时间内具有相对稳定的特性。

2 驾驶员心理健康与行车安全

在道路运输过程中,驾驶员往往更关注驾驶技术的提高和对交通法规的遵守,而忽略了心理因素对安全行车的影响。道路交通事故统计分析显示,相对于技术因素,驾驶员心理健康状况对安全行车的影响更明显。心理健康的驾驶员精神饱满、注意力集中、情绪稳定、驾驶操作规范、运行平稳,面对紧急情况不慌不乱;心理不健康的驾驶员易情绪异常、注意力分散,驾驶操作不规范、不安全。

对驾驶员安全行车产生影响的主要心理因素包括驾驶员的驾驶习惯、性格、情绪(心境)、心理应激反应和注意力等。

2.1 驾驶习惯与安全驾驶

每个人都有自己的行为习惯,驾驶员在学习驾驶、熟练掌握驾驶技能、从事道路运输过程中,也会逐渐形成自己的驾驶习惯。驾驶习惯不同于一般的驾驶行为,是固化的行为模式,是重要的心理特征。图3-1所示为日常驾驶习惯的影响因素。

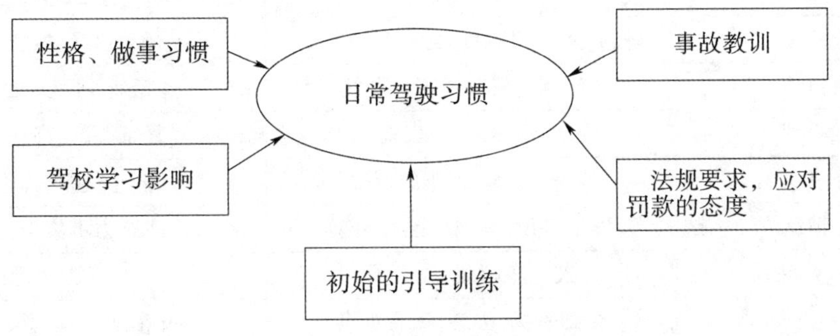

图3-1 日常驾驶习惯的影响因素

良好的驾驶习惯表现为:每天出车前按部就班做好安全检查;起步前系好安全带;行车过程中注意力集中、心无旁骛,按照交通法规、道路交通标志标线引导安全、文明驾驶;根据交通情况变化随时准备制动,遇到紧急、危险情况提前采取措施，处变不惊，从容应对。养成良好的驾驶习惯是保证道路运输安全、避免事故的有效措施。

2.2 性格与安全驾驶

性格是指个人对人、对事的态度和行为的心理特征，如坚毅果断、认真细致、粗暴蛮横、胆小懦弱等，有些性格特征在工作、生活中表现比较突出，占主导地位，便成为一个人被社会公认的性格。

性格与安全行车有着密切的关系，理智、原则性强、行为谨慎的驾驶员往往遵纪守法，谨慎驾驶；情绪化、性情急躁、粗心大意的驾驶员发生事故的概率较高。

驾驶员要确保安全驾驶，必须充分认识到自己性格中不利于行车的特征，努力进行自我调节。

2.3 情绪与安全驾驶

对道路交通事故分析发现：凡事故发生前的 6 小时内，驾驶员的情绪、情感都发生过剧烈的变化，出现过兴奋、欣喜、得意等积极亢奋情绪，或生气、烦躁、郁闷、恐惧等消极低沉情绪。无论是积极亢奋情绪，还是消极低沉情绪，都会影响行车安全。

驾驶员保持良好的心理状态是保证行车安全的重要环节。因此，驾驶员在行车过程中应该每隔一段时间检视自己的心理状况，出现不良情绪时，要及时调整，做到自觉克服种种不良心理状态，确保行车安全。

驾驶员不良情绪对安全行车的影响，见表 3-4。

驾驶人不良情绪对安全行车的影响　　表 3-4

不良情绪	主要诱因	对安全驾驶的影响
麻痹大意	车况好，运输结束	注意力分散、超速
心理疲倦	任务多，劳动强度大，工作时间长	行动迟缓，操作失误
盲目自信	安全顺利，自我感觉良好	超速，开“英雄”车
表现心理	碰到熟人，想表现	复杂路况，高速冒险
烦躁情绪、报复心理	会车、超车、跟车的情况	开斗气车，强超车
愤怒情绪	发生口角，其他车强行超车	注意力不集中，失误
虚荣、好胜	被他车超载，失面子	高风险驾驶
兴奋与沮丧	受到表扬，失恋，家有难事	开车走神，注意力不好
紧张、恐惧	路况不熟，领导强调安全行车	操作失误
心理焦虑、急躁	任务重，运输时间紧，任务难完成	开快车，违法驾驶
从众心理	看到别人超车、超载、超速	出现意外，措手不及
侥幸心理	无证、超速、超载、车辆有问题	易出现紧急情况

2.4　心理应激反应与安全驾驶

道路交通事故发生前的瞬间,每个驾驶员的应激反应都不一样。有经验、受过专门训练的驾驶员从容镇定,能正确处理紧急情况;经验不足、准备不充分的驾驶员往往手足无措,处置不当。图3-2所示为突发情况的心理应激反应。

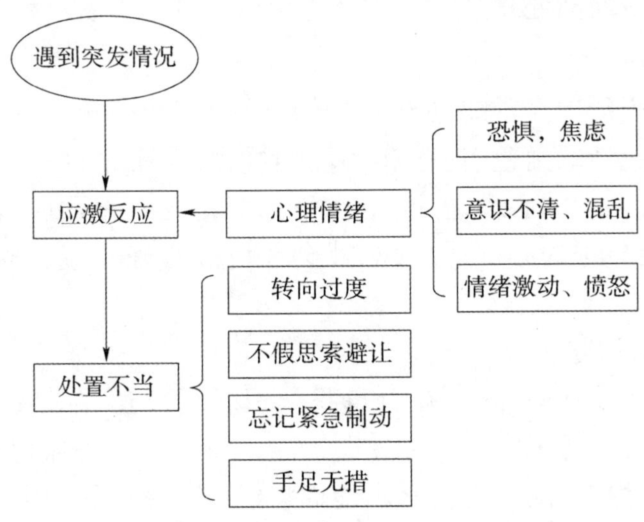

图3-2　突发情况的心理应激反应

2.5　注意力与安全驾驶

注意力是驾驶员安全行车中重要的心理因素之一,图3-3所示为注意力的影响因素。驾驶员出现走神、注意力分散的情况时,不能全面观察、正确判断和妥善处理当前的交通状况,容易导致交通事故的发生。

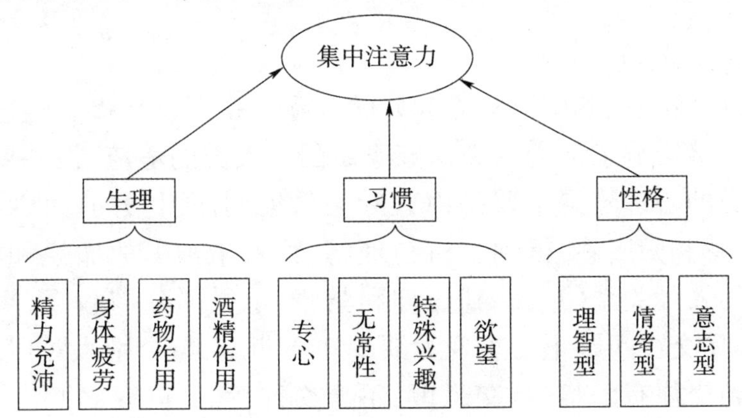

图3-3　注意力的影响因素

3　心理调节

常见心理问题是指人们在日常学习、生活中经常遇到的,导致心理适应不良的问题。它是正常人暂时的心理失调，不是心理疾病；它与思想问题有联系，但不宜笼统地归于思想问题。它的处理以自我调适为主，他人的心理疏导和专业人员的心理辅导均能起到很好的作用。了解人们常见心理问题的一般表现、类型、成因和调适方法，对于维护心理健康是十分重要的。

3.1 常见心理问题的类型

(1)适应问题。

人们在日常生活中经常要面对新的情况，扮演新的角色，执行新的任务，适应新的环境。适应新的角色、任务和环境的过程，会带来许多心理问题，包括从家庭、学校走向社会后的心理适应、工作角色变化的心理适应、日常行为习惯的心理适应、任务转化中的心理适应、对社会环境的心理适应、毕业时的心理适应等问题。

(2)自我意识问题。

在青年的自我发展中，既存在着自我认识、评价与实际情况之间的差距，同时又存在着理想自我与现实自我的差距。这不仅反映了青年对理想自我的追求和对自尊、自强的渴望，同时也预示了他们将经历很多的困难和挫折。心理学研究结果表明，理想自我与现实自我之间的过分失调往往是产生青年心理问题的重要原因。如何协调理想自我与现实自我的差距，以及如何正确看待自己，将是青年面临的一个非常重要的课题。青年自我意识问题主要表现为以下相互矛盾的倾向：过度的自我接受与过度的自我拒绝；过强的自尊心与过度的自卑感；自我中心与从众心理；过分的独立意识与过分的逆反心理。其中，最有代表性的是自卑心理。

(3)人际关系问题。

人际交往以及交往基础上建立起来的人际关系不仅直接影响着青年的学习和生活，而且直接影响了他们的心理健康。因为人类的适应，最主要的是人际关系的适应，人类的心理障碍主要是由人际关系失调而引发的。良好的人际关系使人获得安全感和归属感，得到支持与理解，给人精神上的愉悦和满足，促进心理健康；不良的人际关系使人感到压抑和紧张，承受孤独与寂寞，身心健康就会受到损害。人际交往问题主要表现为缺少知心朋友；与个别人难以交往；与他人交往平淡；感到交往有困难；社交恐惧，不想交往等。其中孤独和猜疑是影响人际关系的重要因素。

(4)心理危机。

心理危机主要是指自杀的意念和行为。自杀是主体自主采取各种手段以结束自己生命的行为，它既可见于正常人，也可见于精神病人和有人格障碍的人，他们在病理性激情、幻觉和妄想状态下都可出现自杀行为。目前心理学界将自杀分为两大类:第一类为冲动型自杀,也称情绪型自杀,常常因爆发性激情引起,是在有明显偶然事件所引起的激情、悔恨、内疚、羞愧等情绪失控状态下的冲动行为,这种类型的自杀进程比较快,具有突发性。第二类是理智型自杀。与冲动型自杀不同,它是在经过长期的自我评价和体验,进行了充分的推理和判断之后,逐渐萌发自杀意念,并有目的有计划地进行自杀的准备后而采取的自杀行为。这种类型的自杀进程较慢,发展期长,在自杀发展过程中有比较复杂的心理表现。

在自杀过程中,自杀者常常表现出明显的抑郁情绪,估计约有一半以上的自杀者都有明显的抑郁症候群或处在严重的抑郁状态。因此,抑郁情绪被认为是评定自杀危险性的重要指标之一。此外,失望、绝望的心理也是一般自杀者的普遍表现。美国临床心理学家贝克(A. Beck)对 384 例自杀未遂者的研究表明,他们在一般期望量表上的分数很高。贝克认为,失望与自杀意图的联系比抑郁更重要,他们常常歪曲其自身的体验,只预期最暗淡、最悲观的后果。这种失望的态度往往带来失助感,最后发展成绝望。

3.2　心理问题的自我调适方法

(1)心理自动调适法。

人类在面临挫折时,常常会调动自身的适应机制,心理学称心理防御机制。心理防御机制力图减少焦虑的情绪、维持心理平衡,是个体自我保护的心理自动机制,它如同人体生理活动具有保持生理、生化活动相对稳定和平衡的内稳能力一样。心理防御机制的更大价值在于为个体寻找解决挫折更为积极、有效的方法提供时机。常用的心理防御机制有压抑作用、投射作用、文饰作用、补偿作用、升华作用等。

当然,心理防御机制需要我们正确认识,适时适度运用。应该看到有些心理防御机制只能起到暂时平衡心理的作用,并不能解决问题。心理健康的人是在积极的意义上使用心理防御机制,而心理不健康的人总是依赖心理防御机制,其结果使自身适应能力日趋削弱、人格和心理发展受到影响。

(2)活动调适法。

活动调适法是指通过从事有趣的活动,以达到调节情绪、促进身心健康的一类方法,包括读书、写作、绘画、体育运动、听音乐、歌唱、舞蹈、演戏、劳动等多种活动方式。活动调适寓心理治疗于娱乐之中,不仅易为人接受,而且易于操作,可以广泛地运用于一般性的心理不平衡和轻微的心理障碍。活动调适法的实质在于用活动的过程来充实空虚的生活,用活动中获得的愉悦来驱散不良的情绪。因此,应随时把握利用活动中所提供的有利机遇、信息去发现问题,改变错误的认知，调适不良的情绪，纠正不适应的行为，提高自信心。活动的种类要根据自身的文化程度、原先的个人爱好、兴趣和实际条件来选择。

（3）合理宣泄法。

合理宣泄就是利用或创造某种条件、情境，以合理的方式把压抑的情绪倾诉和表达出来，以减轻或消除心理压力，稳定思想情绪。宣泄是一种释放，其作用在于把压抑在心里的愤怒、憎恨、忧愁、悲伤、焦虑、痛苦、烦恼等各种消极情绪加以排解，消除不良心理，得到精神解脱。因此，宣泄是摆脱恶劣心境的必要手段，它可以强化人们战胜困难的信心和勇气。无论是失恋、亲人亡故等很大的痛苦，还是惧怕某人、某种场合等难以说出口而实际上无关大局的行为，通过倾诉或用行动表达出来，实际上是对有碍于身心健康的情绪状态进行自我调节，所以，宣泄的过程也是人们进行心理的自我调整过程。

宣泄的方式主要有以下几种：

①倾诉。心里有什么问题和积怨，可以找同乡、战友、领导尽情地倾诉出来。倾诉对象一般是最亲近、最信赖、最理解自己的人，否则就不能无所顾忌地畅所欲言。在倾诉的过程中，可能因情绪激动、过度悲伤等因素，倾诉者说话唠唠叨叨，词不达意，说过头话，甚至发牢骚，对此要给予理解、同情和安慰，并适时予以正确引导。

②书写。用写信或写日记等方式，使那些因各种原因而不能直接对人表露的情绪得到排解。比如写日记，自己对自己“说”，想“说”什么就“说”什么，没有任何心理压力，许多不良情绪就在字里行间化解了。

③运动。有了消极情绪，闷坐在房子里可能“剪不断，理还乱”，到室外去打打球、跑跑步或爬爬山，呼吸一下新鲜空气，让怒气和痛苦随汗水一起流淌，心情就会开朗起来。

④哭泣。中国有一句俗语叫“男儿有泪不轻弹”，似乎男子汉是不应该哭泣的。其实，从身心健康角度来讲，“泪往肚里流”是不可取的。流泪也是一种宣泄，无论是偷偷流泪还是号啕大哭，都能将消极情绪排泄出来，从而使不愉快的情绪得到缓解，减轻心理压力。

（4）身心放松法。

下面简要介绍五类简便易行的放松训练法。

①一般身心放松法。常用的身体放松的方法有做操、散步、游泳、洗热水澡；常用的精神放松的方法有听音乐、看漫画、静坐等。哪些人需要放松，何时需要放松，可以通过观察其身体和精神状态来确定。从身体方面，可以观察其饮食是否正常，睡眠是否充足，有无适当运动等；从精神方面，可以观察其处事是否镇

定,是否容易分心,是否心平气和等。如果观察后的判断是否定的,就需要进行放松训练。

②想象性放松。在指导做想象性放松之前,应先让需要放松者放松地坐好、闭上双眼,然后给予言语性指导,进而由他们自行想象。常用的指示语是:“我静静地俯卧在海滩上,周围没有其他的人,我感受到了阳光温暖的照射,触到了身下海滩上的沙子,我全身感到无比的舒适,微风带来一丝丝海腥味,海涛声……”在给出上述指示语时,要注意语气、语调的运用,节奏要逐渐变慢,配合对方的呼吸。

③精神放松练习法。精神放松练习法就是通过引导注意力集中在不同的感觉上,达到放松的目的。比如可以指导需要放松者把注意力集中在视觉上:静心地看着一枝笔、一朵花、一点烛光或任何一件柔和美好的东西,细心观察它的细微之处;集中在听觉上:聆听轻松欢快的音乐,细细体味,或闭目倾听周围的声音;集中在触觉上:触摸自己的手指,按按掌心,敲敲关节,轻抚额头或面颊;集中在嗅觉上:找一朵鲜花,集中注意力,微微吸它散发的芳香,等等。也可指导他们闭上眼睛,试着将生活中的一切琐碎和不愉快的事情忘掉,着意去想象恬静美好的景物,如蓝蓝的海水、金色的沙滩、朵朵白云、高山流水等。

④渐进性肌肉放松法。在进行渐进性肌肉放松训练时,要注意选择不受干扰、温度适宜、光线柔和的房间或室外,让需要放松者坐姿舒适。然后引导他们想象最令自己松弛和愉快的情景,并在一旁用言语指导和暗示。指导语是:“坐好,尽可能使自己舒适,并使自己放松;现在,首先握紧右手拳头,并把右拳逐渐握紧,在你这样做时,你要体会紧张的感觉,继续握紧拳头,并体会右拳、右手和右臂的紧张;现在,放松,让你的右手指放松,看看你此时的感觉如何;现在,你自己试试全部再放松一遍;再来一遍,把右拳握起来,保持握紧,再次体会紧张感觉;现在,放松,把你的手指伸开,再次注意体会其中的不同;现在,将你的左手重复这样做。”以上方法同样用于放松左手与左臂,接着放松面部肌肉,颈、肩和上背部,然后胸、胃和下背部,再放松臂、股和小腿,最后身体完全放松。

⑤深呼吸放松法。当在某些特殊的场合感到紧张,而此时已无时间和场地来慢慢练习上述的放松方法时,可以采用最简便的深呼吸放松法。这和日常生活中人们自我镇定的方法相似。具体做法是:站定,双肩下垂,闭上双眼,然后慢慢地做深呼吸。可配合他们的呼吸节奏给予如下指示语:“一呼……一吸……一呼……一吸”,或“深深地吸进来,慢慢地呼出去;深深地吸进来,慢慢地呼出去”。掌握这种方法以后,也可自行练习。

4　驾驶员生理健康与行车安全

除了驾驶员的心理健康对行车安全有影响之外，驾驶员的生理健康也对行车安全有重要影响。驾驶员的生理健康包括视觉、听觉、嗅觉等感官机能正常，反应特征正常等。

4.1　影响驾驶员行车安全的生理因素

(1)视觉。

驾驶员通过眼睛所获的信息占全部信息的80%以上，行车过程中，驾驶员的视觉能力直接关系到驾驶员行为，对行车安全起着决定性作用。

①视力。驾驶员的视力可分为静视力、动视力和夜视力。静视力是人在静止状态时的视力。动视力是人在运动状下的视力。影响驾驶员动视力的因素有车辆相对运动速度、年龄、目标的颜色和光照度、道路及其环境等。其中，车速对动视力的影响最大。车速越高，动视力下降越明显，并且随着年龄的增加，动视力下降的幅度也越大。夜视力是在黑暗环境中的视力，黄昏时刻驾驶员视线最不好。另外，夜视力与驾驶员的年龄有关。年龄越大，夜视力越差。20～30岁的驾驶员夜视力最好。夜视力还与车速有关，车速增加，夜视力下降。

②视野。眼睛观看正前方所能看见的空间范围称为视野。视野一般分为静视野和动视野。当头部和眼球固定不动时，眼睛观看正前方所能看见的空间范围叫静视野。头部固定不动，眼球自由转动所能看见的空间范围叫动视野。

驾驶员的视野与行车速度有密切关系，随着车速增加，注视点前移，视野变窄，对交通环境的分辨率变低，容易引起交通事故。

③明适应、暗适应。从亮处到暗处的适应叫作暗适应，反之为明适应。如当车辆进入隧道时，光线由明亮转为黑暗，这就是暗适应；当车辆从隧道出来时，光线由黑暗转为明亮，这就是明适应。暗适应时间较长，一般需要4～6分钟，完全适应则需要30分钟。在明暗适应的过程中如不做好相应的准备，极有可能发生交通事故。

④炫目。人的眼睛突然受到强光照射会出现暂时性的视觉障碍，称为炫目。炫目发生时，驾驶员会看不清周围的物体，极容易发生交通事故。道路运输过程中，驾驶员应设法减少强光射到眼睛内，可通过改变车灯光束与眼睛的投影角度等预防炫目。

(2)听觉。

听觉在驾驶过程中很重要。当超车或会车、在高速公路上高速行车、遇到前方有行人、在雾天视觉受到影响时,常用按喇叭的方式来引起对方驾驶员和行人的注意。但是,如果驾驶员听觉不正常,就无法接收有声信息,因此易导致交通事故。

(3)知觉。

对于驾驶员来说,空间知觉和运动知觉很重要。行车中驾驶员要随时了解道路几何形状及其他交通工具的大小、离本车的距离和行驶方向等,离不开较好的空间知觉;分辨物体的静止和运动及运动速度的大小,离不开运动知觉。

(4)反应特征。

反应特征是对某种刺激所产生的应激动作,即从接收信息(感知)到反应(决策)产生效果的过程。整个过程所需的时间,可以划分为感知时间和反应时间。

感知时间是指在正常条件下,从眼睛观察到聚焦目标再到大脑识别出危险类型和性质的时间。反应较快的驾驶员一般需要1.75秒的感知时间。车辆时速为88千米时,这相当于43米的距离。反应时间是指正常条件下,从大脑识别出危险类型和性质到脚踩下制动踏板这段时间。驾驶员一般需要0.75秒的反应时间。车辆时速为88千米时,这相当于18米的距离。特殊的生理状况会在很大程度上影响驾驶员的感知和反应时间。

驾驶员反应越快,处理情况越及时,安全行车就越有保障。研究表明,驾驶员的反应能力除了与年龄、技术、经验有关外,还受疲劳程度、车速、药物和酒精等因素的影响,在行车中要尽量排除这些因素的负面干扰。

4.2 影响驾驶员生理的主要因素

(1)驾驶疲劳对驾驶员的影响。

①驾驶疲劳的外表征兆。

驾驶员长时间坐在固定的座位驾驶上,动作受到一定范围的限制,由于长时间高度集中和判断车外刺激信息,精神状态格外紧张,从而出现驾驶疲劳。疲劳驾驶是引发交通事故的一个潜在的重要原因,表3-5为不同征兆反映的疲劳程度。

不同征兆反映的疲劳程度　　表3-5

疲劳程度	征兆
轻微疲劳	频繁打瞌睡、眼皮沉重,换挡不及时、不准确
中度疲劳	眼睛痛,口干舌燥,全身发热,驾驶车辆走神
重度疲劳	出现瞬间意识模糊,头不由自主地往下拉,心跳加速,浑身发颤,出冷汗

②形成驾驶疲劳的主要原因见表3-6。

形成驾驶疲劳的主要原因　　表3-6

要　　素	形成驾驶疲劳的主要原因
睡眠质量	睡眠不足,睡眠效果不好,睡眠环境差等
生活环境	家务事多,夫妻不和睦,精神负担重等
车内环境	温度过高或过低,噪声过大,座椅不合适,震动剧烈等
车外环境	路面环境差,交通环境复杂,气候条件不良等
运行条件	长时间、长距离行车,车速过快或过慢,过于限制到达时间
身体条件	体力、耐久力差,视力能力下降,患有某种慢性疾病等
驾驶经历	技术水平低,操作生疏,驾驶经验少,安全意识差等

③驾驶疲劳对驾驶员的影响。

当驾驶员每天驾车超过8个小时或者从事其他体力消耗过大的活动或睡眠不足,都容易出现过度疲劳,以致行车中困倦瞌睡,四肢无力,不能及时发现和准确处理路面交通情况。不同疲劳特征的起因与影响见表3-7。

不同疲劳特征的起因与影响　　表3-7

疲劳特征	起　　因	对驾驶员的影响
急性疲劳	长时间疲劳驾车而发生的暂时疲劳	停车作短暂休息,疲劳就会消失
慢性疲劳	长时间处于疲劳状态没有恢复引起	短暂休息疲劳不能消失
过度疲劳	多次疲劳和连续疲劳积聚形成	可能突然以某种病态表现出来

④预防驾驶疲劳的措施。

a. 发生疲劳的顺序:首先是眼睛,其次是颈部、肩部、腰部。其中眼睛和身体的疲劳最应引起重视。

b. 在疲劳的不同阶段采取不同措施:

疲劳的第一阶段:动作不及时,驾驶员应停车休息片刻。

疲劳的第二阶段:操作粗糙,不准确,情绪低落,身体不适,这时应坚决停车,作长时间的休息。

疲劳的第三阶段:驾驶人呈疲劳状态,爱打瞌睡,此时驾驶员应立即停车,作长时间的休息。严禁在过度疲劳的时候驾驶车辆。

c. 强调劳逸结合,讲究科学驾车,预防疲劳驾驶(表3-8)。

预防疲劳驾驶 表3-8

序号	操作要点
1	驾驶员保证充足的睡眠
2	日间连续行驶4小时,夜间连续行驶2小时,必须停车休息20分钟以上
3	凌晨2点至5点必须按照相关规定停车休息
4	停车休息时用凉水洗脸、喝热茶或咖啡,舒展活动身体,以缓解疲劳
5	中午12点至下午2点、下午6点至晚上8点、凌晨2点至5点驾驶员容易疲劳
6	保持良好的工作环境。行车中,保持驾驶室空气畅通、降低车内温度可以缓解困意
7	行车途中感到困倦时不得继续驾驶车辆,应迅速停车休息,适时减轻和改善疲劳程度,恢复清醒

(2)饮酒对驾驶人的影响。

我国《道路交通安全法》明确规定:饮酒、服用国家管制的精神药品或麻醉品,或者患有妨碍安全驾驶机动车的疾病,或者过度疲劳影响安全驾驶的,不准驾驶机动车。

①驾驶员饮酒会影响中枢神经系统,导致感觉模糊、判断失误、反应不当,对安全行车非常不利。

②当血液中酒精含量≥1.0%时,酒精对驾驶行为的影响包括:发现道路标志的能力差,对速度、距离、信号灯和停车标志的错误判断以及直觉能力下降,大脑反应开始迟钝,头脑昏沉、神志不清、眼花缭乱,精神疲乏,失去自控能力。

③饮酒会影响人的注意力和记忆力,导致判断能力下降,酒后驾车容易发生交通事故,特别是饮酒过量,后果是极其危险的。

(3)疾病、药物对驾驶人的影响。

①特殊的交通环境与不正确的驾驶姿势和操作动作,车辆的振动、噪声、复杂的混合式交通,使驾驶员的身心负荷增大,甚至会导致多种疾病,尤其是慢性疾病。比较常见的有高血压、胃病、腰肌痛、肌炎、下肢静脉曲张、痔疮等。驾驶员在病态下开车,注意力和反应能力会大大降低,动作不协调,准确性和速度也会下降。慢性疾病同样会增加发生交通事故的可能性。

②服用对神经系统有影响的药物,如催眠药物、使人恶心和产生变态的药物、止痛药物、兴奋剂、治疗癫痫的药物、治疗高血压的药物后,会使驾驶员反应迟钝,降低注意集中的能力,极易发生交通事故。

(4)常见药物的功能与副作用。

常见药物的功能与副作用见表3-9。

常见药物的功能与副作用　　表3-9

药　物	功　能	副　作　用
抗菌消炎药	抗感染	头晕、眼花、乏力、恶心
兴奋剂	兴奋、抗疲劳	影响判断力、冲动、幻觉
镇静药	安眠	瞌睡、疲乏、眩晕、说话含糊
抗过敏药	抗过敏	头晕、嗜睡
降压药	抗高血压	疲劳、嗜睡、头晕眼花
阿托品类	治疗肠疾	视力模糊
降糖药	治疗糖尿病	疲劳、多功能失调(障碍)
麻醉止痛药	止咳、止痛、镇静	嗜睡成瘾

5　驾驶员常见职业病及其预防措施

长期久坐、长时间紧张驾驶,饮食的不规律,熬夜和憋尿等客观困难的存在,使得驾驶员会患上一些职业病。作为驾驶员,了解一些常见的职业病类型,并积极地、有针对性地采取措施,有利于预防疾病的发生。

5.1　驾驶员常见职业病类型

驾驶员长期流动作业,经常面临复杂的交通环境,健康易受到损害。驾驶员常见的职业病有消化系统疾病、颈椎及神经系统疾病、泌尿系统疾病等。

(1)颈椎病、腰痛。

道路运输往往需要驾驶员长时间保持同一驾驶姿势行车,眼睛盯牢前方,脖子挺直,会造成颈椎痉挛,发生颈椎微错位,出现颈椎病。另外,长时间同一姿势驾驶还会无形中对腰部产生长期压力,再加上道路颠簸引起的汽车振动对脊柱的损害,会影响颈椎间盘新陈代谢,加速椎间盘变形,甚至造成椎间盘突出,导致腰痛发生。

(2)肩周炎。

肩周炎是驾驶员常见职业病之一。由于驾驶员长期保持同一姿势驾驶,不能及时活动肩关节,因此导致肩关节疼痛和活动受限,引发肩周炎。

(3)胃病。

驾驶员经常流动作业,饮食很不规律,吃饭经常凑合甚至不吃饭。长期不合理、不规律的饮食习惯,带来的后果是易患消化系统疾病,常见为消化不良、胃部疼痛，严重者会引起大出血。

（4）振动病。

车辆在行驶中的颠簸、振动会导致驾驶员神经系统功能下降。例如，条件反射受到抑制，神经末梢受损，振动觉、痛觉功能减退，对环境温度变化的适应能力降低等。振动过强时有的驾驶员会感到手臂疲劳、麻木、握力下降。随着时间的推移，还会出现肌肉痉挛、萎缩，引起骨关节的改变，出现脱钙、局部骨质增生或变形性关节炎等。

（5）泌尿系统疾病。

泌尿系统疾病也是驾驶员常见的职业病，有其复杂的形成原因。首先，长时间驾驶，精力高度集中，无法进行放松活动，这一姿势除了引起颈、腰部肌肉酸痛之外，对尿路也会造成长时间压迫，影响血液循环；其次，出车在外受环境因素影响较大，发生感冒及肠胃道疾病的机会增多，会导致泌尿系统感染并反复发作；同时，饮水少、经常憋尿，也会使前列腺疾病症状加重；最后，驾驶员工作随意性大，不能按时饮食、作息等，也能诱发前列腺疾病。

（6）噪声性耳聋。

机动车发动机运转、汽车喇叭、所载物体的振动等，可产生不同强度的噪声。驾驶员长期在噪声的"轰击"下，易产生噪声性耳聋。早期多在开车之后出现听力下降，如不开车，听力又会逐渐恢复。但长期开车，反复接触强噪声，就会造成听力明显损害，且不能完全恢复，导致双侧不可逆性耳聋。

5.2 驾驶员职业病预防措施

（1）保持正确驾驶姿势。

正确的驾驶坐姿对预防驾驶员腰痛、颈椎病极为重要。一般来讲，正确的驾驶姿势是：驾车时双眼平视，座椅靠背向后微倾，坐垫略向上翘起。臀部置于坐垫和靠背的夹角中，以在操作时不向前移为宜。

适当运动。在停车休息时，可以做健康操，活动活动关节、腰部、颈椎和四肢，这样可以帮助肌肉消除疲劳并起到复原作用。

在连续驾车1小时左右，要有意识地多活动头部，向左、向右各旋转10余次，可预防颈椎病。

（2）定时休息。

一次驾车时间一般不宜过长，控制连续驾驶时间，否则身心疲惫，既影响行车安全，又危害健康。在驾驶过程中，一般每隔2小时要停车休息一次。

（3）注意车辆维护。

驾驶人腰病产生的重要原因在于汽车产生的振动，所以应避免旧车"超期服役”,及时更换陈旧、磨损的零部件,对汽车进行定期维护。

(4)定时、合理饮食,少吸烟。

应做到合理安排车辆行程,做到间隔4～5小时用餐一次,定时定量,避免暴饮暴食或食用不健康食物。长途运输时少吸烟,保持稳定的情绪,减轻生理、心理负担。

模块小结

本模块主要介绍了驾驶员的性格特征、气质类型、气质特征,以及驾驶员心理、生理健康与道路旅客运输安全的关系;驾驶员常见职业病及预防措施,心理健康的调节方法等,使驾驶员对本职业的身心健康有一个更加深入的了解与理解。在驾驶员职业生涯中,如何更好地认识自己,特别是从性格特征、身心健康与行车安全的关系上来认识自己并要求自己,对于做一名合格的驾驶员培训师具有十分重要的意义。

练习提高

“抢一两分钟有多大意义”

驾驶员小张一进站,就跑到工作室里:“坏了,我恐怕要被曝光了。”原来,他刚才看到信号灯即将变为红灯,遂驾车加速冲过路口,不料摄像头闪光灯闪了一下。

“为什么看见信号转换还要抢呢?”同事王师傅问。

小张嘿嘿一笑:“我也不知怎么回事,不抢好像就放掉机会可惜了。”

“抢个一两分钟,对你究竟有多大意义呢?就是将这一二分钟用在到站后看报纸上,能看几条新闻?”王师傅说道,“而且如果曝了光,要受到交警和公司的双重处罚,加起来是300元。算算看,这划得来吗?”

“其实到了站也没啥事。可闪光灯亮了一下,我就提心吊胆,怕以后在报纸上曝光。”小张感叹道,“是啊,我抢着过路口干什么呢!”

请思考

1. 信号灯即将变为红灯,驾驶员小张还加速冲过路口,你如何评价他的行车安全意识?

2. 案例中体现了驾驶员小张的哪些心理品质?这些心理品质对安全行车有何影响?

模块 4 应急处置与伤员急救常识

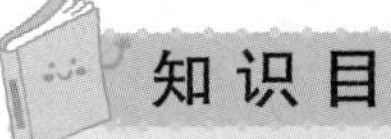

知识目标

1. 了解道路运输常见紧急情况的处置原则;
2. 了解道路运输常见紧急情况的处置方法;
3. 了解道路运输道路交通事故现场的应急处置方法;
4. 了解道路运输道路交通事故现场的伤员救护方法。

能力目标

1. 掌握紧急情况的应急处置方法;
2. 掌握事故现场的应急处置方法;
3. 具备伤员救护的基本能力。

案例导入

2017 年 7 月 6 日 10 时 53 分,驾驶员赵××驾驶粤 V×××××号大型客车从广州市汽车客运站出发开往揭阳普宁市占陇镇,出站时驾乘人员共 5 人,于 11 时 16 分许至 11 时 57 分许,先后在广州市中山大学、武警医院、天河客运站道路沿途接载乘员 45 人,此时驾乘人员共 50 人,后沿广河高速公路往揭阳普宁市方向行驶。12 时 55 分许,行驶至惠州市境内广河高速公路龙门段 73 千米 +440 米处时,车辆失控,向左偏离行驶方向,与公路中央分隔带护栏发生碰撞后旋转并掉头仰翻于中央分隔带上,造成客车上 19 人当场死亡、31 人受伤,中央分隔带护栏及车辆损毁。

知识储备

1 常见紧急情况的处置原则和方法

在日常行车中,由于受道路环境、车辆、道路交通参与者等方面因素的影响,往往会出现一些意想不到的紧急情况,如车辆转向失控、制动失效、轮胎爆裂、车辆起火等,需要驾驶员立即采取应对措施,尽力控制。此时,如果驾驶员的应急处置方法得当,可在关键时刻化险为夷,转危为安。这就要求驾驶员必须具备处理突发紧急情况的知识和经验,掌握应急处置的方法和措施,培养应急处置能力,在紧急情况发生时,能够最大限度地规避险情和避免事故发生。

1.1 紧急情况临危处置原则

1.1.1 沉着冷静,处置果断

(1)紧急情况一般都是突然出现,驾驶员往往没有心理准备,因此,在突发情况下保持头脑清醒、沉着冷静、不惊慌失措,是做好应急处置的前提条件。

(2)在紧急情况发生时,短暂的瞬间,作出准确分析和判断,并根据判断行事果断,采取正确避险措施,达到避免事故发生、减少事故损失的目的。

1.1.2 稳定方向,控速停车

(1)遇到紧急情况,首要措施是先降低车速并停车,只有当减速后仍然不可避免相撞时,才采取打转向避让的措施。

(2)在车速较低且道路环境允许的情况下,可在采取必要减速措施的同时使用转向,以避开前方障碍物,但在考虑优先运用转向、避免碰撞时,切忌急打方向。

(3)当车辆高速运行时发生紧急情况,应在稳定方向的同时立即采取减速措施,努力使车辆在碰撞前停下或处于低速行进状态,以减少碰撞损失。

1.1.3 以人为本,先人后物

(1)人的生命是无价的,在采取应急措施时,要坚持“以人为本”的原则,优先考虑保护人的安全,宁可财产损失也不伤人。尽可能将车辆驶向远离人的一侧避让,即使车辆避让不开与障碍物发生碰撞,也要尽最大努力保护人员免受伤害。

(2)驾驶客运车辆发生事故后,驾驶员应迅速疏散乘客,组织乘客自救、互救,尽可能挽救生命。

(3)在紧急情况下,职业驾驶员应具备牺牲自己保护他人安全的奉献精神,将方便和安全留给乘客和他人,把困难和危险留给自己。

1.1.4 避重就轻,减轻损失

(1)危急关头应以“避重就轻”为原则,车辆应向损失较轻或危害较小的一方避让,或将车辆驶向情况简单、人员较少的一侧,争取将损失减少到最低程度。

(2)一旦情况紧急,为了避免重大事故、重大损失的发生,应当直接将车辆冲入避险车道,将损失降低到最低限度。

1.1.5 及时示警,引起注意

紧急情况发生时,驾驶员在采取避险措施的同时,要通过开启危险报警闪光灯、鸣响喇叭、交替交换远近光灯等方式，向周边的交通参与者发出示警信号并进行信息沟通，引起其他交通参与者的注意，及时领会避险车辆的意图，采取正确的应对措施。

1.2 转向失控的应急处置方法

转向失控包括转向失效和转向失灵两种状况。转向失控将导致驾驶员无法掌握方向，极易引发严重行车事故，驾驶员需要沉着冷静，果断处置，切不可惊慌失措，导致危险程度加剧。

1.2.1 转向失效

转向失效表示车辆完全丧失转向能力。

(1)在车辆高速行驶时发生转向失效，驾驶员不得使用紧急制动来降速，否则易发生侧滑，造成车辆倾翻。驾驶员应迅速松抬加速踏板，将挡位抢入低速挡，利用发动机制动降低车辆行驶速度，当车速明显降低时，再轻踏制动踏板减速，缓慢停车。

(2)若车辆和前方道路情况允许保持直线行驶时，采取平稳制动的措施，缓慢降低车辆行驶速度，选择安全地点停车。若车辆偏离直线行驶方向，应运用“点刹”的方法，果断地连续踩踏、放松制动踏板，使车辆尽快减速停车。

(3)若车辆转向失控，行驶方向偏离，事故已经无法避免时，驾驶员要果断地采取紧急制动，也可果断地采取连续踩踏、放松制动踏板的制动方法，尽快减速，极力缩短停车距离，减轻撞车力度，减小事故损失。

(4)在采取应急措施的同时，应及时发出警示信号，如开启危险报警闪光灯，开前照灯鸣喇叭或挥手示意。提醒道路上其他车辆和行人注意避让。

1.2.2 转向失灵

转向失灵表示车辆在一定程度上丧失转向效能。具体表现为转向不足和转向过度现象。

(1)转向不足是指车辆转向时，实际转向角度还没有达到转向盘所转的角度就发生侧滑，此时车辆前轮会出现向外侧的滑动，驾驶员松抬加速踏板，轻踩制动踏板来降低车速，车辆便可恢复正常运行，严禁猛踩制动踏板或继续转动转向盘。转向过度是指车辆转向时，实际转向角度大于转向盘所转的角度。若车辆转弯出现转向过度情况，车辆后轮会出现向外侧的滑移，应缓慢松开加速踏板或轻踩制动踏板以降低车速，将转向盘朝车尾滑动的一侧转动，当车辆开始回归正常行驶轨道时，立即回正转向盘。我们在实际驾驶车辆运行过程中发现转向突然失灵后，应当及时采取措施，尽快减速，靠右谨慎行驶，并选择安全地点停车查明原因。

(2)装有动力转向的车辆，驾驶员突然发现转向困难，操作费力，多是由于转向助力器等部件出现故障。在这种情况下也应尽快靠右减速行驶,选择安全地点停车,查明原因。如果车辆还可实现转向时,在保证安全的前提下应减速,换入低速挡将车开到附近修理厂检查维修。

(3)因转向失控,而采取措施使车辆停稳后,驾驶员应当及时开启危险报警闪光灯,将车辆移至不妨碍交通的地方。若车辆难以移动的,应当在来车方向设置警告标志,扩大警示距离,并报警或寻求援助。

1.3　制动失效的应急处置方法

车辆制动失效,意味着速度失控。引起车辆制动失效的原因是制动系统无法对汽车施加足够的制动力,包括制动液管路液位不足或进入空气、制动管路气压不足、制动器无法正常工作、制动控制系统故障等原因都会导致出现制动失效,由此引发的交通事故往往非常严重,造成的人员和财产损失也比较大。这时,驾驶员要保持清醒的头脑,集中注意力,保持正确的行驶姿态,采取正确地应对处置措施,可最大限度地减少和避免事故的发生。

(1)保持冷静,正确判断。

行驶中发现车辆制动失灵后,驾驶员首先要保持沉着冷静,按照“先人后物,避重就轻”的原则,注意观察路面情况,特别是前方的车辆、行人以及障碍物。握稳转向盘控制住方向,松抬加速踏板,实施发动机制动,判断引起制动失灵故障的原因是车辆自身还是其他原因。

(2)开灯鸣号,警告他人。

如果判断出是由于车辆自身故障引起的制动失效,此时应当立即打开危险报警闪光灯,并按喇叭提醒周围车辆的驾驶员和行人注意车辆的动向,可以有效减小受伤害的范围。

(3)反复踩踏制动踏板。

对于液压制动车辆,可采用连续踩踏制动踏板的方法,这样可以帮助恢复制动系统中的压力,使制动系统恢复正常。如果有时间的话,可以多尝试几次这样的操作。

(4)驻车制动,辅助减速。

可使用驻车制动器来减速。在拉驻车制动器操纵杆时,不能一下全部拉起,要缓慢而稳定地进行。如果快速拉起驻车制动器操纵杆,很容易导致车辆失控,发生危险。对于配备电子式或脚踏式驻车制动的车型,则不建议采用驻车制动辅助减速的做法。

(5)强制降挡,降低车速。

根据道路地形和条件,特别是驻车制动器也失效的情况下,还可采用高速挡向低速挡“抢挡”的方法控制车速，利用变速器与发动机配合工作时齿比的变化，增大发动机的制动力来遏制车速。如果车速很快，可能没有办法直接挂入低速挡，那么可以随车速的变化迅速逐级或越一级减挡，直到抢入最低挡位。因进行上述操作时采用的是强制降挡，会对变速器造成一定影响。

(6)寻找障碍，进行缓冲。

如果下坡时制动失效，尤其是驾驶手动变速器的车辆时，使用上述方法都不能使车辆有效减速，那么只好采用“极端”方式，即利用一切可以利用的障碍来缓冲，增加摩擦力达到减速目的。在寻找能够阻拦车辆的障碍物时，要能够预估出碰撞之后的后果，采取这样的操作之前还要选好角度，做好心理准备并握稳转向盘，不到关键时刻绝不能使用此方法。

缓冲方法有以下几种：

①利用摩擦力缓冲。土路和砂石路都是比较理想的缓冲路段，可以利用这样的路面使车辆逐渐减速。

②利用护栏缓冲。一般的高速路段和山区公路两边都会有护栏保护，可以借助护栏的摩擦力使车辆减速，但要注意提醒车内的乘客，不仅要系好安全带，而且还要注意预防车窗碎裂伤人。操作此方法时切忌过度贴靠护栏，这样容易造成车辆倾翻。

③利用地形减速。观察路边有无可利用的坡道，如有可能将车辆驶向上坡的道路来缓冲车速，帮助停车。

④利用道路边专设的避险车道。山区公路和高速公路一般都设有紧急停车道，可减速停车。停车后，应拉紧驻车制动器操纵杆，防止溜车或发生二次事故。

⑤利用天然障碍物。如果上面的条件都不成熟，应果断地将车厢碰擦路旁的岩石或树木等障碍，或用前保险杠侧面撞击山坡，给车辆造成阻力，迫使车辆停车，确保车辆不发生倾翻，将损失降低到最小。驾驶员在进行此操作前迅速提醒车上乘客向另一侧或车辆中间靠拢，并要求乘客抓住车内固定物稳住身体，以免受到冲撞受伤。

(7)安全停车，及时处理。

将车速减下来后，应选择一个安全的地带停车。如果不能完全将车辆停住，尽量靠边缓行，避免再撞到其他车辆和行人。停车后，对制动系统进行检修或调整。如果无法现场维修，可用硬拖法将汽车拖往修理厂检查维修。

1.4 车辆爆胎的应急处置方法

轮胎是车辆行驶系统的主要部件。由于车辆突然爆胎导致的交通事故时有发生，爆胎已成为安全行车的一大隐患。车轮爆胎主要原因是车辆严重超载、轮胎磨损过度、胎压过高或过低等。在行驶过程中如遇轮胎突然爆胎,车身将立即倾斜,转向盘随之以极大的力量自行向该爆胎一侧急转,很容易发生碰撞事故。驾驶员要沉着冷静,正确应对,从容处置,否则会酿成车毁人亡的恶性事故。

1.4.1 前轮爆胎

(1)前胎爆裂时,较后胎爆裂危险性大,车辆会向爆胎车轮的一侧跑偏,驾驶员很难控制转向盘。此时驾驶员应抬起加速踏板,迅速抓住转向盘,努力控制转向盘的自由间隙,尽量控制行驶方向,同时告知车上旅客发生了什么情况,提醒旅客抓住身边固定物,注意自我保护。同时轻踏制动踏板,缓慢减速,当速度降到适当时将车尽快驶离行车道,在道路右侧边平稳停车。

(2)切忌慌乱中向其相反方向急转转向盘或急踩制动踏板,这将会使车辆发生蛇行运动或发生侧滑、横甩现象,从而造成车辆倾翻或碰撞等重大事故的发生。

(3)发生爆胎时,驾驶员应松抬加速踏板,等车速降低后,也可采用抢挡的方法,迅速抢挂低速挡,充分利用发动机制动来缓慢减速。但要注意,在发动机制动尚未控制住车速前,不要盲目使用驻车制动器来减速停车,这样容易造成车辆横甩从而发生更大的险情。

1.4.2 后轮胎爆裂

(1)后轮胎爆裂,危险性较小,车辆会出现较大颤动,并倾向爆胎的那一侧,但方向不会失控,驾驶员只要控制好转向盘,尽量保持车辆直线行驶,并轻踏制动踏板缓慢减速,平稳靠边停车。

(2)车辆停稳后,应立即打开危险报警闪光灯,在规定距离外的来车方向放置三角警示牌,提醒同向行驶的车辆注意避让。

1.5 车辆侧滑的应急处置方法

行驶的汽车因制动、转向惯性和其他原因,引发某一轴的车轮或两轴的车轮出现横向滑动的现象,称为侧滑。汽车侧滑分为四轮侧滑、前轮侧滑和后轮侧滑三种情况。尤其是汽车后轮侧滑,对安全行车威胁较大,常常会发生翻车、掉沟、撞车或与行人相撞等事故。侧滑一旦发生,较难通过驾驶员的驾驶手段来完全纠正,具有高度的危险性。

1.5.1 造成侧滑的原因

(1)路面出现湿滑、泥泞、油污或结冰等,其附着系数会降低,且左右不对称,车轮载荷与路面附着力也跟着降低,稍有横向外力作用,就会引发车轮侧滑。

(2)制动时四轮受到的阻力不平衡,诸如左右轮制动力不等、各轮附着系数不等、装载重心偏向一侧等,引发“跑偏”,也极易导致车轮侧滑。

(3)制动不当,如动作过猛、过量等,出现车轮“抱死拖带”,而后轮一般又先于前轮“抱死”,也易引发车轮侧滑。

(4)转向操作不当,如速度快、急打方向或快速转弯中使用制动不当、车辆重心过高(装载超高)等,使惯性离心力增大,也极易引发车轮侧滑。

1.5.2　车辆侧滑处置

(1)当车辆出现侧滑时,首先要把稳转向盘,视情况松抬加速踏板,迅速判明侧滑的性质,诸如前轮侧滑还是后轮侧滑;是路况不良引起的侧滑还是因制动、打方向等操作不当引起的侧滑。切忌慌乱,仅凭直觉盲目转动方向。

(2)因路况不良引起车辆侧滑,应稍松加速踏板,适当减速,握稳转向盘,注意不可急转转向盘,也不可使用脚制动,坚持驶出不良路段,侧滑即可消失。

(3)因制动引起车辆侧滑,应立刻解除制动;车辆向哪边侧滑就向哪边转动转向盘,反之亦然,但动作不能太大,否则又会向相反方向侧滑。在实际车辆运行过程中,如果车速不是很快,根据路况必须制动减速时,为防止侧滑,可果断踩下离合器,谨慎使用“点刹”动作。其实质是模仿制动防抱死系统(ABS)的做功形式,既不让车轮抱死,又能达到迅速降低车速的目的,同时也能保证驱动轮不被锁死而导致方向失控。

(4)打方向(转弯)时车辆出现侧滑,与驾驶员打方向动作猛、车速较快有关。此时车辆侧滑一般表现为后轮“双侧滑”,其危险性较大。其处置方法为把稳转向盘,逐渐减小踩加速踏板的力度,此时不可制动或变换挡位,而应立刻向车轮侧滑的方向打方向,制止车辆继续侧向路边;视情况再打方向,逐步消除车辆的侧滑,恢复正常行驶。

(5)车辆发生侧滑致使车辆已靠路边行驶或已滑到路边时,须先向后轮侧滑的方向打方向,随之回正,视情况反复。当车辆的运动状态有恢复稳定或出现减速的迹象时,方可谨慎使用“点刹”动作。

(6)如果车辆发生了侧滑,一定要保持冷静,不能使用驻车制动器制动,因为大部分车辆的驻车制动器都是制动后轮的,更容易发生侧滑或侧翻事故。

1.6　发动机熄火的应急处置方法

发动机熄火,是指车辆在行驶途中,由于驾驶员驾驶技术不过关,或车辆供油系统故障、电器故障导致供油中断或断火,使发动机突然停止工作,一时无法再次起动。发动机熄火会造成车辆转向沉重,车辆制动效能大幅下降;同时车辆在行车道上慢驶或停留,容易引发追尾事故,对安全行车造成极大危害。当发生

这种情况时,应采取以下应急措施:

(1)尝试再次起动。立即开启危险报警闪光灯,控制好车辆转向盘,连续踩踏2~3次加速踏板,转动点火开关尝试重新起动车辆。若车辆成功起动,应立即将车辆靠边停车检查,查明熄火原因,排除故障后再继续行驶。

(2)若重新起动失败,应开启危险报警闪光灯,利用惯性操控车辆缓慢滑行到路边停车,检查熄火原因,及时排除故障。

(3)发动机熄火会造成车辆转向沉重,车辆制动效能大幅下降,在靠边之前不要随意制动,若多次踩踏制动踏板将失去辅助制动力,严重降低制动效能。

(4)在道路上临时停车,车辆要立刻开启报警闪光灯,并按要求在来车方向处设置危险警示标志警示牌;在车辆靠边停稳后,车内人员迅速下车疏散转移,及时打电话报警求助。

1.7 车辆火灾的应急处置方法

车辆由于电气线路、泄漏燃油(气)、油管溢油、车辆碰撞或人为等原因诱发车辆火灾或自燃,将严重危及车辆上人员的安全,同时也会造成重大财产损失。驾驶员在车辆发生火灾时,应沉着冷静,迅速掌握失火部位以及火灾发生的原因,采取果断措施,尽量避免人员伤亡,降低财产损失。

(1)熄火停车、疏散乘员。车辆发生火灾时,驾驶员应立即靠道路右侧停车熄火,并迅速打开车门疏散车上乘客;如果车门无法打开,要及时打开安全门,或砸碎玻璃窗,让乘客尽快下车疏散。

(2)迅速报警,先行扑救。行车中车辆发生火灾时,要将车辆停在远离加油站、高压线、车辆、树木以及易燃物品的空旷地带,迅速判明失火位置并设法救火,如果火势无法控制应及时拨打火警电话,请求救援。

(3)若车辆发动机部位起火,驾驶人要迅速关闭点火开关及车辆电源总开关,并设法关闭油箱开关。使用灭火器从车身通气孔、散热器及车底侧进行灭火。灭火时尽量不要开启发动机罩,以防因大量空气进入而增大火势。救火时应根据现场火势大小,决定是否撤离躲避,防范燃油箱发生爆炸,危及生命安全。

(4)因翻车、撞车等事故引发的车辆油箱泄漏、电器线路着火时,可使用路边田地中的沙、土掩盖,或用棉被、衣服浸水扑盖,或用篷布蒙盖来隔绝空气,压灭火焰。

(5)若车辆上装载的货物,特别是可燃性货物失火时,应将车辆迅速驶离人群密集的闹市区,开至空旷地带。条件许可时及时卸下着火货物;无法卸下时,则设法扑灭。箱式或篷式货车上货物失火,应关闭货箱门,隔绝氧气以阻止火势蔓延。

(6)高速公路行车发生火灾时,应及时将车辆停靠在路肩或应急车道上,尽快疏散车上人员,及时报警,同时使用车内备用灭火器灭火。

(7)灭火时,不要穿着化纤面料的衣服接近火源,因化纤面料是易燃品,一旦衣服着火应及早脱掉,避免烧伤皮肤。使用灭火器灭火时人要站在上风处,尽量远离火源,灭火器应瞄准火源。

1.8 非机动车或行人突然横穿道路的应急处置方法

车辆行经城镇道路、学校、生活区等车辆、人员密集区域时,由于其他道路参与者道路法规和安全意识的淡薄,极易发生非机动车、行人横穿道路的突发情况,极有可能发生交通意外。

(1)注意观察路面动态,“预刹车”防范事故。驾驶员集中注意力,高度关注路面其他交通参与者动态,不能有侥幸心理,遇有横穿道路的情况时提前鸣响喇叭进行提醒和警告。采取“预刹车”措施,将脚从加速踏板收回放在制动踏板上,遇突发情况时迅速踩踏制动踏板,及时降低车速,停车避让。

(2)采取制动措施的同时,判断行人横穿的速度和车辆可以避让的安全地方。若条件满足,避让横穿道路的行人时,应从行人身后绕过,但要注意行人可能突然止步或往后退。

(3)驾驶员采取制动减速或停车时,要考虑车辆行驶环境及周边行驶车辆的情况,不得采用急打转向盘借道行驶避让的方式,否则可能会酿成更严重的交通事故。

2 道路交通事故现场的应急处置方法与伤员救护

近年来,随着我国道路运输的快速发展,道路交通事故数量与伤亡人数居高不下,给国家和人民群众造成了巨大的经济损失,也给相关家庭和个人带来了不可挽回的精神和身体伤害。道路交通事故发生后,现场人员及时、正确地采取应急处置措施,对于有效控制险情,最大限度地减少事故损失,保障人员的生命和财产安全具有十分重要的意义。

2.1 事故现场应急处置方法

事故发生后,驾驶员应努力保持头脑清醒,情绪稳定,根据现场具体情况,迅速做出判断,采取有效措施,控制事故发展,减少事故损失,为及时、正确地处理交通事故创造条件。

2.1.1 立即停车

车辆在道路上发生交通事故时，驾驶员应立即停车，关闭发动机、切断电源、拉紧驻车制动器操纵杆、开启危险报警闪光灯并在来车方向车后按要求设置警告标志(普通公路50~100米，高速公路150米以外)，迅速转移车上人员(高速公路人员应转移到右侧路肩上或者应急车道内)，夜间还应当同时开启示廓灯、后位灯。

2.1.2 抢救伤者

道路交通事故发生后，由于情况紧急，一时也不会有专业医护人员实施救助，因此，当事人应该迅速、及时地抢救受伤人员，防止受伤人员伤情恶化甚至死亡，从而减轻事故所造成的损失。

驾驶员停车后应首先检查人员伤亡情况。如果有当场死亡者，应当原地不动，并用篷布、塑料布等物覆盖。如有受伤人员，应当尽量拦截过往的车辆将受伤人员送至就近医院抢救。如一时无过往车辆，应马上动用肇事车将伤员送往医院，但应当先标好停车位置，即各个车轮的位置走向、制动印痕的起止点等。如果车上还有其他人员，应留下保护现场。驾驶员在将受伤人员送到医院后，应立即返回现场。若无人员伤亡时，应迅速抢救物资和车辆。如属贵重物资或危险物品，继续滞留现场会造成更大损失或危险时，应及时组织抢救转移，同时应标出物体的位置。如属一般物资，应待现场处理完毕后再行处置。

2.1.3 保护现场

事故现场是指发生道路交通事故的车辆、人、畜以及与事故有关的痕迹、物证等所在的空间。交通事故现场是交通事故案件证据的主要所在地，是反映当事人的交通肇事行为、事故演变过程的空间场所。交通事故现场一般都会遗留一些痕迹和物证。它是判定行驶状态、行驶路线的证据。由于交通的动态流动以及天气的变化等客观因素的影响，一些痕迹和物证可能会流失，因此，当事人要及时地保护好现场。现场保护的主要内容如下：

(1)肇事车停位，伤亡人员倒位，各种碰撞碾压的痕迹、制动拖痕、血迹以及其他散落物品均属保护内容。

(2)在保护现场时，应当重点保护以下事故现场痕迹。

①路面痕迹。如：车辆制动印痕、扎压痕迹、侧滑印痕、路面油迹、血迹等。

②车辆及人体擦撞痕迹。如：各种车辆部件造成的刮痕、沟槽、服装搓擦痕、车身浮尘擦痕等。

③路面遗留物。如：车辆零部件碎片、油漆碎片等散落物以及人体组织剥落物等。

(3)事故现场的保护,可以采取下列方法:

①标围现场。交通事故发生后,要立即确定现场范围,在条件允许时,使用树枝、绳索等工具围闭现场,加强指挥,防止无关车辆和人员进入,等待交警对现场进行勘察。

②注意遮盖。如遇雨天、雪天或刮风等自然现象,对现场的重要痕迹等可能造成破坏时应就地取材,用席子、塑料布等物将现场的尸体、血迹、车辆制动印痕和其他散落物等遮挡起来。

③记录位置。驾驶员可使用相机或者手机,从车辆前方、侧面和后方的不同角度,对事故相关车辆的位置、受损部位及受损程度等做好拍摄记录。除非因抢救伤者和财产需要,不得擅自移动现场肇事车辆、伤者、物品等,必须移动时应当标明位置。

④寻求协助。在事故现场,要主动寻求乘车人、过往车辆驾驶员、过往行人的协助。要注意寻找目击证人,记下见证人的身份、联系电话、地址等。

⑤冷静处置。如果现场有扩大事故的因素,如燃油外溢,车上装有易燃、易爆、剧毒、放射性等危险物品时,应立即设法消除,并向周围的行人讲明现场的危险性。必要时,将危险车辆驶离现场。

⑥服从指挥。服从现场值勤交警指挥,将车辆移出现场,以恢复正常交通。

2.1.4 及时报警

事故发生后,当事人在抢救伤员、保护现场的同时,应及时亲自或委托他人向肇事点辖区公安交通管理部门报案,交通事故报警电话号码全国统一为“122”。

报警时,需要说明的有关信息主要包括:

(1)报警人的姓名、联系方式。

(2)发生道路交通事故的时间、地点。

(3)人员伤亡情况。

(4)车辆类型、车辆牌号,是否载有危险物品、危险物品的种类等。

(5)涉嫌交通肇事逃逸的,还应当说明肇事车辆的车型、颜色、特征及其逃逸方向、逃逸驾驶员的体貌特征等有关情况。

涉及人员伤亡或被困时,应及时向附近的医疗单位、急救中心(电话为120)以及消防部门(电话为119)报警求援,并视情况向保险公司报案和向车属单位报告。

2.1.5 协助调查

在交通警察勘查现场和调查取证时,当事人必须如实向公安交通管理机关陈述交通事故发生的经过,不得隐瞒交通事故的真实情况,应积极配合协助交通警察做好善后处理工作,并听候公安交警部门处理。

未造成人员伤亡的道路交通事故中，当事人对道路交通事故的事实和成因没有争议的，在记录交通事故的时间、地点、对方当事人的姓名和联系方式、机动车牌号、驾驶证号、保险凭证号、碰撞部位，并共同签名后，可以即行撤离现场，恢复交通，自行协商处理损害赔偿事宜。当事人对交通事故事实及成因有争议时，应当迅速报警。事故仅造成轻微财产损失，并且基本事实清楚时，当事人应当先撤离现场再进行协商处理。

2.2　事故现场伤员救护

发生交通事故后，现场人员应采取适当的急救措施，对事故的受伤人员展开前期的紧急救护，直接关系到伤员的生命安危，因此，每位驾驶员必须了解交通事故的急救知识，掌握必要的现场急救技巧。

2.2.1　伤员救护的基本原则

(1)确保安全。

施救时，要先观察现场环境是否安全，确认安全或排除隐患后方可进行救护。要尽快将伤员救离事故现场，选择较开阔、安全的区域，便于救护车能够接近，夜间要选择有照明的地方，不能在弯道、坡道或交叉路口等危险区域实施抢救。运送伤员应尽可能使用救护车，视伤情使伤员平卧或侧卧，以减少运送途中的二次损伤。

(2)先救命后治伤。

事故发生后，如发现有伤员时，应先全面检查和判断伤员的伤情和处境，比如：伤员是否已出现昏迷、呼吸中断、无脉搏等症状；是否出血、骨折；是否有重物压在伤员的身上；是否有异物插入伤员的体内等。对于意识清醒的伤员，应询问疼痛和不适部位，初步判断伤情，以便选择正确的急救方法。

在等待专业救护人员赶赴事故现场时，应先抢救存在昏迷、休克、呼吸中断等症状和大量出血的重伤员，再护理一般的伤员，进行创口包扎、固定等处理。

(3)科学实施救护。

抢救人员要沉着、冷静、仔细，根据伤员的处境和伤情，科学实施救护，避免造成二次伤害。从车中移出伤员时，首先要尽可能移开压在伤员身上的物品，动作要轻柔，而不要强行拉拽伤员的肢体；切记不要随意拔出插入伤员体内的异物；正确搬运伤员，避免因搬运不当造成伤员伤势加重。

2.2.2　危重伤员的抢救措施

(1)对头部损伤伤员的抢救。

交通事故中颅脑损伤的发生率很高，死亡率也较高。颅脑损伤的症状为伤者昏迷、失去知觉、瞳孔散大、呕吐等。在救护时可将伤者抬上汽车,护送人员扶助伤者呈侧卧位,头部用衣物垫好,略加固定,解开衣领、腰带等紧缩物,便于呼吸通畅;口腔和呼吸道如有分泌物、呕吐物应排出,防止阻塞气道,以利于维持呼吸机能,避免因缺氧而带来不可恢复的损害。如果伤者神志清醒,呼吸、脉搏正常,仅是头颅外伤,可进行伤部包扎处理,将大块敷料遮盖伤部,用绷带严密包扎,能达到加压止血的目的。若伤者耳、鼻、口溢血,不得加以堵塞。

(2)对昏迷不醒伤员的抢救。

当伤员昏迷时,首先要检查其呼吸情况。判断是否呼吸停止的方法为观察胸腹部的运动状态,手触摸腰部的呼吸运动部位,耳贴近伤员鼻孔听呼吸声。如呼吸正常,应保持伤员的侧卧位,以保证其呼吸畅通,防止窒息危及生命。如伤员呼吸中断、心跳停止,应立即实施心肺复苏术(口对口的人工呼吸和胸外心脏按压)进行抢救。

抢救时,先让伤员仰卧,面部向上。救助人员位于伤员的头旁,用两个手指抬起伤员下颌,同时用另一只手将伤员的前额下按,使下颌与耳垂线垂直于地面,保持伤员呼吸气道的开放畅通,清理气道和口中可能存在的异物,如呕吐物、痰、血块等。

如果伤员仍不能呼吸,应立即进行口对口的人工呼吸。即用压额头的手捏紧鼻翼,大大张开伤员的嘴,抢救者先深吸一口气,然后对准伤员的口将气吹入,使伤员的胸部鼓起,吹气完毕,口和手立即离开伤员。抢救者抬头再吸一口新鲜空气,准备下次口对口呼吸,如此每4~5秒一次。

如伤员的心跳停止,应进行胸外心脏按压。抢救者一手掌根部放于患者胸骨下1/3处,另一手重叠于上,十指相扣,两臂伸直,依靠身体重力向脊柱方向作垂直而有节律的按压。按压时用力须适度,略带冲击性,每次按压使胸骨向下压陷3~4厘米,随后放松,使胸骨复原,以利心脏舒张。按压频率一般为每分钟80次,直至心脏恢复。

交替实施人工呼吸和胸外心脏按压时,应完成30次心脏按压即给予2次快速吹气。连做4~5个循环或进行3~4分钟后,重新检查呼吸、脉搏。

(3)对休克伤员的抢救。

受伤者失血过多时会出现休克,其症状表现为面色苍白、四肢发凉、额部出汗、口吐白沫,显得焦躁不安,脉搏跳动变得越来越快并逐渐虚弱,最后脉搏几乎摸不出来。这些症状有时会部分出现,有时会同时出现。休克时间过长,会导致伤员死亡,所以应及时采取以下急救措施:

①将伤员迅速撤至安全、通风、保暖的地方,松解衣服,让伤员平卧,下肢抬

高 15°,这样有利于静脉血回流,保证基本生命支持的需要。

②保持伤员温暖,有可能时可让伤员喝点温开水,但腹部内脏损伤疑有内出血者不能喝水。也可针刺或用手掐人中、合谷、内关、十宣等穴位,以促其苏醒。

③迅速找出休克病因,尽力予以祛除,出血者立即止血,骨折者迅速固定,剧痛者予以止痛剂,呼吸心跳停止者应立即进行心脏按压及口对口人工呼吸。

④经抢救,休克症状消失,伤员清醒,血压、脉律相对稳定时才可运送。昏迷伤员运送时面部应偏向一侧,以防呕吐物阻塞呼吸道。

(4)对烧伤伤员的抢救。

烧伤伤员的症状为皮肤发红、起泡、感觉疼痛。内部组织受损的烧伤,可引起呼吸困难、休克、烧伤性疾病等,应采取以下急救措施:

①迅速扑灭衣服上的明火,也可卧倒自行滚动灭火。灭火后尽快脱掉衣服,但对黏附在皮肤上的衣服则不可强行脱掉。

②全身燃烧时,可用冷水对燃烧部位进行喷洒或立即跳入干净的清水中。

③用消过毒的纱布或清洁被单覆盖烧伤创面;脸部烧伤时,不要用水冲洗,也不要覆盖。

④适量饮用淡盐水(一杯水中放一匙食盐),防止脱水休克。

⑤不可轻易使用粉剂、油剂、油膏等敷于皮肤灼伤创面。

⑥反复检查呼吸和脉搏,防止休克。

(5)对中毒伤员的抢救。

救助有害气体中毒的伤员时,为防止伤员继续中毒,应迅速将其送到通风良好的地方并迅速呼救,以防止中毒加深。应该让昏迷不醒的中毒伤员保持侧卧位并反复检查呼吸和脉搏,如出现呼吸停止等症状时,应就地实施心肺复苏。

(6)对大量失血伤员的抢救。

如果伤员失血过多,应立即采取措施止血,不然会出现休克等症状导致死亡。大出血时应先止血,然后再叫救护车。

止血的方法为首先用清洁的敷料(毛巾、手帕等)直接压迫伤口止血。如一时找不到合适的东西压迫伤口,可用手直接压住伤口。若伤员是手、脚等部位出血,手脚应高于心脏,尽可能抬高并继续压迫伤口。这样持续压迫一会儿一般出血就会止住。如果渗血不止,就要采取间接压迫止血法。间接压迫止血法就是压迫通往伤口处的动脉来达到止血目的。如果是上肢出血,就将拇指或四指并拢,压迫腋下的动脉来止血;如果是下肢出血,就用两手拇指对称压迫大腿根中部内侧股动脉来止血或用手掌根部垂直压住大腿中部来止血。

(7)对骨折伤员的处置。

不要移动伤员身体的骨折部位,防止伤员休克。

①出现关节损伤(扭伤、脱臼、骨折)的伤员,应避免活动,不要改变损伤时瞬间的位置、姿势,更不能自行复位。

②安放到固定位置后,保持损伤骨节的静止。

③骨折处有出血时,应先止血和消毒包扎伤口,然后固定。

④对于大腿、小腿和脊椎骨折,一般应就地固定,不要随便移动伤员。

⑤把骨折伤员搬移至担架时,要遵循医护工作人员的指导。由3名以上救护人员分别用手托住伤员的肩、背、腰臀部和双下肢,颈椎骨折的伤员还应有1人专门托住伤员的头部,在统一口令下,协同将伤员搬至硬质担架上,并使伤员头向后,以便后面抬的人观察其病情变化。

模块小结

了解并掌握道路运输常见紧急情况的处置原则和处置方法,以及交通事故现场的应急处置方法和事故现场的伤员救护方法,从而具备较强的伤员救护的基本能力,是驾驶员培训师应该具备的并追求的能力。

练习提高

1. 制动失效的应急处置方法有哪些?
2. 行车过程中,如果遇到车辆爆胎应如何处理?

模块5 管理与沟通

知识目标

1. 了解管理及管理的四大职能;
2. 了解道路运输企业安全管理理念和主要内容;
3. 了解暴力沟通与非暴力沟通。

能力目标

1. 能够按照管理者的技能要求做一名合格的培训师;
2. 能够按照道路运输企业安全管理理念开展工作;
3. 能够运用非暴力沟通的方法提高管理实效。

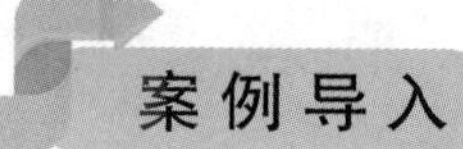

案例导入

你是在建大教堂吗?

有一个人某天沿着乡间小路散步,突然,他驻足观看一大群人正在盖一栋好像是教堂的建筑物,出于好奇,他开口问其中一个人他们正在做什么?这个人回答:“我正在修整这些石头,削平它们的尖角以便能平稳地放在另外的石头上。

过了几分钟,这人到第二人的旁边,提出相同的问题,第二个人好像也正在做着同样的工作,但是他却点点头,并且回答“我正在筑一面墙”。说完后,立刻把注意力又集中在切削石头上,并且不断地试验它们是否可以平稳地放在另一块石头上。

没过多久,这个人又走到第三个人的旁边,第三个人依然和前两个人做着一样的工作,这人问他同样的问题:“你正在做什么啊?”第三个人立刻站了起来,骄傲地说:“我正在建一座大教堂”。

想想看,这三个人的谈话给我们什么启发?

知识储备

管理是人类各种活动中最普通和最重要的一种活动。近百年来,人们把研究管理活动规律所形成的管理基本理论与方法,统称为管理学。直到19世纪末,随着欧洲工业革命的发展,管理理论才真正出现。管理理论是对管理思想的提炼与概括,是较成熟、系统化程度较高的管理思想。

1 管理认知

老子说,管理的至境,使众人奋勇向前,感觉不到领导的存在。

1.1 管理定义

管理是指在特定环境下,对组织所拥有的资源进行有效的计划、组织、领导和控制,以便达成既定的组织目标的过程;管理为实现组织目标服务,是有意识、有目的进行的过程;管理是由一系列相互关联、连续进行的活动构成;管理是通过综合运用资源来实现;管理是在一定的环境条件下开展的,并受其影响,环境既提供机会,也构成威胁。

对管理定义的归纳总结如下:

一是强调作业过程:管理是计划、组织、领导、控制的过程。

二是强调管理的核心环节:管理就是决策。

三是强调对人的管理:管理就是通过其他人把事办好。

四是强调管理者个人作用:管理就是领导。

五是强调管理的本质:管理就是协调。

1.2 管理的四大职能

管理职能就是管理的职责和权限,管理的四大职能如图5-1所示。

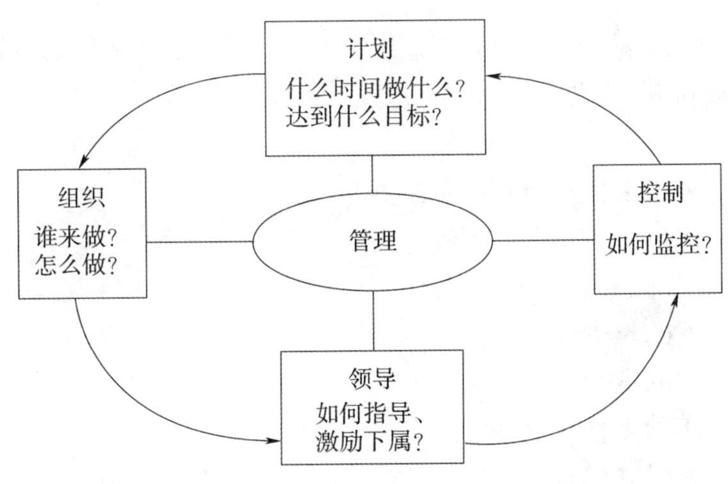

图5-1 管理的四大职能

1.2.1 计划工作

通过确定工作目标来制订计划,以便按恰当的顺序完成该做的工作。

若想完成计划活动,可参照以下几点:

(1)腾出专门时间制订计划。

(2)收集所有必要的资料。

(3)让员工协助计划制订。

(4)制订一个灵活的计划。

(5)妥善地利用员工、设备和时间等资源。

(6)按时完成自己的计划。

(7)制订行动方案,着眼于有限资源的合理配置。

1.2.2 组织工作

在组织工作中,需注意组织设计、人员配备、权力配置,要全面调动下属员工的积极性,充分利用各种资源,建立起合理的分工与明确的协作关系。

下列内容有助于我们完成计划活动:

(1)分派工作责任时,考虑员工的个人资历。

(2)为需要改进技能的员工提供训练。

(3)让员工知道他们的工作对其他部门有影响。

(4)向员工说明他们可以如何与其他部门合作以完成工作。

(5)有效地协调各类资源。

(6)考虑各类来源的工作申请者。

(7)利用面谈、考试和推荐审查来筛选工作申请者。

1.2.3 领导工作

鼓励并指导下属员工,使其实现部门和企业的目标,要做好指导、协调、激励,致力于积极性的调动和方向的把握,包括对下属员工监督、鼓励、评估和惩戒。

下列内容有助于我们执行领导活动:

(1)让员工知道他们应尽的职责。

(2)显示积极的态度。

(3)表扬员工的长处。

(4)征求员工的意见。

(5)感谢和奖励工作出色的员。

(6)以身作则树立榜样。

(7)关注员工的问题和忧虑。

(8)当员工需要支持时挺身而出。

1.2.4 控制工作

设法确保计划得到彻底落实,这意味着不断关注有待检查的事情,以便一切按计划进行。要做好检查和监督,着力于纠偏。

控制功能可分以下几个步骤:

(1)检查由管理阶层制定的本部标准。

(2)收集本部门目前动作情况的资料。

(3)把目前的情况与标准加以对比。

(4)当未达到标准时,采取纠正措施以确保今后达到。

(5)检查纠正措施是否奏效。

下列内容有助于我们执行控制活动:

(1)当员工的工作表现不好时,帮助他们改进。

(2)认识到有时我们需要改变工作方式才能实现目标。

(3)认识到预防问题和错误的出现比纠正它们更容易。

(4)认识到在部门预算范围内营运是重要的控制手段。

(5)首先处理最严重的问题和障碍有助于实现自我的目标。

1.3 管理要解决的问题

古往今来,任何一个组织要发展壮大,保持强盛不衰,都离不开一套切实有效的管理。管理的目的是为了达成组织目标,而终极是为了提高组织的运作效益。

有效的管理就是既要讲究效率又要讲究效益;讲求效率而不讲究效益——碌碌无为;讲究效益而不讲究效率——得不偿失;效率与效益相比较,效益是第一位,两者之间的关系如图5-2所示。

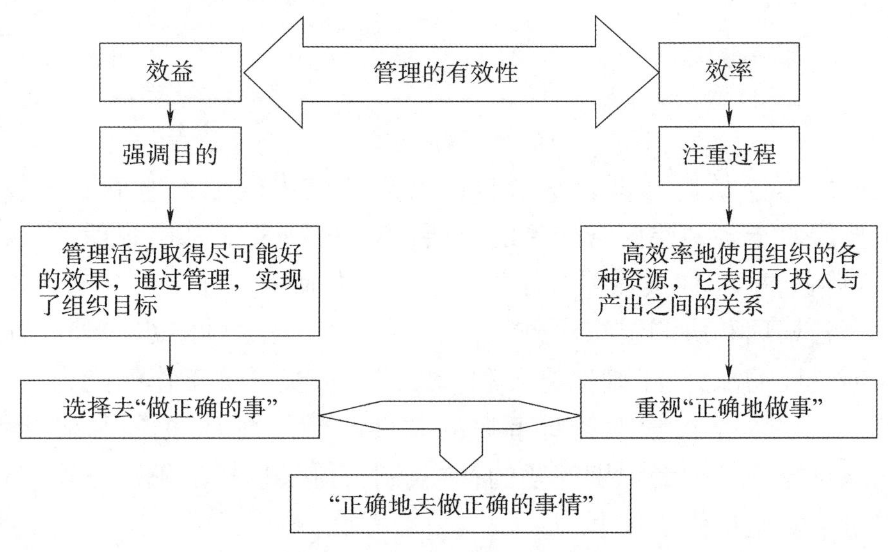

图5-2 效率与效益的关系

管理的任务是设计和维持一种环境,使在这一环境中工作的人们能够用尽可能少的支出实现既定的目标,或者以现有的资源实现最大的目标。细分为四种情况:产出不变,支出减少;支出不变,产出增多;支出减少,产出增多;支出增多,产出增加更多。这里的支出包括资金、人力、时间、物料、能源等的消耗。总之,管理的基本原则是“用力少,见功多”,以越少的资源投入、耗费,取得越大的功业、效果。

管理的意义在于更有效地开展活动,改善工作,更有效的满足客户需要,提高效果、效率、效益。

效益的意义就是完成组织目标,不仅仅是完成管理者的基本任务,做到效益最大化,或是说做到资源的优化配置才是根本目的。组织存在的原因就在于效率(效益)。

1.4 管理者技能

技能是纵观全局、洞察企业和环境机会与威胁的能力，理解事物之间的关联性及找出关键因素的能力，权衡方案优劣及风险的能力。管理者在行使各种管理职能、扮演三类管理角色（高层管理者、中层管理者和基层管理者）时，必须具备以下三类技能，如图5-3所示。

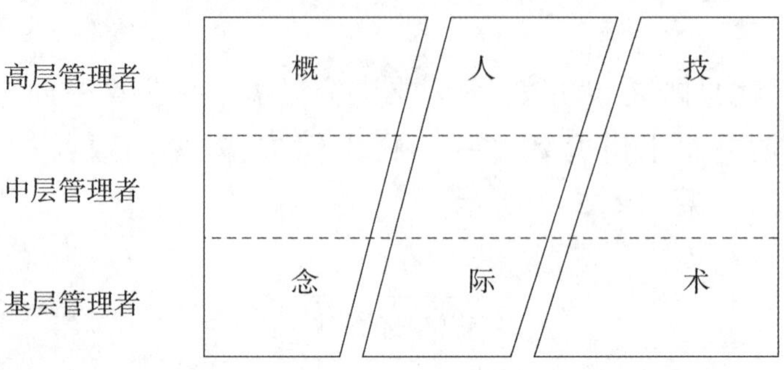

图5-3　管理者技能

（1）技术技能，是指管理者从事自己管理范围内的工作所需要的技术和能力。技术技能对于各种层次管理者的重要性有所不同，对基层管理者尤为重要。

（2）人际技能，又称人际关系技能，是指成功地与人打交道并与人沟通的能力，包括联络、处理和协调组织内外人际关系的能力，激励组织内外工作人员的积极性和创造性的能力，正确地指导和指挥组织成员开展工作的能力。

（3）概念技能，是指管理者对事物的洞察、分析、判断、抽象和概括的能力。很强的概念技能为管理者识别问题的存在、制订可供选择的解决方案、选择最好的方案并付诸实施提供了便利。

2　运输企业安全管理

道路运输企业同一般的企业一样，追求利益最大化，即在企业运营过程中以最低的成本，获取最高的利润。事故损失在企业运营成本构成中占有很大的比例，交通事故的发生不仅使道路运输企业蒙受巨大的直接经济损失，更会使企业的社会形象受损，而这种形象受损带来的间接损失是无法估量的，因此，道路运输企业都把“最大限度地减少交通事故”的目标放在首位。

2.1　道路运输企业安全管理工作的任务

道路运输企业安全管理是企业经营者、管理者和全体从业人员，为了实现企业安全生产目标，结合道路运输行业及企业自身经营特点，遵循一定的安全管理原则，组织、指挥和协调全体员工安全生产的活动。道路运输企业安全管理工作的目的是强化企业安全生产主体地位，建立健全企业安全生产管理体系，完善安全生产条件,确保道路运输企业生产经营过程中的安全生产,防止人员伤亡和经济损失。

道路运输企业安全管理工作的主要任务是:

(1)认真贯彻执行国家安全生产法律法规及有关道路运输法律法规和规章。

(2)坚持"安全第一,预防为主,综合治理"的方针,建立"管生产必须管安全""谁主管谁负责"的安全生产管理责任制,形成企业管理者和全体员工"各司其职、各尽其责、分兵把口、齐抓共管"的安全生产管理格局。

(3)建立健全企业安全生产管理机构,配备安全生产管理人员,落实各项安全生产制度。

(4)制订切实可行的安全措施,做好事故预防工作,把交通事故消灭在萌芽状态,实现"杜绝特大事故,遏制重大事故,减少一般事故"的安全目标。

(5)强化企业安全管理自我约束机制,提高安全生产管理水平,确保旅客和货物的运输安全,最大限度地为社会提供安全、及时、经济、方便、舒适的运输服务,实现企业经济效益最大化的目的。

(6)企业经营者、管理者和全体员工要克服"重生产、轻安全,重经营、轻管理,重经济效益、轻思想教育"的"三重三轻"思想,切实处理好安全与效益、安全与生产的关系,把"安全第一,预防为主"的方针真正落到实处。

2.2 道路运输企业安全生产管理工作的主要内容

(1)建立健全企业安全生产规章制度。

安全生产规章制度是指道路运输企业为保证企业运输生产经营过程的安全,结合企业自身实际而制定的一系列管理制度和行为规范的总称,一般包括规程、标准、规定、措施、办法、制度、指导意见等。具体内容包括企业安全生产责任制,安全生产操作规程,安全生产监督检查制度,安全生产费用提取和使用管理制度,设施、设备管理制度,从业人员管理制度等。

(2)确定安全生产目标。

道路运输企业在安全生产管理中引入目标管理,制定阶段性的控制指标,通过划分组织目标和个人目标,将企业安全生产管理过程中的关键活动结合起来,对企业安全生产情况实行阶段性定量控制和考核,实现企业安全生产全面、有效的管理。

道路运输企业常用的安全生产目标主要包括:道路交通责任事故起数(次)、死亡人数(人)、受伤人数(人)、财产损失(元)、万车千米事故起数(次/万车千米)、万车千米伤亡人数(人/万车千米)、行车安全责任事故频率(次/车)、行车安全责任事故死亡率(人/车)、行车责任事故受伤率(人/车)、直接经济损失率(元/车)。

(3)明确道路运输企业安全生产主体责任。

企业是安全生产责任的主体,对本单位的安全生产承担主体责任,并对未履行安全主体责任导致的后果负责。企业的安全生产主体责任是指企业遵守有关安全生产的法律法规、规章的规定,加强安全生产管理,建立安全生产责任制,完善安全生产条件,执行国家、行业标准,确保安全生产,以及事故报告、应急救援和善后处理的责任。

(4)建立安全管理机构、配备安全管理人员。

道路运输行业属于高危行业,企业及其二级经营单位应根据本单位的危险性大小、经营规模大小和从业人员的多少等因素,依法设置专门的安全生产管理机构和配备专、兼职安全生产管理人员。

(5)做好安全生产基础保障工作。

道路运输企业要确保安全投入,从硬件和软件两方面完善基础工作,为安全生产提供必要的保障和支持。企业应当购置安全设施设备,配备开展安全管理工作所需的交通工具、智能电子设备等办公和安全检查有关设备;开发与企业业务相适应的安全管理信息化系统;配置应急救援物资,保证安全生产事故的抢险救灾和善后处理工作等安全投入资金的稳定来源,形成企业安全生产投入的长效机制。

(6)加强从业人员安全管理。

道路运输企业从业人员构成主要有道路客货运输驾驶员、道路危险货物运输从业人员、机动车维修技术人员、机动车驾驶培训教练员、道路运输经理人和其他道路运输从业人员等。对从业人员的管理主要应侧重岗前管理、行为管理、周期评价、继续教育等方面。

(7)加强道路运输车辆的管理。

道路运输企业应加强营运车辆的技术管理,对运输车辆进行择优选配、正确使用、定期检测、强制维护、视情修理、合理改造、适时更新和报废的全过程综合性管理。

(8)制订安全生产操作规程。

道路运输企业应当根据关键岗位的特点,分类制订安全生产操作规程,并监督员工严格执行,推行安全生产标准化作业。安全生产操作规程内容包括企业安全管理手册,安全管理人员工作规程;旅客运输驾驶员行车操作规程(包括“出车前、行车中、收车后”的车辆技术状况检查、开车前向旅客的安全告知、高速公路及特殊路段行车注意事项、恶劣天气下的行车注意事项、夜间行车注意事项、应急驾驶操作程序、进出客运站注意事项等);危险货物运输驾驶员安全操作规程;危险货物运输押运员、装卸管理员安全操作规程;普通货物运输驾驶员安全操作规程;调度员安全操作规程;乘务员安全服务操作规程;车辆日常安全检查操作规程调度员安全操作规程;车辆动态监控操作规程;并根据企业安全运营实际需求,制订其他相关安全运营操作规程。

(9)建立突发事件应急救援体系。

道路运输企业突发事件一般有道路运输事故、自然灾害事件、危险物品泄漏事故、客运站旅客滞留、火灾等。道路运输企业建立应急管理制度和安全生产应急救援体系,编制突发事件应急预案。

3 非暴力沟通

3.1 何谓暴力沟通

暴力沟通是指所有会给自己和他人带来痛苦的语言,比如挖苦、辱骂,甚至沉默。暴力沟通并不是骂人、吵架、说脏话。也许你会好奇为什么沉默也是一种暴力语言,其实这个非常好理解。试想一下你给朋友发信息之后,三天都收不到回应的感觉,是不是特别不舒服?如果这种情况放在吵架的前提下,得不到回应的一方只会感觉到更加难过和生气。类似这样的还有道德评判、进行比较、逃避责任以及强人所难。道德评判把不符合我们价值观的人看作是不道德的或者是邪恶的。比如,我们会指责他人,你的毛病就是太自私了;或者开车的时候有人抢车道,那他就是混蛋等。进行比较也是一种评判,它会让人看不到自己所拥有的美好,蒙蔽对人对己的爱意。

现实生活中,我们经常遇到这些情况,比如女孩经常会对男朋友说这样的话:“我觉得你不爱我!”这样说往往让男人觉得丈二和尚摸不着头脑,他就会反问:“你说这话是什么意思?我怎么不爱你了?这么说你是要分手吗?”女孩被气在那儿了,赌气回击:“分手就分手!”结果可想而知。如果男孩当初学了非暴力沟通方式,他就会明白,说这句话,其实背后的需求是希望男朋友更多的关心体贴她,更好的表达方式应该是直接把这种感受和需求说出来。

再比如:“你这几天都不和我说话,我感到很孤单!我希望你能更多的和我说说你的想法。”父母经常会这么和孩子说话,“如果你不好好学习,我会很失望!”,这其实就是一种暴力沟通,家长以自己的心情为要挟,向孩子施加心理压力,如此一来,往往会让孩子觉得好好学习是为了让家长高兴,从而可能产生逆反心理。换成非暴力的沟通方式,家长可以这么说“如果你不好好学习,我担心你长大后没法被别人尊重。”这样会增加孩子的自尊心,刺激他的内生动力。

以上情况在当今社会中大多数人都会遇到过,甚至自己也曾有过的经历。有时专捡人家不爱听的话说,有时说话直来直去,能噎得人家张口说不出话来,结果可想而知,非但不解决问题,还结下仇人,得不偿失,这些都是暴力沟通所带来的后果。而非暴力沟通能促使我们仔细观察,发现正影响我们的行为和事件,并提出明确要求。例如,听到批评时,我们一般会申辩、退缩或反击。然而,一旦专注于彼此的观察、感受及需要,而不是反驳别人,我们就能发现内心的柔情,对自己和他人产生全新的体会。这就最大限度地避免了暴力的发生。事实上,非暴力沟通不仅仅是沟通方式,更是一种持续不断的提醒,能够使我们专注于更可能满足我们人生追求的方向。

3.2　如何进行非暴力沟通

非暴力沟通指导我们转变谈话和聆听的方式,我们不再是条件反射式的反应,而是去明了自己的观察、感受和愿望,有意识地使用语言,我们既诚实、清晰地表达自己,又尊重与倾听他人。这样,我们都聆听到自己和他人心灵深处的呼声。同时它还促使我们仔细观察,发现正影响我们的行为和事件,并提出明确的请求。它的方式虽然简明,但能带来根本性的变化。

非暴力沟通包括四个步骤:留意观察、表达感受、理清需求、提出请求。

第一步,留意观察。留意观察指的是客观地说出你观察到的是什么,不做判断和评估。它只是强调区分观察和评论的重要性。将观察和评论混为一谈,人们将倾向于听到批评,甚至会产生逆反心理。这样的好处是可以把事实和评判区分开来,我们观察到的就是事实。如果我们在表达事实的时候带上评判的意思,很有可能就会引起人们的误解,引发冲突。

印度哲学家克里希那穆提说:“不带评论的观察是人类智力的最高形式。”对于大多数的人来说,观察他人及其行为,而不评判、指责或以其他方式进行分析,是难以做到的。

将观察和评论混为一谈,别人就会倾向于听到批评,并反驳我们。非暴力沟通是动态的语言,不主张绝对化的结论。它提倡在特定的时间和情境中进行,并清楚地描述观察结果。例如,它会说“欧文在过去的 5 场比赛中没有进一个球。”,而不是说“欧文是个差劲的前锋。”

表 5-1 为观察与评论的区别例句。

观察与评论的区别例句　　表 5-1

带评论的观察	不带评论的观察
(1)你总是乱跑乱叫! (2)你为什么打他? (3)活动没结束就走了,太没纪律了	(1)刚才很兴奋吗? (2)你打了他,是吗? (3)活动没结束就走了,是有什么急事吗

下面练习如何区分观察或评论。

请标出只是描述观察结果而不含任何评论的句子。

(1)“哥哥昨天无缘无故对我发脾气。”

(2)“昨晚妹妹在看电视时啃指甲。”

(3)开会时,经理没有问我的意见。

(4)我父亲是个好人。

(5)李明的工作时间太长了。

(6)张虎很霸道。

(7)本周光明每天都排在最前面。

(8)我儿子经常不刷牙。

(9)小威告诉我,我穿黄色衣服不好看。

(10)姑姑在和我说话时爱发牢骚。

理解:

(1)“哥哥昨天无缘无故对我发脾气。”“无缘无故”是评论。此外,我认为哥哥发脾气了也是评论。他也可能是感到害怕、悲伤或别的原因。描述了观察结果而不含任何评论:“哥哥告诉我,他生气了。”或“哥哥用拳头砸了桌子。”

(2)“昨晚妹妹在看电视时啃指甲。”观察

(3)开会时,经理没有问我的意见。观察

(4)我父亲是个好人。“好人”是评论。描述了观察结果而不含任何评论:“在过去的25年中,父亲将他工资收入的1/10捐给了慈善机构。”

(5)李明的工作时间太长了。“太长了”是评论。描述了观察结果而不含任何评论:“本周迈克在办公室工作。”

(6)张虎很霸道。“很霸道”是评论。描述了观察结果而不是评论:“亨利在她姐姐换电视节目频道时,撞了她一下。”

(7)本周光明每天都排在最前面。观察

(8)我儿子经常不刷牙。“经常”是评论。描述了观察结果而不含任何评论:“本周我儿子有两次没刷牙就上床睡觉。”

(9)小威告诉我,我穿黄色衣服不好看。观察

(10)姑姑在和我说话时爱发牢骚。“爱发牢骚”是评论。不带任何评论的话:“本周姑姑给我打了三次电话,每次都说别人不尊重她。”

第二步,表达感受。这个步骤的操作非常简单,就是感觉是什么就说什么,比如说,我看到你做了什么很生气,很难过,那我就说我感到生气,感到难过。不带情绪的表达感受,不仅可以帮助我们拉近自己和对方的距离,还可以帮助我们

平复自己的情绪。

马歇尔·卢森堡博士强调,你有所感受的根源不在于别人的行为刺激,而在于你自己本身的需求是否得到满足。明白了这一点,在沟通时就应该不去指责别人,而是从自身找到情绪波动的原因。对他人的指责、批判、评论以及分析其实反映了我们自己的需要和价值观,如果我们通过批评来提出自己的主张,别人的反应往往是申辩和反击,反之,如果我们直接说出自己的需要,并能体会到别人的需要,那么对方就可能做出积极的回应。

那么,如何区分看法与感受呢?表5-2为看法与感受的区别例句。

看法与感受的区别例句 表5-2

看　　法	感　　受
(1)我觉得你不应该乱跑。 (2)我觉得你是个木头。 (3)我看你就是个坑	(1)担心你乱跑会摔伤。 (2)我想跟你说说话。 (3)作为你的队友我表示很无奈

以下为几种表达感受的例子:

表达感受:

(1)你大声喧哗,我很心烦。

(2)活动你没来我很失望。

……

表达需求:

(1)你大声喧哗,我很心烦,我想安静安静。

(2)活动你没来我很失望,我是很想你来参加的。

我不希望:

(1)我不希望你老是打游戏。

(2)我不希望你们打架。

(3)我不希望你们早退。

我希望:

(1)我希望你多陪陪我。

(2)我希望你们两个能一起快乐地玩耍。

(3)我希望能和你们一起玩到最后。

下面看看以下的句子是否表达了感受。请标出表达感受的句子。

(1)"我觉得你不爱我。"

(2)"你要离开,我很难过。"

(3)“当你说那句话时,我感到害怕。”

(4)“如果你不和我打招呼,我会觉得你不在乎我。”

(5)“你能来,我很高兴。”

(6)“你真可恶。”

(7)“我想打你。”

(8)“我觉得我被人误解了。”

(9)“你帮我的忙,我很开心。”

(10)“我是个没用的人。”

理解:

(1)“我觉得你不爱我。”(这是对他人生活感受的判断)

(2)“你要离开,我很难过。”

(3)“当你说那句话时,我感到害怕。”

(4)“如果你不和我打招呼,我会觉得你不在乎我。”(这是对他人态度的判断。我进来的时候,你没和我打招呼,我感到孤单。)

(5)“你能来,我很高兴。”

(6)“你真可恶。”(这是评价。)

(7)“我想打你。”(这表达的是想法。“我想到你,就火冒三丈。”是表达感受。)

(8)“我觉得我被人误解了。”(这是对他人观点的判断。表达感受的是“我感到郁闷”或“我很伤心”。)

(9)“你帮我的忙,我很开心。”

(10)“我是个没用的人。”(这是自我评价。表达感受的是“我很沮丧”或“我十分伤心”。)

表5-3为常见表达感受的词。

常见表达感受的词 表5-3

需要被满足时的感受	需要没有被满足时的感受
兴奋 喜悦 欣喜 甜蜜 感激 感动 乐观 自信 振作 振奋 开心 高兴 快乐 愉快 幸福 陶醉 满足 欣慰 平静 自在 舒适 放松 踏实 安全 温暖 放心 心旷神怡 无忧无虑 精力充沛 兴高采烈 喜出望外	害怕 担心 焦虑 忧虑 着急 紧张 忧伤 沮丧 灰心 气馁 泄气 凄凉 悲伤 恼怒 愤怒 烦恼 苦恼 生气 厌烦 不满 不快 震惊 失望 困惑 茫然 寂寞 孤独 郁闷 难过 悲观 沉重 麻木 尴尬 惭愧 内疚 妒忌 遗憾 绝望 伤感 不耐烦 不高兴 不舒服 筋疲力尽 疲惫不堪 昏昏欲睡 无精打采 心神不宁 心烦意乱 萎靡不振

晚上你需要加班没时间吃晚餐，同事随手帮你点了外卖，你需要对同事表示感谢，下面的几种回复，哪一种更好？

普通版：谢谢你呀，太感谢了！

豪华版：谢谢你为我点的外卖，你太好啦，太感谢啦！

豪华加长版：谢谢亲爱的为我点外卖，能够准时吃上晚餐，不用再挨饿啦，这样我就可以安心地加班啦！谢谢你，有你这样暖心的同事感觉好幸福，好开心。

毫无疑问，人人都喜欢第三个版本。为什么？

豪华加长版为什么更好呢？因为运用了赞美，背后的逻辑有三个：

(1)描述事实。一方面描述对方做的事实，另一方面描述自己在工作、生活上得到改善的事实。

(2)描述问题。对方帮助自己解决了什么具体的问题。

(3)描述感受。我现在的心情怎么样？谢谢你为我点的外卖，我不用挨饿，也就可以安心地加班啦，我感觉好幸福，好开心。

使用以下表达方式时，我们可能就已经忽视了感受与自身的关系。

只提及相关事情。

(1)“公司海报出现拼写错误使我很生气。”

(2)“这件事令我心神不宁。”

只提及他人行为。

“我生日那天你没打电话，我很伤心。”

“你没有把饭吃完，妈妈很失望。”

指责他人。

“我很伤心，因为你说你不爱我。”

“你很生气，因为老板说话不算数。”

通过“我(感到)……因为我……”这种表达方式来认识感受与自身的关系。如：

“看到公司海报出现拼写错误，我很不高兴，因为我重视公司的形象。”

“你没把饭吃完，妈妈感到失望。因为妈妈希望你能健康成长。”

“老板说话不算数，我很生气，因为我想有个长假去看弟弟。”

第三步，理清需求。他人的言行也许与我们的感受有关，但并不是我们感受的起因，感受根源于我们自身的需要。听到不中听的话时，我们可以有四种选择：一是责备自己，二是指责他人，三是体会自己的感受和需要，四是体会他人的感受和需要。

对他人的指责、批评、评论以及反映我们的需要和价值观,如果我们通过批评来提出主张,人们的反应常常是申辩或反击。反之,如果我们直接说出我们的需要,其他人就较有可能作出积极的回应。对于大多数人来说,个人成长一般会经历三个阶段:情感的奴隶——我们认为自己有义务使他人快乐;面目可憎时期——此时我们拒绝考虑他人的感受和需要;生活的主人——我们意识到,虽然我们对自己的意愿、感受和行动负有完全责任,但无法为他人负责。与此同时,我们还认识到,我们无法牺牲他人来满足自己的需要。

问问自己为什么会有那样的感受,是什么样的需求和价值观导致了那样的感受。当我们的需要得到满足时,我们会感觉到愉悦;而当需要得不到满足时,我们就会感到痛苦。这里说的需要是指内心的感觉,比如被关心,被认可,而不是外在的感受,比如新衣服,新房子等。

第四步,提出请求。在提出请求的时候,要尽量使用具体的描述,尽量不要让别人猜,而是明确地告知别人,你想要什么,你期待他采取什么行动来解决问题。这里需要特别注意的是,不要因为发泄情绪,而偏离自己的谈话目标。

(1)清楚告诉对方,你希望他做什么,而不是希望他不做什么。

(2)请求越具体越好,不能含糊不清,不使用抽象语言。

(3)提出请求后,请对方给予反馈,并表示感谢。

人与人的不同,我们必须承认,你以为自己已经说得很清楚了,但对方的理解并不一定准确,所以,在注意清楚表达自己的请求之外,还可以尽量委婉地要求别人给予反馈。

(4)让对方认识到你提出的是请求,而不是命令。

一旦别人认为不答应我们的请求就会受到惩罚,那他们就会把我们的请求看作是命令。听到命令,只有两种选择,要么服从,要么反抗。所以,一旦别人觉得我们是在命令,就不会愿意满足我们的请求。

如何区分请求和命令?请求没有得到满足时,提出请求的人如果批评或指责,那就是命令;如果想利用对方的内疚来达到目的,这也是命令。

下面举例说明实际生活中这四个步骤是怎样起作用的。

一个母亲看到他处于青春期的儿子把袜子丢在咖啡桌旁边了。一般情况下,这个母亲或者自己过去把袜子收好,或者开启唠叨模式,说说孩子有多么不省心之类的话,让儿子自己把袜子拿过来。这两种方法非常常见,但都会有一些负面的情绪在里面。

那我们如何采用非暴力沟通的方法来做这件事呢？这位母亲告诉她的儿子说：菲利克斯，看到咖啡桌下的两只脏袜子和电视机旁的第三只，我也不太高兴，因为我希望整洁。你是否愿意将袜子拿到房间或放进洗衣机？

这位母亲非常清楚地说出了沟通的四个要素，没有责备，也没有唠叨，而是如实地告诉了儿子自己的感受和期望，来实现沟通的结果。

让我们一起回顾一下沟通的四个要素：留意观察、表达感受、理清需求和提出请求。需要特别注意的是，在提出请求的时候，不要带有命令的语气，比如：去，把袜子收起来。这会让沟通适得其反。

3.3　如何应对自己和别人的暴力语言

很多时候，我们不仅会对他人使用暴力语言，也会对自己使用暴力语言。比如，有的时候我们会对自己说：我弹琴的水平真是垃圾。这其实就是一种对自己的暴力语言。

那么如何避免这种情况发生呢？马歇尔·卢森堡博士建议我们留意和自己的对话，少说“应该”“不应该”“不得不”这样的词，而用“选择做”来代替。

让我们一起来感受一下下面这两句话：

“我不得不完成这个方案，因为老板说下周就要。”在这句话里，我们逃避了自己的责任，把自己放在了一种被动的状态上。

如果我们用“选择做”来代替“不得不”，这句话就会变成：“我选择完成这个方案，因为我想及时把它交给老板。”选择让我们更能感受到责任感，也会消解因为被动带来的负面感觉。

说完了如何应对自己的暴力语言，我们再来说一下如何应对别人的暴力语言。

马歇尔·卢森堡博士认为，当别人对我们使用暴力语言的时候，我们需要先管理好自己的情绪，也就是去听听，看看对方说的是不是事实。无论是不是事实，我们都不应该情绪激动地去反驳。然后去体会自己内心的感觉，并把这个情绪说出来，而不是带着情绪去和对方沟通。比如说我们可以和他说：听到你这么说，我很难过。而不是说你凭什么这么说我。接下来就是注意倾听，在倾听时候，要听对方的感受和需要，引导对方说出明确的需求。比如说我们能说，你是不是很难受，我能做点什么？你希望我怎么做，或者下次怎么做？

模块小结

本模块要求驾驶员培训师在平时工作中除了对驾驶员进行培训指导外,同时需要认识到自己也是企业的一名管理者,特别是参与了对驾驶员的评价与指导,有助于整体提高企业的管理水平。在理解管理的本质基础上,进行有效沟通,特别是通过"非暴力沟通"方式,转变谈话和聆听的方式,有意识地使用语言,既诚实、清晰地表达自己,又尊重与倾听他人,能够运用非暴力沟通的方法提高管理实效。

练习提高

某公司车辆管理制度如图5-4所示。

图5-4 某公司车辆管理制度

01-车辆购买及验收;02-车辆保险管理;03-车辆使用管理;04-驾驶员管理;05-车辆加油管理;06-车辆维护管理;07-车辆维修管理;08-车辆年审管理;09-车辆报废管理

(1)以"驾驶员管理"为例,谈谈管理的重要性。

(2)请说说"驾驶员管理"在车辆管理制度中的重要性。

模块6　教育教学方法

知识目标

1. 了解教学方法的定义;
2. 理解常用的6种教学方法;
3. 了解常见的教学风格。

能力目标

1. 能够掌握规范的教学方法;
2. 能够清楚地说出驾驶培训常用的教学方法;
3. 能够将常用的6种教学方法应用到实践中;
4. 能够掌握一定的教学技巧。

案例导入

无声的教育:老禅师的育人技巧

相传古代有位老禅师,一天晚上在禅院里散步,看见院墙边有一张椅子,他立即明白了有人违反寺规翻墙出去了。老禅师也不声张,静静地走到墙边,移开椅子,就地蹲下。不到半个时辰,果真听到墙外一阵响动。少顷,一位小和尚翻墙而入,黑暗中踩着老禅师的背脊跳进了院子。当他双脚着地时,才发觉刚才自己踏上的不是椅子,而是自己的师傅。小和尚顿时惊慌失措,张口结舌,只好站在原地,等待师傅的责备和处罚。

出乎小和尚意料的是,师傅并没有厉声责备他,只是以很平静的语调说:“夜深天凉,快去多穿一件衣服。”

知识储备

驾驶员培训师是在道路运输企业中,能够遵循规范操作和规范意识的职业驾驶员,对驾驶员进行驾驶操作技术和安全意识的教育培训、技术指导、督导评价等活动的人员。驾驶员培训师要胜任自己的工作,不仅要有良好的语言表达能力、操作技能的示范能力、组织教学和管理教学过程的能力,教学过程中要有耐心,能够客观、清楚地教授驾驶知识与操作经验,而且还需要具有良好的教学风格和因材施教的教学方法。

1　教学方法

教学方法是指教师在教学过程中完成教学任务所采用的工作方式。它包括教师教的方法和学生学的方法,是教师引导学生掌握知识技能、获得身心发展的方法。

驾驶员培训师培训教学方法,是为达成教学目标,在教学过程中采用的一种教学双方协调活动的方法体系,是驾驶员培训师“教”的方式、手段与驾驶员“学”的方式、手段的总和,包括教法和学法两个方面,是两者的有机统一。

2　规范的教学组织

规范的教学组织是指驾驶员培训师在驾驶培训教学过程中,要充分认识到自己的工作职责,驾驶员培训师更多的是采用伴随式的指导教学,应严格遵守教学要求,认真观察驾驶员在驾驶过程中存在的问题,并分析其驾驶操作的规范性,实时填写《驾驶评价表》,并对驾驶员进行及时指导与落实好跟踪评价反馈工作。

2.1　理论教学组织程序

(1)驾驶员培训师准备本堂课的教具及教学资料。

(2)学员按规定和要求签到。

(3)驾驶员培训师根据教学目标与要求进行授课。

(4)驾驶员培训师对学员学习情况进行总结评价。

(5)布置课后作业。

(6)填写《教学日志》。

2.2　实操教学组织程序

根据《基于防御性驾驶技术的车辆驾驶人员驾驶评价》的各个规范要求,评估前与驾驶员进行充分沟通,做好发车前准备,做好发车前、车上、下车后的驾驶过程跟踪记录,下车后与驾驶员进行教导交流。

《基于防御性驾驶技术的车辆驾驶人员驾驶评价》要求驾驶员要熟悉以下内容(具体见“单元5　驾驶评价”):

(1)出车前检查;

(2)行车途中及停歇时检查;

(3)收车后检查;

(4)防御性驾驶技术;
(5)车辆进出站场配客;
(6)高速公路行车;
(7)普通道路行车;
(8)复杂路段行车;
(9)山区道路行车;
(10)雨雾天气行车;
(11)夜间行车;
(12)灯光使用;
(13)车辆倒车;
(14)隧道行车;
(15)收费站行车;
(16)预防疲劳驾驶;
(17)预防追尾事故;
(18)容易引发追尾的几类车;
(19)安全行车十大禁令。

3　常用的教学方法

教学方法是教学系统中的重要因素之一,是联系教师与学生及其课程内容的中介和桥梁。

如何采用有效的教学方法,对于驾驶员积极地参与教学活动,实现课程目标,完成教学任务,提高教学效率和质量,减轻驾驶员的学习负担,具有十分重要的意义。

在驾驶培训教学中,最常用的教学方法主要有六种,如图6-1所示。

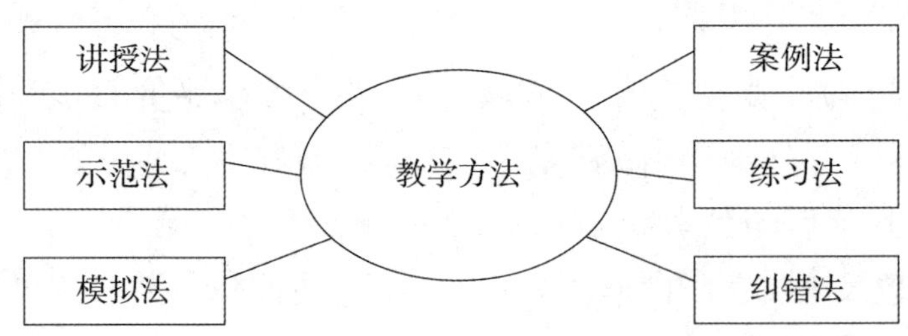

图6-1　六种常用教学方法

3.1　讲授教学法

讲授教学法是一种以系统传授知识为主的教学法。其基本特点是以驾驶员培训师讲授为主,结合自学、讨论等,按照培训教材的逻辑顺序,向驾驶员系统地传授知识内容。

驾驶员培训师讲授教学法是指驾驶员培训师用讲解、述说等形式向驾驶员系统地传授理论知识的教学方法,属于驾驶员培训师和驾驶员之间"传授—接受"性的教学方法。

优点:短时间可传授大量知识,教学效率高。

缺点:不适合基础、能力不同的学员。

提示:适用于较抽象、有难度、理论性的教学内容。

3.2 示范教学法

示范教学法是通过动作示范来进行教学的方法,是驾驶技能教学的一种基本方法。

示范教学法是驾驶员培训师按照驾驶员操作技能的形成规律,遵循由易到难、由简到繁、循序渐进的原则,将训练内容分解为若干相互衔接的简单基本动作,向驾驶员进行讲解、示范;让驾驶员在熟练掌握这些基本动作的基础上,进行协调训练而形成连贯动作,最后熟练掌握动作,并形成动作定式的教学方法。

特点:培养驾驶员的感性认识;便于理解和模仿;直观、易懂。

提示:适合运用于抽象内容的教学。

要求:

(1)驾驶员培训师具备分解动作的能力,应选取合适的演示设备。

(2)驾驶员培训师应当正确无误和清楚地进行示范,让驾驶员能看清演示过程。

(3)在驾驶员练习过程中,要及时指导。

(4)动作训练的进度和难度要考虑驾驶员的心理特点,保证每次演示的时间不宜过长。

3.3 模拟教学法

模拟教学法是通过利用某种教学手段创造一种情境,驾驶员在这种情境下反复练习,进而获得知识和技能的方法。

模拟教学法是指在驾驶员培训师指导下,驾驶员在模拟设备或模拟场地预设的驾驶环境中,进行技能训练的一种典型的互动教学法,是通过利用某种教学手段创造一种情境,让学员在这种情境下反复练习,进而获得驾驶知识和驾驶技能的方法。

特点:教学过程安全;采用情境教学;理论联系实际。

应用:可用于学员的基本动作训练、恶劣条件下的驾驶等教学项目。

提示:驾驶员培训师应当对驾驶员的实操进行监督,发现错误及时纠正,引导驾驶员形成严肃、认真的训练态度。

3.4 案例教学法

案例教学法就是运用案例进行教学的方法,是一种动态的、开放的教学方式。典型事故案例教学中,通过向驾驶员展示典型交通事故经过、发生与结果,系统地提出在遇到各种各样的危险情况时分析、判断和应急处置方法,从驾驶员心态和驾驶行为的观察、判断、决心和动作等方面,分析和解决问题。

驾驶员培训师在教学中应根据教学内容、目标、条件和学员特点等因素灵活选择教学方法,并能够对教学方法不断调整,以达到教学效果最优化。

特点:鼓励学员独立思考;引导学员变注重知识为注重能力;重视双向交流。

要求:把实际中真实的情境加以典型化处理,形成供学员思考分析和判断的案例,通过研究和讨论的方式,来提高学员分析问题和解决问题能力的教学方法。

3.5 练习教学法

练习教学法是在驾驶员培训师指导下,为了巩固知识、形成驾驶技能而进行反复训练的教学方法。

特点:动作练习是驾驶员牢固掌握操作技能的基本途径。

应用:可用于教学计划中实际操作训练的各个教学项目。

要求:驾驶员培训师要使驾驶员明确练习目的和要求,给予监督指导,及时纠正;指导驾驶员系统练习(练习时间和次数不宜过多),并及时给予评价。

3.6 纠错教学法

纠错教学法是驾驶员培训师为纠正驾驶员在驾驶汽车的过程中出现的错误而采用的教学方法。驾驶员培训师及时纠正驾驶员的驾驶错误,对纠正驾驶员的错误行为、提高教学质量、降低教学成本具有非常重要的作用。

通常情况下,驾驶员的错误主要表现在驾驶操作错误和驾驶行为错误,特别表现为不规范,违反了道路交通安全法律、法规的行为。一般情况下纠错过程分为三个步骤:一是指出错误的现象;二是分析出错的原因;三是介绍纠错的方法。如果驾驶技能错误不能得到及时纠正,就会影响培训指导的效果,特别是错误重复较多会形成习惯,而难以纠正,为驾驶安全留下隐患,导致交通事故发生率提高。因此,驾驶员培训师不但要在技能上纠正驾驶员的错误,而且还要在驾驶行为上纠正错误,使驾驶员牢固树立守法意识、安全意识和文明意识。

特点:现场及时地发现错误驾驶行为,并进行纠正,具有很强的指导性作用。

提示:要认真观察驾驶员的行为习惯,了解驾驶员的操作风格与性格等。

以上六种教学方法在教学的过程中需要结合实际情况进行教学方法的选择,同一教学内容有时需采用不同的教学方法进行灵活教学。驾驶员培训师在实际的教学指导工作中会更多地应用到讲授教学法、示范教学法、案例教学法、纠错教学法,特别是纠错教学法,在现场实践教学中用得更多。

4 教育教学方法的应用与技巧

教学方法对教学效果的好坏起着关键作用,特别是对于已养成一定习惯与固有行为意识的驾驶员而言,如何使其听讲听教,并在思想上引起重视,从而更好地继续现有的良好驾驶习惯与纠正错误的不良行为习惯。因此,驾驶员培训师需要掌握一定的教育教学方法与应用技巧。

4.1 教学原则

(1)安全原则。

安全原则是指在驾驶教学过程中,不仅要确保行车安全,更重要的是加强驾驶员安全意识培养,使驾驶员树立安全第一的观念,养成安全驾驶的良好习惯。安全教学是驾驶教学工作中的重要一环,直接关系到教学工作能否顺利进行。驾驶员培训师在整个教练过程中,必须始终如一地坚持安全教学。安全教学原则是教学原则中的重点,因此,要重视安全,必须全面贯彻安全教学原则。

(2)文明原则。

文明原则是指在驾驶教学活动中,遵守交通法规、文明施教,礼貌对待驾驶员,正确合理地对待和处理各种矛盾,培养驾驶员良好的驾驶作风和职业道德。驾驶员培训师要注意磨炼自己的道德品质和情操,提高自身思想修养和业务水平。特别要注意文明教学,以培养驾驶员懂礼貌、讲文明的美德。

(3)精讲多练原则。

精讲多练原则是指在驾驶教练过程中,讲解要精练、通俗,切中要害,尽量少占时间,相应增加练习时间,在反复的练习中体会动作要领,不断提高驾驶技能水平。讲是基础,只有精讲多练,讲练结合,并以练为主,以讲指导练,才能使其迅速地掌握驾驶技能。

(4)循序渐进原则。

教学循序渐进原则是指依照培训教学内容的逻辑系统和驾驶员认识能力发展顺序的规律性而建立的教学原则。

驾驶教学的内容、方法、强度、进度的安排都是由易到难、由浅到深、由简到繁、由被动到主动,是一个逐步深化、循序渐进的过程。尽量使教学的进展符合驾驶员认识和接受程度的规律。

(5)巩固提高原则。

巩固提高原则是指在驾驶教学过程中,指导驾驶员在学好各种基本操作要求的基础上,加以巩固,并能根据驾驶条件的变化,灵活运用,养成职业素质,达到一定的熟练程度。

反复练习、经常练习是巩固和提高知识、技能的基本方法。通过反复练习,加强了信息对大脑皮质的刺激,一次比一次深,使大脑皮质的暂时联系不断巩固定形。

驾驶员培训师应根据各阶段目标组织实施教学,并结合整体目标,正确地把握所承担的具体科目以及每个课时所要达到的教学目的和教学任务,根据驾驶员和教学条件,准确选择教学方法。

4.2 常见教学风格

(1)伙伴式教学风格。

伙伴式的教学风格的特点是,驾驶员培训师与驾驶员之间是一种朋友关系。在这种风格下,尽管驾驶员培训师对驾驶员进行监督与指导,但驾驶员可以对驾驶员培训师充分发表自己的见解和想法。无论是驾驶员培训师还是驾驶员,都应在各自的角色中感到愉快、相处和睦。这样,驾驶员培训师与驾驶员能够进行有效沟通,充分调动驾驶员的学习热情,给驾驶员的学习效果和考试结果带来积极影响。

由于驾驶员培训师在教学过程中具有一定的权威性,在承担教授驾驶员驾驶技能的任务时,驾驶员往往对驾驶员培训师存在一种依赖关系,因此,在双方的互动教学过程中,驾驶员培训师起主导作用。驾驶员培训师往往有以下两种不同的教学风格(表6-1)。

伙伴式的教学风格 表6-1

驾驶员培训师教学行为	驾驶员学习效果
平和地指出驾驶员实操中的错误,并给予示范性的正确操作	能及时了解自身存在的问题,并通过驾驶员培训师的讲解和示范,领会动作的具体要领
与驾驶员一起分析出现错误的原因,给驾驶员提出中肯可行的改进性意见	能够及时纠正错误,乐于接受,学习起来成就感强,有利于使学习更加顺利开展

(2)专制式教学风格。

专制式教学风格的特点是,驾驶员培训师与驾驶员之间是一种命令与服从的关系。根据心理学规律,成年人自身的性格已经形成,并且已有独立的个人生活和思维方式,希望被平等对待。然而,驾驶员培训师错误理解“严师出高徒”的教学思想,在训练中一味地对驾驶员下达指令,操控驾驶员的动作。如果驾驶员没有按照指示操作,会表现得很愤怒。这种教学风格削弱了驾驶员学习的主观能动性,常常会使驾驶员感到不舒服,甚至产生抵触情绪,会给驾驶员的学习效果与考试结果带来消极的影响。专制式教学风格的驾驶员培训师有以下两种不同的教学风格(表6-2)。

专制式教学风格　　表6-2

驾驶员培训师教学行为	驾驶员学习效果
习惯命令式地让驾驶员按自己的意思操作,如果驾驶员没有按照指示要求操作,会表现得很愤怒,甚至辱骂驾驶员	容易产生抵触情绪,对驾驶员培训师感到反感,拒绝学习。两人关系容易陷入僵局,难以进步
缺乏耐心,对驾驶员出现的错误通常严加训斥,不分析出现错误的原因和提出改进的意见	容易产生抵触情绪,对驾驶员培训师感到反感,拒绝学习。两人关系容易陷入僵局,难以进步

4.3 教学方法选择

(1)根据驾驶员特点选择教学方法。

驾驶员培训师要根据驾驶员对知识的学习能力选择教学方法。驾驶员培训师要以人为本,在了解驾驶员的生理和心理特点、学习的自觉性和学习态度、对各种教学方法的接受程度等的基础上选择合适的教学方法。

(2)根据驾驶员培训师自身特点选择教学方法。

选择教学方法要符合驾驶员培训师自身的个人特点,注意扬长避短,全面提高自己的教学水平的同时,选择自己擅长的教学方法。

(3)根据教学内容选择教学方法。

驾驶人培训师要学会根据不同的教学内容,选择不同的教学方法。不同教学科目、内容,对应的教学方法是有一定差别的。要根据教学需要综合考虑,选择最佳教学方法。

(4)根据教学条件选择教学方法。

各种教学方法实施的步骤不同,要求的教学时间会有差异。教学条件的不同也会对教学方法的选择有限制作用。

机动车驾驶培训规范化教学,是驾驶员培训师在教学过程中必须遵守的,有固定形式和职业特点的特定教学方法。驾驶员培训师规范教学方法是驾驶员培训教学中一个重要的环节,规范化教学是融技能、意识、安全为一体的教学模式。因此,驾驶员培训师应严格按照规范化教程的要求实施教学,以确保教学质量。

4.4 教学技能技巧

语言表达:力图语言清晰、准确、简练、形象、条理清楚、通俗易懂,讲授的音量、速度要适度,注意音调的抑扬顿挫;以姿势助说话,提高语言的感染力。表达流畅,切忌吞字,即说半句话,或后半句语焉不详;忌形声词、叠音词过多;忌口头禅或口语滥用或尾句不断重复;逻辑性强;注意启发。在讲授中善于诘问并引导驾驶员分析和思考问题。使他们的认识活动积极开展,自觉地领悟知识。

教学技能:教学技能是指在现场指导中,驾驶员培训师要围绕教学目标或驾驶员存在的错误问题,不断地调整教学行为,使教学目标能开展下去并取得效果的各种技能。讲授内容要有科学性、系统性、思想性。既要突出重点、难点,又要系统、全面;既要使驾驶员获得可靠知识,又要在思想上有所提高。

教学技巧:教学技巧是指驾驶员培训师在实践中形成的巩固(习惯化)的行为方式,包括与驾驶员的沟通交流、信息传递、激发动机、促进发展等几个方面,需要不断地在教学中应用并影响驾驶员,如图 6-2 所示。

图 6-2　教学技巧注意点

因材施教:因驾驶员的年龄、性格和文化水平各不相同,对驾驶技能的学习能力也存在着差异。驾驶员掌握驾驶技能的快慢,一方面在于驾驶员自身的努力,另一方面在于驾驶员培训师的讲解、示范、指导等教学工作。

教育教学沟通:在教育教学的过程中要注意掌握一定的教育教学技巧,特别是沟通技巧。驾驶员培训师首先要做一名善于倾听的人,面对问题要学会文明地微笑处理,具备一定的语言表达能力,要求具有正人正己的行为,与驾驶员意见不统一时,要宽容接纳,然后耐心教育梳理。

模块小结

在日常的驾驶实践操作中,作为驾驶员培训师的教学环境与方法有别于普通教师的教学方法,需要驾驶员培训师熟练运用讲授教学法、示范教学法、模拟教学法、案例教学法、练习教学法、纠错教学法等,并大胆运用行之有效的教育方式方法,从而逐步形成自己独有的教学风格。

驾驶员培训师应根据驾驶员的学习特点和反馈的信息,正确地评判驾驶员的学习状况,及时调整教学计划,灵活运用先进的教学手段和教学方法,提高培训的效率和效果。比如，在驾驶操作训练中，对于动作领悟能力差的驾驶员，驾驶员培训师应有耐心，适当增加驾驶员的练习次数，并加强分解动作的练习，而不是严厉责备驾驶员，嘲讽驾驶员；对于性格内向的驾驶员，驾驶员培训师应主动加强与驾驶员的交流，多给予鼓励，少批评指责，增强驾驶员的自信心；对于容易使驾驶员感到枯燥乏味的教学内容，驾驶员培训师应利用先进的教学手段，增强教学的互动性，使内容变得形象生动、通俗易懂，激发驾驶员学习的兴趣。

练习提高

1. 请你与同学详细分享下雨天如何倒车才是安全规范的？请被听的同学对你所讲的内容进行反馈，指出哪些地方你做得好，哪些地方你做得不好，并提出改进意见。

请你继续与同学详细分享如何停车。同时请被听的同学对你说讲的内容进行反馈，指出哪些地方你做得好，哪些地方你做得不好，并提出改进意见。

2. 请你和同学举例说明常见的驾驶员违法行为有哪些。

专业篇

单元3　驾驶规范

模块7　驾驶员操作规范

知识目标

1. 正确理解安全行车知识；
2. 了解安全行车中的技巧。

能力目标

1. 能够按照道路交通法规驾驶；
2. 能够按照安全规范要求进行驾驶。

案例导入

超速、超载酿成特大道路交通事故

事故概况：一载有28人的大型客车（核载55人），由南向北行至无交通信号控制的交叉路口，以50千米/小时的速度与由东向西行至路口的一重型半挂牵引车（核载40吨，实载55吨）侧面相撞，造成12人死亡、17人受伤。

事故原因：由上述概况可见，这起事故的发生是由大型客车违法超速行驶、重型自卸货车超载导致的。

知识储备

1　遵守安全操作规范的意义

机动车驾驶员安全操作规范是对安全驾驶机动车的原则和要点进行的归纳和总结，是为了落实“企业负责、行业管理、国家监察、群众监督”的安全管理体制和“安全第一、预防为主”的安全工作方针，保障交通专业运输企业的生产安全，维护社会稳定，提供社会和企业的效益，增强广大驾驶员的安全意识。

2 一般道路车辆行驶安全操作

一般道路汽车行驶安全操作包括出车前的准备、安全起步、灯光使用、倒车方法、普通道路、行车停歇、会车和高速公路行车等操作规范。

2.1 出车前操作规范

出车前检查操作内容与操作要点见表7-1。

出车前检查操作内容与操作要点 表7-1

序号	操作内容	操作要点
1	检查证照	驾驶证、行驶证、营运证、交强险等证照是否齐全有效
2	绕车一周检查	车辆周边环境、车身情况是否有异常
3	检查仪表、喇叭、灯光、刮水器、倒车镜	是否齐全有效
4	检查蓄电池	蓄电池接口、蓄电池电解液情况
5	检查皮带	松紧情况
6	检查轮胎	花纹深度、轮胎气压情况;轮胎螺栓无松动;是否有破裂和割伤
7	检查发动机	运转无异响、漏油;检视、补充润滑油、冷却液
8	检查转向机构	转向灵活、顺畅,无发卡或松动现象
9	检查制动机构	制动灵敏、效果理想,无漏气、油现象;驻车制动有效;检视、补充制动液
10	检查传动机构	起步、行驶、停车过程中感觉平稳、无抖动或挫动,无异响,检视、补充离合器液
11	检查悬挂系统	车身左右平衡,无漏气现象
12	检查车厢	座椅坚固;安全带齐全、有效;车身玻璃无过大裂纹;车厢清洁
13	检查随车安全设施	三角木、危险警告标志、玻璃锤、灭火器是否齐全有效

《道路交通安全法》**第九十五条** 上道路行驶的机动车未悬挂机动车号牌,未放置检验合格标志、保险标志,或者未随车携带行驶证、驾驶证的,公安机关交通管理部门应当扣留机动车,通知当事人提供相应的牌证、标志或者补办相应手续,并可以依照本法第九十条的规定予以处罚。当事人提供相应的牌证、标志或者补办相应手续的,应当及时退还机动车。

记忆口诀:

驾车上路细检查,随车证件不能少。
安全设施要齐全,检查油电和门窗。

2.2 安全起步操作规范

安全起步操作内容与操作要点见表7-2。

安全起步操作内容与操作要点　　表7-2

序号	操作内容	操作要点
1	观察周围交通情况，起动发动机，并开启转向灯向其他车辆和行人示意	驾驶证、行驶证、营运证、交强险等证照是否齐全有效
2	通过车内、车外后视镜确认后方、侧后方安全，左脚将制动踏板一次踩到底，右手使变速杆置于一挡；放松驻车制动器操纵杆后，右脚迅速缓踩加速踏板，左脚缓放制动踏板，使车辆平稳、安全地起步	车辆周边环境、车身情况是否有异常
3	起步后，应当缓慢行驶一段距离，其间应当检查转向、制动等各部分的工作是否正常，行驶过程中有无异响	检查车辆运行情况
4	坡道起步时，在离合器半联动状态下慢慢放松驻车制动器操纵杆，半联动状态要比正常起步时控制的时间长一些，加速踏板的踩踏量要比平时大一些	坡道起步要稳

《道路交通安全法》**第二十一条**　驾驶人驾驶机动车上道路行驶前，应当对机动车的安全技术性能进行认真检查；不得驾驶安全设施不全或者机件不符合技术标准等具有安全隐患的机动车。

2.3 灯光使用操作规范

灯光使用操作内容与操作要点见表7-3。

灯光使用操作内容与操作要点　　表7-3

序号	操作内容	操作要点
1	日落后、日出前须开启小灯，市政路灯开启后必须开启车辆前照灯	日出日落要开灯
2	阴天、高架桥底、受遮挡光线不良路面、室内停车场、站场等地点视光照情况开启前照灯及车厢内的照明设备	视线不良要开灯
3	遇阴雨天气时开启前照灯及前后雾灯，遇大暴雨或大雾能见度低时同时开启危险警示灯	雨雾天气开危险灯
4	进入隧道前200米必须开启车辆前照灯，并一直保持到驶出隧道200米后方可关闭	隧道前200米必须开启车辆前照灯
5	夜间会车应在距离对面方向来车150米以外关闭远光灯，改用近光灯	会车要用近光灯
6	车辆在路边停泊等候上下客或者遇到车辆故障时，必须开启危险警示灯	候车要开危险警示灯

续上表

序号	操作内容	操作要点
7	车辆行驶中变线、转弯时须提前开启转向灯	变线要开灯
8	正常行驶的情况下若开启前照灯则必须同时开启前雾灯	前照灯开时要开雾灯
9	倒车时打开危险警示灯	倒车时打开危险警示灯
10	车辆在夜间通过急弯、陡坡、拱桥、人行横道或者没有交通信号灯控制的路口时，应当交替使用远近光灯示意	远近光灯要交替

《道路交通安全法实施条例》**第五十七条** 机动车应当按照下列规定使用转向灯：

（一）向左转弯、向左变更车道、准备超车、驶离停车地点或者掉头时，应当提前开启左转向灯；

（二）向右转弯、向右变更车道、超车完毕驶回原车道、靠路边停车时，应当提前开启右转向灯。

第五十八条 机动车在夜间没有路灯、照明不良或者遇有雾、雨、雪、沙尘、冰雹等低能见度情况下行驶时，应当开启前照灯、示廓灯和后位灯，但同方向行驶的后车与前车近距离行驶时，不得使用远光灯。机动车雾天行驶应当开启雾灯和危险报警闪光灯。

第五十九条 机动车在夜间通过急弯、坡路、拱桥、人行横道或者没有交通信号灯控制的路口时，应当交替使用远近光灯示意。

机动车驶近急弯、坡道顶端等影响安全视距的路段以及超车或者遇有紧急情况时，应当减速慢行，并鸣喇叭示意。

第六十条 机动车在道路上发生故障或者发生交通事故，妨碍交通又难以移动的，应当按照规定开启危险报警闪光灯并在车后50米至100米处设置警告标志，夜间还应当同时开启示廓灯和后位灯。

2.4 倒车方法操作规范

车辆倒车操作内容与操作要点见表7-4。

车辆倒车操作内容与操作要点 表7-4

序号	操作内容	操作要点
1	提前观察周边车辆、行人动态和障碍物情况，确保安全	观察周围
2	开启危险警示灯（必要时鸣响电喇叭）	警示提醒
3	关闭车内音响，打开侧窗玻璃	静音开窗
4	缓慢倒车，注意观察倒车镜及倒车影像，接收车外反馈信息	缓慢倒车
5	遵守宁前莫后的原则	宁前莫后

《道路交通安全法实施条例》**第五十条**　机动车倒车时，应当察明车后情况，确认安全后倒车。不得在铁路道口、交叉路口、单行路、桥梁、急弯、陡坡或者隧道中倒车。

记忆口诀：

明察四周，谨防麻痹。
缓慢倒车，严禁加速。
适地停靠，保证交通。
开门谨慎，防后来车。

2.5　普通道路操作规范

普通道路行车操作内容与操作要点见表7-5。

普通道路行车操作内容与操作要点　　表7-5

序号	操作内容	操作要点
1	按道行驶，严禁行驶小车道、超车道和应急救援车道	按道行驶
2	如道路没有标线或标线不清晰时，大客车靠右侧通行	靠右行驶
3	严格按照道路限速要求驾驶车辆，严禁超速行车	严禁超速
4	与前车保持安全跟车距离，严禁跟车过近，慎防追尾	安全车距
5	严禁在道路上抢道、违章变道行驶	严禁抢道
6	严禁违章超车	严禁违章超车
7	转弯须提前进入转弯车道，按信号灯或标志标线指示行驶	按指示行驶
8	行经没有信号灯的路口时要减速慢行，注意避让行人、电动车及其他机动车辆，在确保安全下通过	路口减速

《道路交通安全法》**第四十三条**　同车道行驶的机动车，后车应当与前车保持足以采取紧急制动措施的安全距离。有下列情形之一的，不得超车：

（一）前车正在左转弯、掉头、超车的；

（二）与对面来车有会车可能的；

（三）前车为执行紧急任务的警车、消防车、救护车、工程救险车的；

（四）行经铁路道口、交叉路口、窄桥、弯道、陡坡、隧道、人行横道、市区交通流量大的路段等没有超车条件的。

记忆口诀：

专心驾驶，遵规守法。
谨慎驾驶，提前防范。
熟练驾驶，措施得当。

2.6 行车停歇操作规范

行车停歇时检查操作内容与操作要点见表7-6。

行车停歇时检查操作内容与操作要点 表7-6

序号	操作内容	操作要点
1	起步时检查离合器、制动器及转向器	是否正常，如异常，立即停车检查
2	发动机及底盘运转情况	是否正常，如异常，立即停车检查
3	仪表工作情况	是否正常，如异常，立即停车检查
4	途中停车时检查各部件	有无漏油、漏水、漏气、漏电现象
5	途中停车时检查轮胎	气压是否正常、有无嵌入尖锐杂物并及时清除
6	途中停车时检查各转接部件	有无松动

《道路交通安全法》**第十三条** 对登记后上道路行驶的机动车，应当依照法律、行政法规的规定，根据车辆用途、载客载货数量、使用年限等不同情况，定期进行安全技术检验。对提供机动车行驶证和机动车第三者责任强制保险单的，机动车安全技术检验机构应当予以检验，任何单位不得附加其他条件。对符合机动车国家安全技术标准的，公安机关交通管理部门应当发给检验合格标志。

2.7 会车行驶操作规范

会车行驶操作内容与操作要点见表7-7。

会车行驶操作内容与操作要点 表7-7

序号	操作内容	操作要点
1	会车前，按“各行其道”的原则，在本方车道内行驶；在未设置隔离设施或未施划中心线的道路上，减速靠右行驶，并与其他车辆、行人保持必要的安全距离；适当降低行驶速度，注意观察前方交通情况，选择安全路段会车	各行其道
2	在有障碍的路段会车时，无障碍的一方先行；但有障碍的一方已驶入障碍路段而无障碍的一方未驶入时，有障碍的一方先行	无障碍让有障碍
3	在狭窄的坡路会车时，上坡的一方先行；但下坡的一方已行至中途而上坡的一方未上坡时，下坡的一方先行	上坡让下坡

记忆口诀：

通常路段会车，三先礼让。
障碍路段会车，减速礼让。
狭窄坡路会车，下坡礼让。

2.8 高速公路行车操作规范

高速公路行车操作内容与操作要点见表7-8。

高速公路行车操作内容与操作要点　表7-8

序号	操作内容	操作要点
1	驶入高速公路后，再次提醒乘客系好安全带	安全带
2	按道行驶，严禁行驶小车道、超车道和应急救援车道	按道行驶
3	按高速公路限速要求驾驶车辆，严禁超速行车（高速公路超速20%扣12分）	严禁超速
4	与前车保持不小于100米的安全跟车距离，慎防追尾	安全车距
5	严禁上下乘客或者违章停车	严禁上下乘客或者违章停车
6	严禁违章超车	严禁违章超车
7	行经出入口，提前选择左侧或中间车道，提防其他车辆突然变道或减速	行经出入口注意观察
8	遇紧急情况时先制动减速，再视情况采取避让措施，切勿急打方向	遇紧急情况切勿急打方向

《道路交通安全法实施条例》**第八十条**　机动车在高速公路上行驶，车速超过每小时100公里时，应当与同车道前车保持100米以上的距离，车速低于每小时100公里时，与同车道前车距离可以适当缩短，但最小距离不得少于50米。

第八十二条　机动车在高速公路上行驶，不得有下列行为：

（一）倒车、逆行、穿越中央分隔带掉头或者在车道内停车；

（二）在匝道、加速车道或者减速车道上超车；

（三）骑、轧车行道分界线或者在路肩上行驶；

（四）非紧急情况时在应急车道行驶或者停车；

（五）试车或者学习驾驶机动车。

记忆口诀：

高速公路要准备，线路规划油水电；
高速公路规范多，制动轮胎要小心。

3 复杂环境车辆安全操作规范

复杂环境中车辆安全操作规范包括复杂路段行车、山区道路行车、隧道行车、车辆进出站场行车、收费站行车、雨雾天气行车、夜间行车、预防追尾事故行车、道路交通事故应急处置措施和车辆故障紧急停车应急处置措施等行车安全操作规范。

3.1 复杂路段行车操作规范

复杂路段行车操作内容与操作要点见表7-9。

复杂路段行车操作内容与操作要点 表7-9

序号	操作内容	操作要点
1	行经车站、学校、村庄、机场、超市、厂区及市区等路段时，车辆、行人集中，路况复杂，车辆减速慢行	车辆减速慢行
2	做到“一慢二看三通过”，防范摩托车、电动车以及横穿公路的行人	“一慢二看三通过”
3	通过路口时应提前减速，防止其他车辆或行人闯红灯导致交通事故	提前减速
4	严禁抢行、抢道、违法变道行驶	严禁抢行、抢道、违法变道行驶
5	严禁违法超车	严禁违法超车
6	转弯时观察周围车辆的动态，做到“礼让三先”	“礼让三先”

“一慢二看三通过”，是指当我们开车通过设置了交通灯的路口时，除了要严格依照信号灯指示通行外，还要注意减慢车速，认真观察非通行方向是否有违法通行车辆，确认安全后再迅速通过。如果绿灯闪烁，我们还没有通过路口停车线时，就不要继续加速抢灯了，而应该先轻踩制动踏板，告知后车自己的减速意图，再停车等待通行。

凡是机动车驾驶员都应该懂得要“安全行车，礼让三先”。“礼让三先”，即先让、先慢、先停。

3.2 山区道路行车操作规范

山区道路行车操作内容与操作要点见表7-10。

山区道路行车操作内容与操作要点 表7-10

序号	操作内容	操作要点
1	行经山区拐弯或视野不良路段时，提前鸣笛、降低车速、靠右行驶，严禁超速、超车或逆行	降低车速
2	严格按照道路限速要求驾驶车辆，严禁超速行车	严禁超速
3	严禁违法超车	严禁违法超车
4	弯道路段严禁越线超车，提前减速避让来车	弯道路段严禁越线超车
5	上坡路段提前调整挡位，合理运用动力防止熄火	上坡路段提前调整挡位
6	下坡路段控制车速，严禁空挡滑行，防止车辆失控	控制车速

记忆口诀：

山区行驶休息好，交通信号反射镜；
弯坡操纵要及时，危险路段谨慎行；
爬坡减挡把握好，曲狭山路不掉头。

3.3 隧道行车操作规范

隧道行车操作内容与操作要点见表7-11。

隧道行车操作内容与操作要点　　表7-11

序号	操作要点	操作内容
1	进入隧道前200米必须开启车辆前照灯，并一直保持到驶出隧道200米后方可关闭	进隧道前200米必须开前照灯
2	进入隧道前严格按照标志、标线的指引，选择正确的行车道行车	进入隧道前选择正确的行车道行车
3	在进出隧道时要提前减速并与前车拉开车距	保持安全车距
4	严格按照隧道限速行驶	严格按照隧道限速行驶
5	不得骑压、越过分道线行驶，不得超车和变更车道	不得骑压、越过分道线行驶，不得超车和变更车道
6	留意车流动态，提前作出预判并采取有效防范措施	留意车流动态
7	与前车保持安全跟车距离，谨慎驾驶	安全跟车
8	严禁隧道内停车	严禁隧道内停车

《道路交通安全法实施条例》**第四十九条**　机动车在有禁止掉头或者禁止左转弯标志、标线的地点以及在铁路道口、人行横道、桥梁、急弯、陡坡、隧道或者容易发生危险的路段，不得掉头。

第五十条　机动车倒车时，应当察明车后情况，确认安全后倒车。不得在铁路道口、交叉路口、单行路、桥梁、急弯、陡坡或者隧道中倒车。

第六十三条　机动车在道路上临时停车，应当遵守下列规定：交叉路口、铁路道口、急弯路、宽度不足4米的窄路、桥梁、陡坡隧道以及距离上述地点50米以内的路段，不得停车。

记忆口诀：

遇到隧道要开灯，减速慢行不超车；
隧道行驶禁停车，禁止掉头小心风；
隧道口前有指示，安全距离低车速。

3.4 车辆进出站场行车操作规范

车辆进出站场操作内容与操作要点见表7-12。

车辆进出站场操作内容与操作要点 表7-12

序号	操作内容	操作要点
1	提前减慢车速,观察站场周围社会车辆和行人动态	观察行人动态
2	服从站场人员指挥,按规定车位停放车辆	按规定车位停放车辆
3	使用路边停车位上下旅客时,打开车辆危险报警灯	上下旅客时要开危险灯
4	车辆停稳,挂空挡并拉紧驻车制动后方可打开车门	开车门要停稳
5	开关车门、行李舱门时应小心谨慎,防止旅客被夹	防止旅客被夹
6	协助指挥旅客上下车	协助指挥旅客上下车
7	发车前提醒旅客佩戴安全带	佩戴安全带
8	确认旅客坐好后方可起步	确认旅客坐

《道路交通安全法》**第五十一条** 机动车行驶时,驾驶人、乘坐人员应当按规定使用安全带,摩托车驾驶人及乘坐人员应当按规定戴安全头盔。

记忆口诀:

客运站场多行人,清点人数看老幼;
遇到故障要报警,亮起闪光放警告。

3.5 收费站行车操作规范

收费站行车操作内容与操作要点见表7-13。

收费站行车操作内容与操作要点 表7-13

序号	操作内容	操作要点
1	提前减速,按照标志、标线的指引,选择正确的收费车道	减速
2	严禁临时变换收费车道	严禁换收费车道
3	严禁跨线抢行	严禁跨线
4	观察周围车辆动态,提前采取措施避让	观察
5	缓慢通过收费亭和收费车道,合理把握车辆两侧距离,谨防剐碰	缓慢通过

《道路交通安全法》**第四十二条** 机动车上道路行驶,不得超过限速标志标明的最高时速。在没有限速标志的路段,应当保持安全车速。

3.6 雨雾天气行车操作规范

雨雾天气行车操作内容与操作要点见表7-14。

雨雾天气行车操作内容与操作要点　　表7-14

序号	操 作 内 容	操 作 要 点
1	降低车速,严禁超速行车	降低车速
2	加大跟车距离,确保安全车距	确保安全车距
3	开启前照灯、示廓灯和防雾灯,视线不清时要开启危险报警灯	开启灯光
4	按规定车道行驶,严禁随意变换车道、行驶超车道	按规定车道行驶
5	严禁紧急制动	严禁紧急制动
6	严禁盲目超车	严禁盲目超车
7	遇紧急情况禁止急打方向,应控制好方向,采取制动措施,谨防侧翻	遇紧急情况禁止急打方向

《道路交通安全法实施条例》**第八十一条**　机动车在高速公路上行驶,遇有雾、雨、雪、沙尘、冰雹等低能见度气象条件时,应当遵守下列规定:

(一)能见度小于200米时,开启雾灯、近光灯、示廓灯和前后位灯,车速不得超过每小时60公里,与同车道前车保持100米以上的距离;

(二)能见度小于100米时,开启雾灯、近光灯、示廓灯、前后位灯和危险报警闪光灯,车速不得超过每小时40公里,与同车道前车保持50米以上的距离;

(三)能见度小于50米时,开启雾灯、近光灯、示廓灯、前后位灯和危险报警闪光灯,车速不得超过每小时20公里,并从最近的出口尽快驶离高速公路。

3.7　夜间行车操作规范

夜间行车操作内容与操作要点见表7-15。

夜间行车操作内容与操作要点　　表7-15

序号	操 作 内 容	操 作 要 点
1	降低车速,夜间(22点至凌晨6点)车速不超过日间限速的80%	降低车速
2	加大跟车距离,确保安全车距	确保安全车距
3	禁止疲劳驾驶,日间连续行驶时间不超过4小时,夜间(22点至凌晨6点)连续行驶时间不超过2小时,每次停车休息时间不少于20分钟	禁止疲劳驾驶
4	严格执行凌晨2点至5点停车落地休息规定	执行休息制度
5	按规定车道行驶,严禁随意变换车道、行驶超车道	按规定车道行驶
6	严禁违章超车	严禁违章超车
7	合理使用灯光,会车时距对面来车150米以外关闭远光灯,改用近光灯;市区路段使用近光灯,不得违规使用远光灯	合理使用灯光

记忆口诀：

夜间行车看颜色，走灰不走白遇黑停下来；
阴影变小是小坑，阴影不变要减速宜停下；
遇到坡顶要减速，关窗亮灯勿冒险要慢行。

3.8　预防追尾事故行车操作规范

预防追尾事故行车操作内容与操作要点见表7-16。

预防追尾事故操作内容与操作要点　　表7-16

序号	操作内容	操作要点
1	与前车保持安全车距，匀速行驶，避免急加速或紧急制动	保持安全车距
2	避免跟大型货车等影响视线的车辆	避免跟大型货车
3	变道时观察两侧车辆的动态，禁止盲目变道	禁止盲目变道
4	遇紧急情况需急减速时应及时打开危险报警灯	遇紧急情况需急减速
5	遇后方车辆跟车过近时，应轻踩制动踏板或打开危险报警灯示意	灯光提醒后方车辆跟车靠近

3.9　道路交通事故应急处置措施操作规范

道路交通事故应急处置措施操作内容与操作要点见表7-17。

道路交通事故应急处置措施操作内容与操作要点　　表7-17

序号	应急措施	操作要点
1	打开危险警示灯、示宽灯	车辆停放路肩或应急车道
2	设置危险标志牌	车辆来车方向高速公路＞150米（普通公路50～100米）
3	疏散车上乘客	右侧路肩或路外空地
4	报警	交警110、急救120
5	救助伤员	保护现场，协助救助旅客
6	报告公司	拨打公司相关部门或责任领导电话
7	保险公司报案	拨打车辆投保保险公司报案电话95518

《道路交通安全法实施条例》**第八十六条**　机动车与机动车、机动车与非机动车在道路上发生未造成人身伤亡的交通事故，当事人对事实及成因无争议的，在记录交通事故的时间、地点、对方当事人的姓名和联系方式、机动车牌号、驾驶

证号、保险凭证号、碰撞部位,并共同签名后,撤离现场,自行协商损害赔偿事宜。当事人对交通事故事实及成因有争议的,应当迅速报警。

3.10　车辆故障紧急停车应急处置措施操作规范

车辆故障紧急停车应急处置措施操作内容与操作要点见表7-18。

车辆故障紧急停车应急处置措施操作内容与操作要点　　表7-18

步骤	应急措施	操作要点
1	打开危险警示灯、示宽灯	车辆停放路肩或应急车道
2	设置危险标志牌	车辆来车方向高速公路 >150 米(普通公路 50 ~ 100 米)
3	疏散车上乘客	右侧路肩或路外空地
4	报告车辆主管部门	报告车辆主管部门
5	联系车辆修理部门	联系车辆修理部门

《道路交通安全法》**第五十二条**　机动车在道路上发生故障,需要停车排除故障时,驾驶人应当立即开启危险报警闪光灯,将机动车移至不妨碍交通的地方停放;难以移动的,应当持续开启危险报警闪光灯,并在来车方向设置警告标志等措施扩大示警距离,必要时迅速报警。

模块小结

本模块主要介绍了驾驶员在各种条件下的安全驾驶操作规范。只有正确理解安全行车操作规范,充分认识文明行车的重要性,懂得并运用一定的安全行车技巧,才能做到安全操作驾驶车辆,以保证驾驶的安全性。

练习提高

1. 选择题

(1)高速公路应当标明车道的行驶速度,最高车速不得超过每小时(　　)千米,最低车速不得低于每小时(　　)千米。

A. 110,50　　B. 120,60　　C. 120,50　　D. 110,60

(2)机动车在夜间通过急弯、坡路、拱桥、人行横道或者没有交通信号灯控制的路口时,应当交替使用(　　)光灯示意。

A. 远　　B. 近　　C. 远近

(3)机动车在道路上发生故障或者发生交通事故,妨碍交通又难以移动的,应当按照规定开启危险报警闪光灯并在车后50米至100米处设置(　　)标志，夜间还应同时开启示廓灯和后位灯。

A. 明显　　B. 危险　　C. 警示

(4)驾驶机动车在道路上变更车道时，提前(　　)开启转向灯，才更有利于交通安全。

A. 1秒钟　　B. 3秒钟以上　　C. 2秒钟　　D. 0.5秒钟

2. 判断题

(1)对道路交通事故损害赔偿的争议，当事人必须先请求公安机关交通管理部门调解后，才可以向人民法院提起民事诉讼。(　　)

(2)任何情况下，机动车与非机动车、行人之间发生交通事故，都由机动车一方承担责任。(　　)

(3)李某驾驶机动车造成交通事故后逃逸，他将被吊销驾驶证，且终生不得重新取得驾驶证。(　　)

(4)醉酒后驾驶机动车的，由公安机关交通管理部门约束至酒醒，处15日以下拘留和暂扣1个月以上3个月以下机动车驾驶证，并处200元以上500元以下罚款。(　　)

(5)驾驶机动车行驶，遇前方车道由三条变两条时，车辆应当依次交替通行。(　　)

(6)驾驶员饮酒后驾驶机动车、机动车车速超过规定时速50%、一个记分周期内记分达12分的，交通警察可以扣留其机动车驾驶证。(　　)

模块8　驾驶员安全意识

知识目标

1. 了解驾驶员安全意识；
2. 认识驾驶员安全意识的形成过程；
3. 了解本质安全性驾驶员含义。

能力目标

1. 能够掌握驾驶员安全意识的重要性；
2. 能够掌握驾驶安全意识缺陷；
3. 能够掌握典型情况下安全意识。

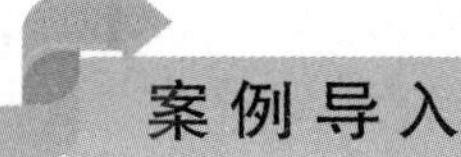

案例导入

行驶觉察制动异常未停车修理,导致特大恶性事故

事故概况:一辆乘载22人的大型客车(核载35人),行至海湾大桥时时速为55千米(该路段限速40千米),因制动失灵坠入海中,造成12人死亡、9人受伤。

事故原因:客车行驶途中,驾驶员察觉到制动装置有异常但未停车处理。驾驶员违法驾驶具有安全隐患的客车,加上超速行驶,导致了这起事故的发生。

知识储备

1 认识安全意识

1.1 安全意识定义

安全意识是人们头脑中建立起来的生产必须安全的观念,也就是人们在生产活动中各种各样有可能对自己或他人造成伤害的外在环境条件的一种戒备和警觉的心理状态。

1.2 道路交通事故驾驶员的因素分析

人包括机动车驾驶员、非机动车驾驶员、乘客和行人。影响驾驶员行为的因素有很多,包括其自身特性,如性别、年龄、驾龄、性格等。不同特性的驾驶在道路行车过程中具有不同的驾驶行为习惯,从而影响道路交通安全。某机构分别对不同驾龄、年龄和性别的驾驶员事故量进行统计分析,结果发现,驾龄在6~10年的驾驶员最容易发生事故,其次是驾龄在11~15年的驾驶员,再次是驾龄在1年以下的驾驶人,驾龄在20年以上的驾驶员发生的事故起数最少,可见最容易引发事故的并不是驾驶新手,而是有一定驾驶经验的驾驶员,这是因为新手驾驶员在驾驶过程中往往更加谨慎,安全意识较高。当驾驶员有了一定驾驶经验以后,行车过程中放松警惕,安全意识变得淡薄,过度自信让这类驾驶员更加容易引发交通事故。而当驾驶员有了长期驾驶经验以后,懂得了如何应付驾驶过程中遇到的各种情况,所以引发事故起数较少。不同驾龄驾驶员的事故量分布如图8-1所示。

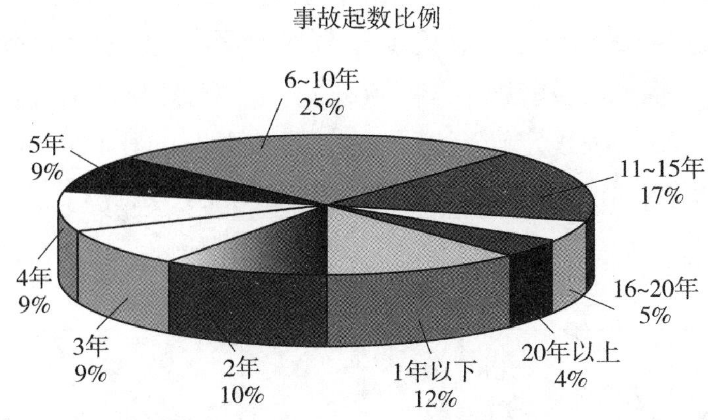

图 8-1　不同驾龄驾驶员的事故量分布图

该现象同样体现在肇事驾驶员的年龄分布上，引发事故的驾驶员主要年龄段在 26 ~ 40 岁之间，由于这个年龄段的驾驶员常常具有一定的驾驶经验，从而在行车中大意，驾驶意识逐渐淡薄，所以容易引发交通事故。不同年龄驾驶员的事故量分布如图 8-2 所示。

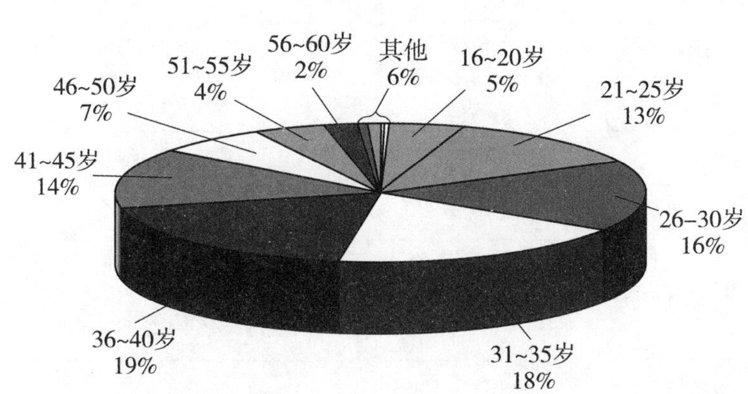

图 8-2　不同年龄驾驶员的事故量分布图

从驾驶员自身因素分析发现，具有一定驾驶经验的年轻驾驶员最容易引发道路交通事故，长期在安全的驾驶环境中导致驾驶员安全意识逐渐淡薄，这是引发交通事故的主要原因，因此从驾驶员安全意识着手，通过驾驶培训，提高驾驶员安全行车意识，是改进道路安全现状的一个重要手段，并且应该重点针对具有一定驾驶经验，行车过程中容易疏忽大意的驾驶员进行安全意识培训。

由于大约90%道路交通事故是由驾驶员违法行为造成的,因此有必要对驾驶员的违法形式进行统计分析,对机动车驾驶员不同违规行为造成的事故死亡人数进行统计。道路交通违法行为导致死亡人数统计见表8-1。由表8-1中数据可发现超速行驶、未按规定让行以及无证驾驶引发的死亡人数最多,可见车辆速度是引发事故的一个重要因素,谨慎驾驶、控制车速是保持车辆行驶安全的重要手段。

道路交通违法行为导致死亡人数统计表　　表8-1

序号	违法行为	死亡人数(人)	序号	违法行为	死亡人数(人)
1	其他影响安全行为	17035	14	违反交通信号	1245
2	超速行驶	10584	15	违法变更车道	1108
3	未按规定让行	9102	16	违法倒车	722
4	无证驾驶	5533	17	违法停车	528
5	逆向行驶	3877	18	违法掉头	406
6	酒后驾驶	3060	19	不按规定使用灯光	269
7	违法会车	2999	20	违法抢行	255
8	违法占道行驶	2984	21	制动不当	254
9	其他操作不当	2730	22	转向不当	54
10	违法超车	2365	23	加速踏板控制不当	41
11	违法装载	1952	24	违法牵引	25
12	违法上道路行驶	1913	25	违法装载超限及危险品运输	12
13	疲劳驾驶	1353			

2　驾驶员安全意识

2.1　驾驶员安全意识的形成过程

驾驶员安全意识主要由以下五个过程:

(1)初学驾驶。

在初学驾驶阶段中,驾驶员安全意识的建立来自驾驶理论和教练的讲述。该过程教会了我们在行驶过程中需要遵循交通法规,以及车辆安全行驶操作规范,特别是交通事故对安全意识的形成具有良好的引导与警示作用,使初学驾驶员具备了一定的安全意识。

(2)实习驾驶。

有了初学驾驶的实习阶段,在过渡到实习驾驶中,通过亲身的体验总结,以及借鉴其他驾驶员的实践安全驾驶经验或指导现场,使安全意识逐步形成。

(3)事故体验。

在日常驾驶中通过不断对其他车辆事故引起的了解和自身事故的反思,形成一定的安全意识。

(4)日常驾驶积累。

在长期驾驶生涯中通过不断的观察和总结反思,经过日益积累,慢慢地累积形成良好的安全意识,特别是来自对交通事故的亲身处理经历,将对交通事故的发生有更加深刻的认识。

(5)意识强化及固化。

随着驾龄的增加,驾驶员会慢慢地形成比较固定的安全意识思维方式和自己的驾驶风格,使安全意识趋向稳定,时间长了很难改变。

2.2 驾驶员安全意识缺陷

(1)认识受限。

由于驾驶员长期驾驶单一车型,虽然熟悉自身驾驶的同类车型,对同类车型的技术性能、行车习惯有一定的认识,但是对于其他车型却缺少必要的认识。比如小车、大型货车、电动单车、摩托车、机动三轮车、单车等,这些车在驾驶的过程中往往因人而异,具有很强的多变性、突发性(这里忽视的是对除自身车辆之外的车辆的行驶特性和习惯的掌握)。

(2)过于自信。

作为职业驾驶员,总是认为自己是专业驾驶员,技术和水平都比别人好,只要自己的反应比别人快,肯定是安全的。对自身的驾驶技术过于自信,过多地关注自我而忽视了外界的影响。比如:你可以保证不撞其他的车,但是能否保证其他的车不撞你的车?显然,这是很不明智的想法。

(3)不良习惯行为的循环并形成基本固化的意识误区。

驾驶员在日常驾驶车辆过程中从初学驾驶到当前的状态所经历的对安全驾驶的认知进程,如果不断有不遵守操作规范的行为发生而得不到纠正或是惩罚,则这种侥幸心理会不断被坚持并固化。由于对安全意识产生偏差,不但弱化了安全意识,而且还形成了不良的安全意识且不断循环固化。

(4)不坚持改进操作规范及提高安全意识。

作为驾驶员,随着社会的进步,要求驾驶员要不断与时俱进,面对不断完善的规章制度,要熟悉相关交通法律法规,并遵章守纪驾驶车辆;面对快速更新的车辆,要熟悉所驾驶车辆的操作规范,掌握技术性能;面对日趋繁杂的道路使用,要掌握各种道路使用者的行为习惯。

(5)对"我要安全"还是"要我安全"方面存在错误的认知。

没有树立正确的安全意识,良好的安全意识的驱动力完全是来自"我要安全",这是内驱力。不同层面的要求,包括公司日常的监管为外驱力,是"要我安全"的一般体现。有些时候甚至出现对抗监管的行为。

2.3 驾驶员负面安全意识的类型

在道路交通运输驾驶员行业中,驾驶员存在着以下三种负面安全意识类型:

(1)混沌型:认为目前的驾驶安全水平还过得去,浑浑噩噩地驾驶,思想深处存在"生死由命"的想法,这种安全意识与文化水平有直接关系。

(2)自恃型:此类型多为技术熟练,有多年驾驶经验的"老"字辈驾驶员,自恃久经沙场,经验丰富,在驾驶中无所顾忌,发生事故的可能性很大。

(3)任务型:为了赶任务,加班加点连续驾驶,超负荷运转,以致安全意识每况愈下,导致发生交通事故。

2.4 驾驶员安全意识误区

误区1:酒后驾车

特别是对于老驾驶员而言,往往有"我开车多少年了都没有问题,也不差这一次"的念头。他们忘记了生命只有一次,我们可以不差钱,但不能不差命,而且生命不只是我们自己的。

误区2:不是我自己的车,碰点磕点没事

显然这不但是一种自私的行为,而且这种想法往往是导致大事故发生的根本原因。因为他没有意识到,当你容忍小事故发生时,那离大事故不远了。

根据统计学的原理,美国安全工程师海因里希统计分析了55万起事故,提出事故三角形模型,即海因里希定律(图8-3),得到了安全界的普遍认可。海因里希定律告诉我们,在每330次的事故中,会造成重大事故1次,一般事故29次,轻微事故300次。要消除死亡重大事故以及29次一般事故,必须首先消除300次轻微事故。即防止死亡灾害的关键,不在于防止伤害事故,而是要从根本上防止事故。所以,当你在不断容忍或者习惯碰坏车灯,磕掉油漆等小事故发生时，你离大事故很近很近了。

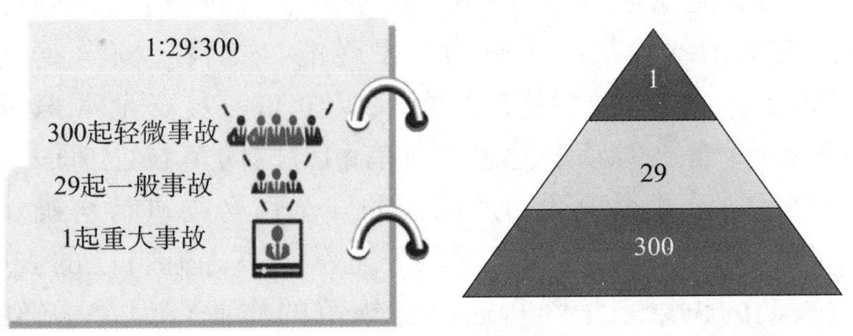

图8-3　海因里希定律

误区3：侥幸心理

存在侥幸心理的人往往根据自己的需要或者好恶来行事，使事物按着自己的愿望发展，妄图通过偶然的原因去取得成功或避免灾害，直至取得自己希望的结果。

误区4：现在好好的没有必要改

对于驾驶经验丰富的驾驶员，工作时间长了，很容易形成一种“习惯性的东西不好改，而且现在好好的，也没有出现什么安全问题”的观念。这种观念缺乏对安全教育目的的认识，即逐步提高我们的安全意识，改善我们的行为，使安全成为一种习惯，最终成为一名“本质安全型”的驾驶员。

3　认识“本质安全型”驾驶员

3.1　“本质安全型”驾驶员定义

“本质安全型”驾驶员是使自己成为具备“想安全、会安全、能安全”的职业特征，具备自主安全意识和充分的安全技能的驾驶员。“本质安全型”驾驶员特征如图8-4所示。

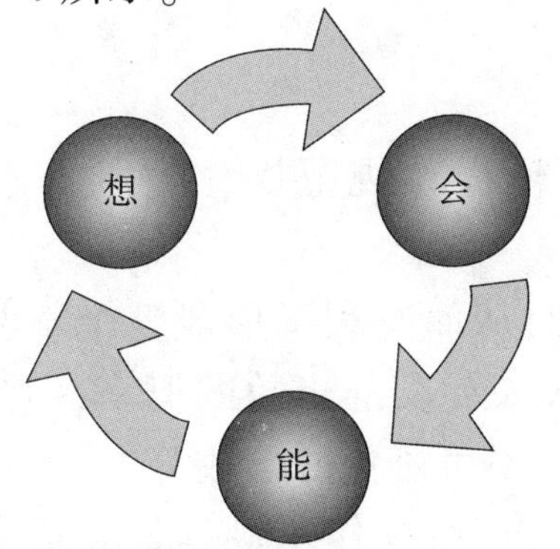

想：是意愿，是驱动力；
会：是一种意愿转化为现实的能力；
能：是能力转化为实践的行动和本领。

图8-4　“本质安全型”驾驶员特征

作为一名合格的“本质安全型”驾驶员需要明白安全驾驶的意义。充分的安全技能,是一种安全驾驶技能升华过程,强调了驾驶员自身驾驶技能水平的不断提高以及对周围驾驶员的影响力。平时能自觉营造安全氛围,养成自主安全意识,日常工作中主动学习安全理论、安全知识及安全常识,清楚自己岗位所有的动态隐患,自己对动态隐患必须有相应的防范技能;日常必须养成安全确认的习惯,对自己的每项活动及动作的安全性必须进行再确认,不能不经过安全确认而鲁莽蛮干。通过开展现场安全活动来提升自己的安全技能和安全素养,通过长期的积累来培养自己操作规范的作业行为及正确的驾驶作业习惯,进而有效防止交通事故的发生概率。保证身体健康和良好的心理素质,要根据自己的身体需要合理安排劳动、饮食和休息,保有强壮的体魄,调节好劳动强度和生活习惯。在恶劣环境条件下,必须具有坚强的意志,克服急躁和烦躁情绪。

平时要练成原则性、纪律性、自觉性、克制性等良好性格,克服粗枝大叶、得过且过、懈怠、狂妄、任性、优柔寡断等易于肇事的不良性格。

3.2 “本质安全型”驾驶员的培养

(1)正确认识安全管理。

美国著名能源企业杜邦公司的每一位员工在办公楼上下楼梯时都是靠右扶着楼梯扶手或是扶着墙。在外界看来,甚至觉得不可思议,但在杜邦公司,安全行为已经成为习惯,以至于后来杜邦提出他们的安全信仰:所有伤害和职业病都是可以预防的。

安全管理是企业生产管理的重要组成部分,安全管理的对象是生产中一切人、物、环境的状态管理与控制,安全管理是一种动态管理。我们要意识到安全的保证需要刚性的制度、柔性的灌输、韧性的坚持。要求我们要树立正确的安全无小事,小事无安全的隐患意识,以使每个人都成为“本质安全型”员工,进而像杜邦一样,杜绝任何事故的发生。

(2)意识规范与操作。

规范操作车辆是指按照交通法规及车辆操作规范操作驾驶车辆的行为规范。

规范操作是建立正确的安全意识的基础,从而有利于形成整个驾驶生涯的良好的安全意识。通过规范操作,可有效降低发生交通事故的概率,但是规范操作不等于不会发生意外事故,包括无责事故和不可避免的事故等。

规范操作车辆与提高安全意识成正相关,规范操作车辆是驾驶员安全意识的基础,不依规范操作车辆就会埋下事故隐患,事故隐患的不断重复累积就会发生事故。

3.3 典型情况下的安全意识

(1)大雨或是大雾天气。

在大雨或是大雾天气情况下,驾驶员应具备的意识,即视线不良、道路积水、前车急停、他车失控;驾驶员应采取的安全操作,即减慢速度、视情况合理使用灯光、中线行车。

(2)进入隧道区域或是室内车场。

驾驶车辆进入隧道区域或是室内车场,驾驶员应具备的意识,即照明不足、视线不良、情况复杂多变;驾驶员应采取的安全操作,即减慢速度、打开前照灯的低灯或视情况使用高灯、遇到特殊情况打开应急灯。

(3)道路突然变窄情况下。

道路突然变窄情况下,驾驶员应具备的意识,即前方车道通行受阻、预警不足;驾驶员应采取的安全操作,即减慢速度、视情况提前打开应急灯、选择适当的车道、预留他车变道条件。

4 驾驶员安全意识的典型案例

低头数秒竟换牢狱之灾

男子李×今年30岁,是一家公司的老板。2015年4月4日晚上,李×和朋友在北京海淀区一家饭馆吃饭。晚上吃完饭后,李×独自开车回自己位于昌平的住处。当晚8点半左右,当李×开车行驶到生命科学园东侧一条南北路红绿灯路口时,正好遇到红灯。在等红灯的时候,李×觉得无聊,就拿起手机看微信。等绿灯亮时,李×仍未看完,因此李×在再次起动车辆后,仍然时不时低头看微信。

在此期间,李×突然听到"啪"的一声,他感觉车子撞上了什么物体。据李×事后供述,说他当时并未看到人,只是发现右侧的反光镜被折到几乎贴到车窗上。李×并没有在意,开车离开了现场。回到住处后,李×才下车查看情况,发现前风窗玻璃右侧已经裂开。李×还用手机拍下了照片,并写上"后怕"两个字,发到朋友圈。

表面上看,在这起交通意外中,驾驶员李×好像还挺无辜的,因为他边看手机消息边开车,在这个过程中,他感觉好像撞上了什么东西,但是他并没有在意,就直接开车走了,到家之后,他才发现前风窗玻璃右侧已经裂开,此时他依然没有意识到自己撞死了人。直到警察根据监控录像找到李×时,他才知道自己犯了多大的错误。检察院以涉嫌交通肇事罪批准逮捕,而且因为其有逃逸情节,将面临7年或以下的有期徒刑。

按照车速60千米/小时计算,低头3秒,车辆盲开50米,一旦遇到紧急情况,制动至少20米,再快的反应速度都来不及。根据有关数据统计,开车看手机事故概率是普通驾驶的23倍,开车打电话的事故概率是普通驾驶的2.8倍。

因此,平时开车时一定要集中精神,注意观察周边环境和路况信息。现在智能手机的普及在给我们带来方便的同时也使得路上开车玩手机的行为越来越普遍。我国交通法明确规定:开车不能打电话,看信息,违者罚款200元。英国将开车玩手机的危害性等同于酒驾,如果驾驶员因为玩手机造成致死车祸,肇事驾驶员将监禁最高可达14年;美国将开车玩手机定义为危害公共安全罪。我国已有人大代表建议将此行为列入刑法。

模块小结

本模块主要介绍了驾驶员安全意识和"本质安全型"驾驶员。要有安全意识,首先应做到任何情况下都要想(预)着会发生事故,留空间给自己,留空间给他人;其次用时间来消耗里程,而不是用速度来消耗里程。保持可控车速是危险发生时唯一的救命稻草。在路上让其他车辆清楚地看到你,与你是否能清楚看到对方同等重要。永远把与你同在道路上行驶的其他机动车驾驶员当菜鸟,不要把自己的生命财产安全寄希望于他人之手。遇到紧急情况首先要降低车速,切勿急打方向,急打方向容易让车辆失控。无论何时牢记一句话:一个好的驾驶员不在于他的驾驶技术有多么高超,而是他的头脑中是否有安全意识。

驾驶员安全意识的形成及改善通过对操作车辆规范的坚持来达成。安全意识是可以不断改善的,驾驶员的安全意识构成整体的安全意识,整体安全意识从个体驾驶员安全意识抓起,逐步形成统一的安全驾驶风格,形成整体的一种安全标准。

练习提高

选择题

(1)驾车时不与他人随意交谈是文明交通行为之一。(　　)

A.对　　　　B.错

(2)谨慎驾驶的原则是集中注意力、仔细观察和提前预防。(　　)

A. 对　B. 错

(3)下列属于文明交通行为的有(　　)。

A. 机动车礼让斑马线　B. 开车打手机

C. 疲劳驾驶　D. 不系安全带

(4)下列行为中不属于文明交通行为的是(　　)。

A. 机动车按序排队通行　B. 文明使用车灯

C. 占用应急车道　D. 机动车有序停放

(5)下列行为正确的是(　　)。

A. 变线或转弯不打转向灯

B. 开车时抽烟

C. 骑乘摩托车应当戴头盔

D. 乱停放车辆

(6)机动车在等候通行时,应当遵守的文明行为是(　　)。

A. 占用对向车道通行

B. 反复按喇叭催促前车

C. 立即掉头

D. 按序排队

(7)机动车行经斑马线时应当(　　)。

A. 快速通过　B. 礼让行人

C. 机动车优先通行　D. 按喇叭催行人快点儿

(8)在停车时,下列说法错误的是(　　)。

A. 有序停放　B. 按停车标志停放

C. 停在交通标线内　D. 随意停放

(9)关于文明使用车灯的说法正确的是(　　)。

A. 遇对方灯光太强,可以不变光

B. 夜间会车使用近光

C. 对方不变光,自己就不变光

D. 时间紧急,转弯时可不打转向灯

(10)在道路通行中,机动车与行人的关系正确的是(　　)。

A. 机动车主动避让行人

B. 与行人争道抢行

C. 等待行人主动避让自己

D. 无视行人安全

模块9　防御性驾驶技术

知识目标

1. 理解防御性驾驶的定义；
2. 了解防御性驾驶的目的；
3. 理解防御性驾驶的实现过程；
4. 了解防御性驾驶的主要内容。

能力目标

1. 能够掌握控制安全车速的方法；
2. 能够掌握控制安全车距的方法；
3. 能够掌握避免视觉盲区的方法；
4. 能够掌握驾驶中信息沟通的方法。

案例导入

会车占道造成特大交通事故

事故概况：2008年10月17日上午8点20分，宁夏中宁县境内发生农用车与四轮拖拉机相撞的特大道路交通事故，共造成11人死亡，12人受伤。

事故原因：驾驶员靳×驾驶农用车行驶在洪岗子乡村公路2千米处由北向南行驶途中，与哈×驾驶的从南向北行驶的载有22人的四轮拖拉机交会，因靳×会车时占用对方车道，导致两车相撞。

知识储备

1　防御性驾驶技术的基本概念

1.1　防御性驾驶技术的定义

防御性驾驶是由美国人哈罗德·史密士于20世纪50年代最早提出，其核心理念是强调驾驶员行车过程中以生命安全为目标，面向不同路况、车辆、行人及环境等动态迹象，依靠感官、经验、直觉等共同作用准确预测可能存在的行车危险源，提前采取安全预防措施规避风险，从而有效降低事故发生概率。

当前，防御性驾驶已在世界范围内被普遍采用。我国自《中华人民共和国道路交通安全法实施条例》正式实施以来，关于防御性驾驶技术的理论研究与推广应用也被关注。

1.2　防御性驾驶的主导思想和原则

防御性驾驶要遵循安全第一的主导思想。安全第一，是指一切驾驶操作都以安全健康为核心目标，采取积极有效的预防性措施，避免主动引发事故，不被动卷入事故，争取零事故；注意到别人，也让别人注意到你；空间交叉是事故产生的原因；别让自己措手不及；掌握好自己的安全空间；防范认知错觉。

防御性驾驶技术还要贯彻“黄金三原则”：仔细观察、风险评估、小心驾驶。

1.3　防御性驾驶技术的目标

防御性驾驶技术有两个目标：首先，自己在驾驶时不犯错误，确保自己的车辆不引起主动性交通事故；其次，在别人犯错误时，不会将自己牵涉其中，即确保不出现被动性交通事故。

(1)不引起主动性交通事故。

为了不引起主动性交通事故，驾驶员应做到文明驾驶。每一种不文明驾驶行为都透着“血腥味”。根据交通事故有关数据表明，违法驾驶如超载、疲劳驾车、超速行驶、违法占道行驶、酒后驾驶等是引发交通事故的主要原因。为了不引起主动交通事故，驾驶员应该做到遵守交通法规，提高安全意识，严格按照驾驶操作规范驾驶车辆。摒弃驾驶员常见的如：机动车不礼让行人、开车随意打手机、驾车随意变更车道、不规范使用灯光、岔道上路忽视瞭望、机动车压分道线行驶、随意上下客等陋习。

(2)不出现被动性交通事故。

为了不出现被动性交通事故，驾驶员除了自己遵法驾驶外，在行车过程中还应仔细观察路面及其交通参与者情况，对潜在的危险因素进行预判，及时采取必要、合理、有效的措施预防事故发生。

1.4　防御性驾驶技术的实现过程

防御性驾驶技术实现过程如图9-1所示。

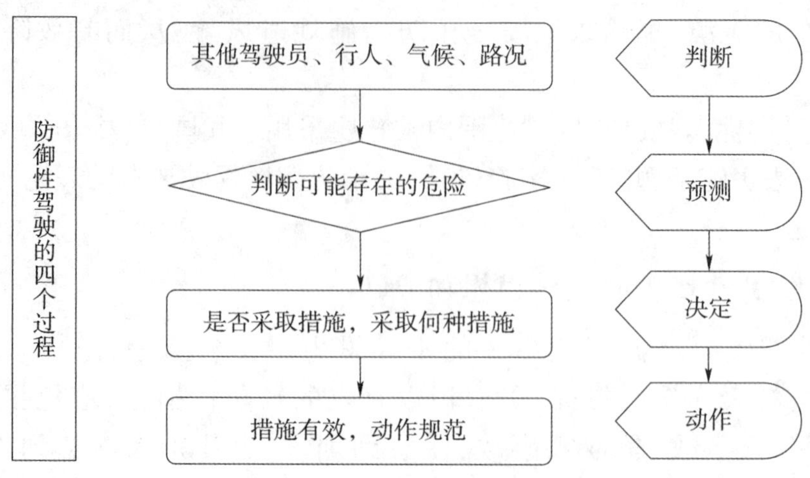

图 9-1　防御性驾驶四个过程示意图

1.5　防御性驾驶技术的五个要素

防御性驾驶包括预估风险、放眼远方、时刻扫描、留有余地、引人注目五个要素。

(1)预估风险。

根据路况、天气等情况提前估计可能造成事故的潜在危险。在道路上行驶时,驾驶员每次都会面对各式各样的风险和潜在危险,比如雨天驾驶,必然会遇到路面湿滑、积水的问题;通过十字路口时候,可能会遭遇行人、非机动车,甚至是机动车突然闯红灯的行为;临近高速公路出口时,会遇到前方车辆突然减速、变道的情况;超车时,会被右侧车辆遮挡住右前方的视线;车辆碰撞或失控后,驾乘人员经常会被甩出车外。类似这样的潜在危险还有很多,而且会经常反复出现在驾驶过程中。这就需要我们养成提前分析、预测风险的良好习惯,以便提前采取措施,防患于未然。在驾驶过程中往往只有几秒钟的时间对这些风险进行评估,并需要立即制订并执行行动方案来避免或降低风险。

(2)放眼远方。

行车过程中,我们需要搜索前方至少 15 秒范围以外的交通情况,以便提前分析和判断可能出现的、影响我们安全驾驶的各种情形,为我们采取下一步行动预留更多的时间和空间。有关实验表明,正常行驶中,从获得视觉线索,到判断是否有潜在危险,再到决定如何处置,这一感知—分析—决定的过程,一般需要 6 ~ 8 秒钟,而从决定到操控实现,还需要 6 ~ 8 秒钟。那么,如何判断 15 秒钟的距离呢?我们可以采取“乘四法则”进行计算,也就是,距离 = 时速数值(千米/小时)×4 。比如,以每小时 100 千米的速度行驶,那么,我们至少需要看到 400 米远的地方。而这里的放眼远方是针对不可预见的风险,比如通行环境良好的路面,是否会出现其他车辆、行人、散落的物品而形成路障。这些路障哪些是危险源，哪些不是危险源，是远是近，是运动还是静止，等等。放眼远方，用目光搜索到15秒范围以外的交通状况，往往可以让我们提前发现情况，从容应对，避免事故发生。

(3)时刻扫描。

驾驶时，危险来自四面八方，变化无常，我们需要保持不间断地、有序地搜索车周边360°空间的交通环境，及时发现潜在危险，并有意识地避免被周边事物分散注意力。比如在过十字路口时，不要过度依赖信号灯，闯红灯的车辆和行人每天都有；在变更车道时，不要仅仅依靠后视镜，其他车辆往往就在我们两侧的盲区内；在减速停车时，不要以为后车就一定和我们一样会安全停车，经常会有走神的驾驶员和制动失控的车辆；在转弯时，不要只注意前轮周边的情况，而忽视观察后轮的周边情况。因此，驾车时，我们的眼睛要像雷达一样不断扫描，不断重复地看看前方，再看看左边车窗和左侧视镜，然后是仪表盘、后视镜、右边车窗、右侧视镜，再到前方。这样的循环6~8秒钟进行一次。视觉搜索过程中还需要刻意避免被其他事物分散注意力，做到眼睛在任何事物或方向上停留的时间不要超过2秒。驾驶员无论在何时何处驾车，都应当清楚的了解车周边360°空间的状况，以及车在整个道路交通系统中所处的位置，同时为了能及时发现潜在危险，还要保持视觉搜索不间断地有序进行，并有意识地避免被其他事情分散注意力。

(4)留有余地。

驾驶员要保持前后左右的空间，因为与周围车辆保持足够安全距离是非常有必要的，它让驾驶员有足够的时间和空间来采取应对措施从而避免事故发生。驾驶时，车辆往往是在流动变化的车阵中前行，这就需要我们的车辆与周围的任何车辆时刻保持足够的安全空间，以便从容地应对各种危险的出现。比如，在车阵中，经常会遇到正常行驶的前车突然减速、左右车道的车辆突然进入我们所在的车道，甚至这些情况同时出现。这就需要我们的车辆要与前车保持至少4秒的安全距离。同时，应避免与两边的车辆并排行驶，使我们的前方和左右至少一侧始终留有足够的空间作为我们的逃生路线。那么，怎么知道4秒钟是多远的距离呢？在道路前方选择一个固定的位置或者参照物，当前车车尾超过参照物时开始数数，1001、1002、1003、1004，如果还没有数到1004就到了参照物的位置，就说明离前车距离太近了。

(5)引人注目。

在应对可能发生的危险，需要考虑他人的能力和行为时，让别人注意你，与你看见别人同样重要。驾驶员需要及时清晰的发出信号，向他人正确传递你的意图,并等待他人的回应,不要贸然前进。在驾驶过程中,我们要经常有意识地让别人注意到我们。特别是在他人的行为可能影响到我们的安全驾驶或者我们需要别人的帮助时,我们要及时传递出我们的意图,并确认别人是否理解我们,支持我们。否则,别人的行为往往会使我们被动地卷入交通事故。比如,在低能见度条件下,别人看不清我们;在我们进入车辆盲区内,别人看不见我们;在我们变更车道转弯前,别人不知道我们;在我们需要别人让行时,别人不理解我们,等等。面对这些情形,我们就需要通过灯光、喇叭、甚至手势让别人注意我们、理解我们、支持我们。否则,我们引以为豪的驾驶技术将变得毫无价值。

所以在驾驶过程中,驾驶员应牢记:放眼远方,先知先觉;眼观六路,洞悉危机;视线灵活,保持扫视;预估风险,留有余地;目光接触,信息沟通。

2 防御性驾驶关键技术

防御性驾驶关键技术包含安全车速、安全车距、视觉盲区、信息沟通四个方面。

2.1 安全车速

(1)车速。

车速是单位时间内车辆所行驶的距离。常用的车速单位是千米/小时(km/h),所以有时也将机动车车速称为机动车时速。

(2)道路限速的必要性。

道路交通事故是道路交通安全问题的最终表现形态,不按安全车速行车(含超速行驶和低速行驶)是引发交通事故的最主要因素之一。此外,其他许多引起事故的原因,诸如未保持安全距离、方向失控、制动侧滑和侧翻等,都与车速有关,只是相关的程度不同而已。有专家对大量交通事故进行统计分析后发现,与车速有关的交通事故大约占到交通事故总数的80%。所以俗语说"十次事故九次快",是有一定道理的。

(3)安全车速。

安全车速是指机动车驾驶员根据自身情况、车辆状况、道路条件和交通情况,在法律法规和道路标志、标线规定的限速范围内,选择能够保证安全通行的最高速度。车辆在道路上行驶,为了保证行车安全,速度必须控制在安全车速之内。

如何保持合理的安全车速?安全车速受道路交通系统(人、车、路、环境)和驾驶人员技能(车辆操作、安全意识)的影响,因此,驾驶员应根据道路限速、气候条件、车辆装载、车辆状况、道路能见度、交通条件和驾驶员的操作技术水平、身体状况等诸多因素来确定合理的安全车速。

(4)超速。

超速一般指车速超过道路限速,而防御性驾驶技术所说的超速还包括行驶速度超过安全车速。超越道路限速必然违法,超越道路限速且超越安全车速必然发生事故且扩大事故损失和承担事故责任。超速是一种危害性很大的交通安全违法行为。据研究,每超过限速5千米交通事故危险性将上升近200%。超速行驶影响驾驶员观察、判断的准确性,车速越高,驾驶员的视点越远,视野越窄,对道路上信息的接收量越少,超速行驶使驾驶员对空间距离的判断产生误差。驾驶员需要在驾驶中准确地估计空间距离。然而在同向行驶中,驾驶员判断与前车的距离往往比实际距离小。而且随着车速的增加,这种判断误差也不断增加。超速驾驶使驾驶员容易疲劳:在超速行驶时,车辆超车、会车的频率增大,行车间距经常缩到很短,车外的情况应接不暇,随时有发生危险的可能,所以驾驶员容易紧张。

超速行驶加重了交通事故严重程度:由于动能与速度的二次方成正比,机动车速度增高,其能量将急剧增大,造成损害的危险也急剧增大。在一项研究中指出:碰撞速度为30千米/小时,仅有5%的行人会因碰撞而死亡;但是,碰撞速度为50千米/小时和70千米/小时,行人死亡的可能性分别高达45%和85%。

(5)安全车速管控的落实。

企业采取以下措施落实对安全车速的管控:全过程GPS监控;培训师跟车评估。

2.2 安全车距

2.2.1 安全车距的概念

安全车距,即车辆在道路行驶过程中与其他移动障碍物之间保持的不发生碰撞的距离。安全车距包括与前方移动障碍物的安全距离、与后方移动障碍物的安全距离、与侧方移动障碍物的安全距离。一般来说,车速越快、车重越大,安全车距所需要的间隔长度也就越长。

安全车距还会受很多其他因素影响,比如天气情况、光照强度、驾驶员视力、制动设备、路面状况等。

2.2.2 安全车距不足的危害

根据力学有关定律,车辆从运动到完全静止这段时间内,会继续向前移动一段距离。

与前方移动障碍物的安全距离不足必然导致发生追尾事故;与后方移动障碍物的安全距离不足必然导致发生被追尾事故;与侧方移动障碍物的安全距离

不足必然导致发生剐碰事故。

2.2.3 保持安全车距的原则

车辆正常行驶时,应该遵守2秒钟法则。2秒钟最初由北美流行而来,它是根据人的反应速度(时间)+踩制动踏板开始到制动起作用的时间+车辆制动开始到停止的时间得出的安全间隔距离。防止发生追尾事故除了预先判断之外,最直接有效的方法就是保持2秒的安全行车距离,判断方法是:从前车通过一固定点后,开始默数2秒,若未数完,本车已通过该固定点,即表示车距不足,应立即减速以加长距离。如果路面湿滑或视线不佳,应将安全间隔提高到6秒;上坡、下坡安全间隔提高到4秒。大型客车防御性驾驶安全车距的经验算法是车速减20。车速与距离之间的关系见表9-1。

车速与距离之间的关系 表9-1

时间(秒)	车速(千米/小时)									
	10	20	30	40	50	60	70	80	90	100
1	3	6	8	11	14	17	19	22	25	28
2	6	12	16	22	28	34	38	44	50	56
3	9	18	24	33	42	51	57	66	75	84
4	12	24	32	44	56	68	76	88	100	112
5	15	30	40	55	70	85	95	110	125	140
6	18	36	48	66	84	102	114	132	150	168
7	21	42	56	77	98	119	133	154	175	196
8	24	48	64	88	112	136	152	176	200	224
9	27	54	72	99	126	153	171	198	225	252
10	30	60	80	110	140	170	190	220	250	280

如果车辆遇到堵塞走走停停时以驾驶员看见前车的后保险杠为安全车距。在湿滑的天气或路面条件下应预留更长的安全车距。

2.2.4 保持安全车距的措施

为了保持安全车距,首先应避免与前车的车距误判,要2秒钟变换视线或眨眼、保持扫视、避免凝视、保持警觉、避免发呆。其次应避免被后车追尾,不要让重型车紧跟车后,要正确使用危险警告灯,要与前车保持必要的安全距离。

2.3 视觉盲区

2.3.1 视觉盲区概念

车辆在道路正常行驶过程中,驾驶员位于正常驾驶座位置,其视线被车体遮挡而不能直接观察到的那部分区域,及因环境因素影响而不能观察到的其他道路参与者或障碍物,统称为视觉盲区。

2.3.2　视觉盲区分类

(1)驾驶员视线被车体遮挡而不能直接观察到的那部分区域。如大型客车驾驶员车体视觉区域如图 9-2 所示。

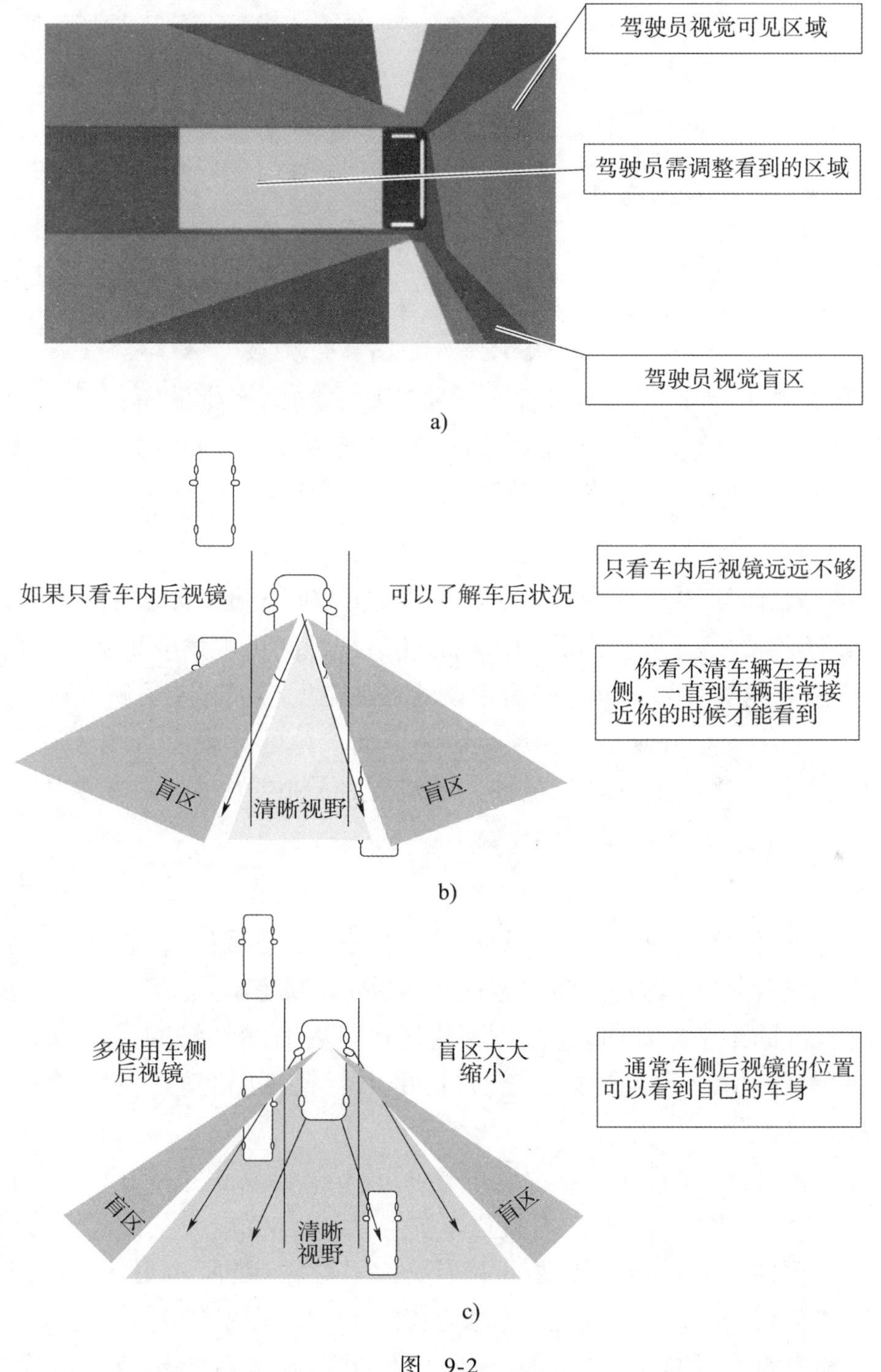

图　9-2

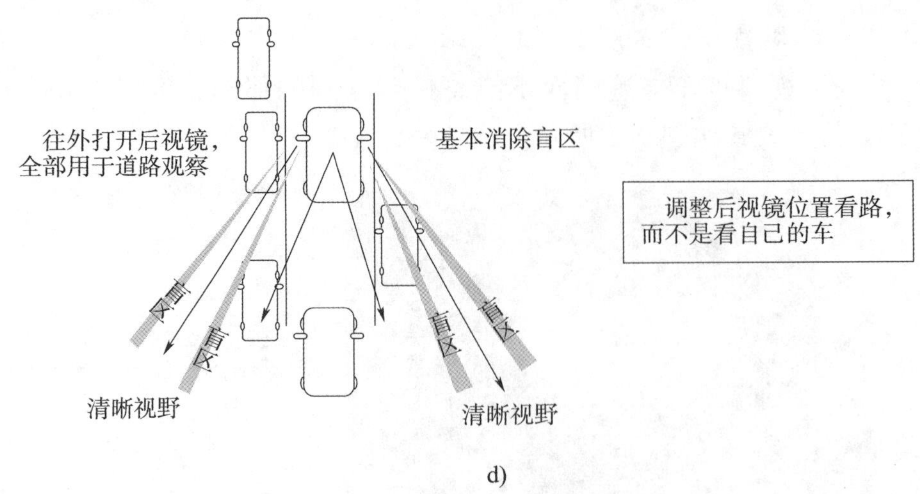

d)

图9-2　大型客车驾驶员车体视觉区域

(2)驾驶员受其他道路参与者或道路环境影响而产生的不能观察到的那部分区域或状况。环境盲区分为路口盲区、障碍盲区、坡道盲区、弯道盲区、超车盲区、会车盲区、跟车盲区、货车盲区。

2.3.3　视觉盲区的危害

车体视觉盲区产生在车辆附近，会引起安全空间不足，反应时间不够，容易发生剐碰和碾压事故。左方向驾驶的车辆右侧后视镜的可视角度小引起右后侧方盲区面积大，右方向驾驶的车辆左侧后视镜的可视角度小引起左后侧方盲区面积大。

受其他道路参与者或是地理环境影响下而产生的环境盲区由于存在不确定性和突发性，从而增加了驾驶人员预判的难度，因预判不足而引发事故。

2.3.4　环境盲区的关注点

盲区1：路口。

驾车行驶时，会遇到各种各样的盲区，尤其是窄路、路口，这些地方有可能随时窜出行人或者其他车辆，需要减速慢行，切勿盲目超车。

在有盲区的十字路口时，无法判断盲区内是否有闯红灯的行人或者电动车。哪怕是在绿灯的情况下也不要加速通过，更不要超车，尤其是在快要变灯时，切勿抢黄灯通过。

路口左转时，在看不见前方道路的情况下不要轻易超越前车转弯，尤其是在前车减速或停下来时，说明对向有直行车驶来，如果你探出头左转，很可能会撞车。

由于车辆在路口右转多数情况下不受信号灯限制，所以很多驾驶员在路口大胆右转，甚至不减速，这种情况是非常危险的。首先右转时后视镜存在盲区，此时可能会有直行的自行车、电瓶车通过，如果不确定右侧是否有车就右转，很容易出现事故。

如果发现右后方有电瓶车或自行车，应让其先通过，突然右转别人是来不及刹车的。当直行道是红灯时，横向的人行道是绿灯，行人和非机动车辆是可以正常通行的，此时如果右转不注意观察、减速，就可能直接撞到过路的行人、车辆。在红绿灯路口起步时，确认没有行人通过时再起步，特别是挨着公交车时，你看不见人，人也看不见你。

盲区2：障碍物。

当要通过窄路、双向单车道、桥墩或路边有堆积物、故障车等有障碍物的路段时，要注意路边可能突然从障碍物后面窜出的行人（特别是小孩）。如图9-3所示为旁边突然停车造成障碍盲区。

道路两旁如果是绿化带开口或停有车辆，在通过时减速，脚放制动踏板上，切勿加速行驶。

在路边停车貌似路况好，但路边停车依然会给驾驶员造成障碍盲区（图9-4），因此，驾驶员仍然需要减速。

图9-3 旁边突然停车造成障碍盲区示意图

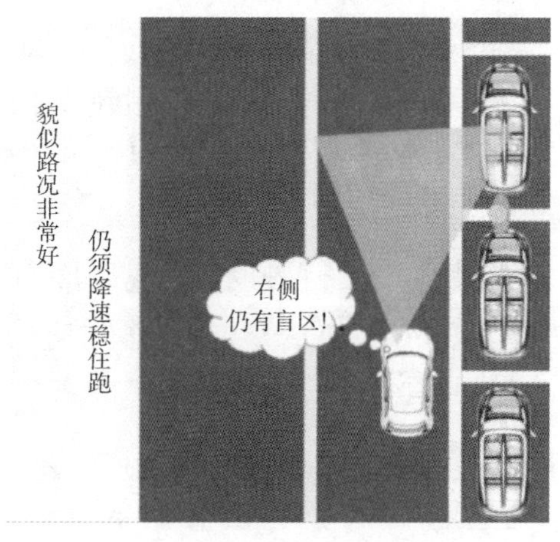

图9-4 路边停车给驾驶员造成障碍盲区示意图

盲区3：坡道。

当接近山坡、桥梁等坡道顶端时，由于角度关系会存在盲区。此时驾驶员不知道前面是下坡还是急弯，更不知道是否有车辆行人经过，所以此时应该减速，鸣笛进行提醒，慢慢通过。很多驾驶员把车开下山就是因为坡道盲区。

盲区4：弯道。

经济可以弯道超车，驾驶决不能弯道超车。由于弯道存在盲区，常常无法看到对向来车，尤其是在山路或者急弯时更是如此。

在这里提醒各位驾驶人员，弯道不是赛道，请在自己的车道行驶，切勿随意切弯走线。

盲区5:超车、会车、跟车盲区。

超车与会车时要注意,超车防车前,会车防车后。

在超车时,要注意前车车前的情况。在确认前方安全的情况下超车,尤其是越线超车时,一定要与对向来车保持足够的安全距离,闪远光提醒前车再超车。如果前车突然踩制动踏板则放弃超越,因为前方可能有来车或行人。若超车过程中前车突然加速不让你超车,也应该放弃此次超越。

在会车时,要注意对向车车后的情况。预防车后有行人突然横穿,或者其后有车要超车。

在跟车时要与前车保持车距,防止追尾。若后车跟车过紧,可适当踩制动踏板提醒后车,非突发情况切勿紧急制动。若发现前车突然采取紧急变线,应该提前减速,根据前车实际情况进行避让。

跟车时,如果前车要超车,不要直接跟随前车超越,尤其是越线超车。应该等前车超车完毕,在确认安全后超车,避免与对向车辆相撞。

盲区6:货车盲区。

驾驶过程中经常遇见大货车,此时应该选择远离大货车,或者快速超过。

首先,不要从大货车右侧超车;其次,停车时也不要停在大货车右侧,切勿并行停在大货车车头右侧,那里是大货车的视觉盲区。若货车右转,将可能引发交通事故。

如果在城市行驶时,发现后面有货车跟随行驶,应该在安全情况下尽快更换行驶车道,不要与货车同车道行驶,更不要变道进入货车行驶车道。

如果停车时发现后面有货车闪灯、鸣笛,表明它制动失灵,应该及时快速避让。

2.3.5 视觉盲区管控的落实

企业要采取以下措施落实对视觉盲区的管控:全过程视频监控;培训师跟车评估。

2.4 信息沟通

2.4.1 信息沟通的定义

车辆驾驶人员与道路系统中其他道路使用者之间的驾驶意图的传递称为信息沟通。

2.4.2 信息沟通的方式

信息沟通可以通过肢体语言(眼神、手势)及车体语言(灯光、喇叭)两种方式进行。如驾驶员打转向灯,目的是为了向其他人传递变向信息。

2.4.3 信息沟通的时机

对于前行方向进入15秒视线范围的人或车均需要进行沟通识别;对于前行方向进入2秒安全车距范围的人或车均需要进行持续的沟通;对于前行方向后方进入2秒安全车距范围的车辆需要进行持续的沟通。

2.4.4 信息沟通的忠告

良好的沟通是理解和体谅的基础;职业驾驶人员应该严格执行车辆操作规范,充分利用车体语言达成沟通的目的。

2.4.5 信息沟通的落实

企业要采取以下措施落实对信息沟通的管控:全过程视频监控;培训师跟车评估。

3 防御性驾驶技术的运用

发生道路交通事故的原因是多方面的,统计表明,驾驶员安全意识淡薄和防御性安全驾驶技能的缺失,是引发道路交通事故的主要原因。那么什么是防御性驾驶呢?

一般我们认为,我开好我的车就行,并没有主动地去防范可能的危险,而防御性驾驶,要求我们主动地随时随地把自己处于一个安全的环境,来减少意外的发生。特别需要做到以下几点:

(1)不要跟在有双排后轮的货车或大客车后面行车,如果前方有双排后轮的货车或大客车,那就主动换到另一个车道去,或是增加与前车的距离。因为双排后轮会夹住异物,比如石头,很容易向后甩出,如果你跟在正后方,那危险概率就很高。

(2)在高速公路上行驶,接近侧方入口时,或是行驶在一般道路上接近交叉路口时,应该主动地往左换一车道(如果是在最右道),如此可减小发生事故的可能性。

(3)不要和其他的车并排行驶,尤其是在两线道路上,一定要主动地想法留出一个给其他车子超越的通道。因为一旦你挡住别人,虽然你是合法行驶,但是会导致别人心急,要不他会紧跟在你的车后面没有安全距离,或是强行超车挤你而过,如此你就处于一个较危险的局面。

(4)当你需要减速或停车时,要提前踩制动踏板,让你后面的车子知道你要减速了,让他要么也减速,要么有机会换到另外一个车道超过你的车。一定要避免到最后时间才紧急制动。

(5)任何情况下都预感会有事情发生,做到盲区不盲目。

(6)不做没有把握的超车行为,超车时需要通过按喇叭或双闪灯光等方式让对方知道你在对他进行超车。

(7)不追别人车尾部也不让别人"吻"自己车尾部,做到时刻与前车保持距离,制动时要兼顾后车的跟车情况。

(8)要时刻清楚自己驾驶过程中是否违法,严防撞车党。

(9)通过日常驾驶,结合公司安全学习,提高驾驶过程中对动态事物的判断准确性和规律性,做到不急不争,追求平均速度而不是贪图一时的快感,盲目追求即时速度。

(10)当你真的做到了开车技术能人车合一,旅客坐车舒适放心时,你会为选择了这个职业而让自己爱上这个职业,充分感受到驾驶的乐趣。

(11)要与企业保持良性沟通,及时对车辆的性能进行反馈,特别是存在着一定的风险时。在所走班线留意收集旅客的反馈意见,对线路的安全重点进行提示,在行车的过程中及时反馈路况等都有助于平衡驾驶心态。特别是与旅客的良好沟通互动有助于建立自己的从业信心和积极的驾驶心态,从而提高职业认同感。

模块小结

本模块主要介绍了驾驶员的防御性驾驶技术。防御性驾驶技术是从大量的事故案例中总结出来的血泪史和经验教训。十次肇事九次快,每一块限速牌上都有血有泪。控制安全车速是防御性驾驶的首要任务。控制安全车距是落实留空间给别人、留空间给自己的防御性驾驶中留有余地的关键措施。道路系统错综复杂,任何情况下都要想着会有事情发生,大安主义只会让自己措手不及。

职业驾驶人员有能力预知并应该全面掌握视觉盲区所带来的各种风险和危害,牢固树立盲区观念是防御性驾驶技术的重中之重。

练习提高

1. 选择题

(1)车辆行经山区道路进入弯道前,按照防御性驾驶技术要求,要留有余地、引人注意,在对面没有来车的情况下,也(　　)。

A. 应"减速、鸣号、靠右行"　　B. 可靠弯道外侧行驶

C. 可短时间借用对方的车道　　D. 可加速沿弯道切线方向通过

(2)驾驶车辆驶出环岛前,按照防御性驾驶技术要求,要放眼远方,提前观

察出口方向路况，要引人注意，开启(　　)，提醒跟进后车留有安全车距。

A. 左转向灯　　B. 危险报警闪光灯

C. 右转向灯　　D. 远光灯

(3)驾驶车辆进入环岛时，按照防御性驾驶技术要求，要放眼远方，提前观察前方环岛路况，(　　)，要留有余地，进入环岛前，提前减速。

A. 应开启右转向灯　　B. 应开启危险报警闪光灯

C. 应开启左转向灯　　D. 不用开启转向灯

(4)行车中超越右侧停放的车辆时，为预防其突然起步或开启车门，按照防御性驾驶技术要求，要留有余地，应(　　)，留出足够空间，防止碰撞。

A. 预留出横向安全距离，减速行驶

B. 保持正常速度行驶

C. 长鸣喇叭

D. 加速通过

(5)行车中，遇非机动车抢行时，按照防御性驾驶技术要求，要顾全大局，应(　　)，同时要引人注意，通过点刹方式，警示跟进后车，注意保持安全车距。

A. 鸣喇叭警告　　B. 加速通过

C. 主动减速让行　　D. 临近时突然加速

(6)行车中突然有皮球滚到路上，按照防御性驾驶技术要求，要放眼远方，应(　　)。

A. 保持原速行驶

B. 迅速绕过

C. 立即减速，随时准备停车，以防碰撞追逐的儿童

D. 从皮球上骑过

(7)行车中遇到接听手机等注意力高度集中的行人时，按照防御性驾驶技术要求，要留有余地、引人注意，应(　　)，必要时停车让行。

A. 临近时鸣喇叭　　B. 从一侧加速绕过

C. 保持常速行驶　　D. 减速、鸣喇叭提醒

(8)车辆在交叉路口有优先通行权的，遇有车辆抢行时，按照防御性驾驶技术要求，要顾全大局、留有余地，应(　　)。

A. 抢行通过

B. 提前加速通过

C. 按优先权规定正常行驶不予避让

D. 减速避让，必要时停车让行

(9)行车中遇儿童时,按照防御性驾驶技术要求,要环回视野、留有余地,应当(　　)。

A. 鸣喇叭示意　　B. 减速慢行,必要时停车避让

C. 迅速从一侧通过　　D. 加速绕行

(10)车辆在主干道上行驶,驶近主支干道交汇处时,为防止与从支路突然驶入的车辆相撞,按照防御性驾驶技术要求,要放眼远方、留有余地,应(　　)。

A. 提前减速、观察,谨慎驾驶　　B. 保持正常速度行驶

C. 鸣喇叭,迅速通过　　D. 提前加速通过

2. 判断题

(1)按照防御性驾驶技术要求,驾驶机动车进入复杂路段,要有更强的安全意识,保持360°环视能力,遇到前车正在左转弯、掉头、超车时,不得超车。(　　)

(2)按照防御性驾驶技术要求,为引人注意,夜间在窄路、窄桥与非机动车会车时可以使用远光灯。(　　)

(3)按照防御性驾驶技术要求,机动车驾驶员车内开车门时,应认真观察前后情况,在不得妨碍其他车辆和行人通行情况下,用右手缓慢打开车门。(　　)

(4)雨天对安全行车的主要影响是路面湿滑,视线受阻,按照防御性驾驶技术要求,机动车驾驶员要环回视野,眼睛要不断观察周围情况,要留有余地,保持与前车足够的行车距离。(　　)

(5)驾驶车辆汇入车流时,按照防御性驾驶技术要求,要环回视野、留有余地,应提前开启转向灯,保持直线行驶,通过后视镜观察左右情况,确认安全后汇入合流。(　　)

(6)行人参与道路交通的主要特点是行走随意性大,方向多变,按照防御性驾驶技术要求,驾驶员途经复杂路段,应有更强的安全意识,保持360°环视能力,观察相关与不相关的物件,多与行人进行眼神交流,随机应变。(　　)

(7)驾驶车辆在道路上行驶时,车速应当按照规定的速度安全行驶,防御性驾驶技术要求放眼远方,即要求驾驶员将视线提前量提高到15秒的行驶路程。(　　)

(8)在道路上跟车行驶时,跟车距离不是主要的,只要按照防御性驾驶技术要求,保持与前车相等的速度,即可防止发生追尾事故。(　　)

(9)在道路上超车时,按照防御性驾驶技术要求,只要留有余地,应尽量加大横向距离,必要时可越实线超车。(　　)

(10)按照防御性驾驶技术要求,只要驾驶员不断环回视野,在观察后方无来车的情况下,不开转向灯就变更车道也是可以的。 ( )

(11)在道路上,人的自然视力适宜步行速度,一般驾驶员的平均视线提前量为3~6秒的行驶路程,按照防御性驾驶技术要求,要放眼远方,要将驾驶员的视线提前量提高到15秒的行驶路程。 ( )

(12)在泥泞路上制动时,车轮易发生侧滑或甩尾,导致交通事故,按照防御性驾驶技术要求,进入该路段,行车要留有余地,减速慢行,尽量避免紧急制动。 ( )

(13)行车中遇儿童在路边玩耍,按照防御性驾驶技术要求,要留有余地,提前减速,谨慎驾车通过。 ( )

(14)行车中突遇对向车辆强行超车,占据自己车道时,按照防御性驾驶技术要求,可不予避让,迫使对方让路。 ( )

(15)行车中遇老人横过道路,行动缓慢,按照防御性驾驶技术要求,要引人注意,可持续鸣喇叭催促。 ( )

(16)在复杂路段行驶,按照防御性驾驶技术要求,要放眼远方,保持360°环视能力,要保证车辆始终处于便于观察的位置,在任何时候都保持适当的跟车距离。 ( )

(17)车辆通过路口时,按照防御性驾驶技术要求,要环回视野,要求眼睛不断扫视周边情况,避免注视一个物体超过2秒,防止出现视若无睹和凝视的情况发生。 ( )

(18)车辆在多车道通行遇到前方车辆出现异常时,按照防御性驾驶技术要求,要留有余地,要保持与四周车辆的安全距离,及时预测相关车辆、人员有可能做的行动,保持出现紧急情况时自己有安全行驶的出路。 ( )

(19)驾驶车辆变更车道时,按照防御性驾驶技术要求,要环回视野、留有余地,应提前开启转向灯,注意观察,保持安全距离,驶入要变更的车道。 ( )

(20)车辆在拥挤路段低速行驶时,遇其他车辆强行"加塞",按照防御性驾驶技术要求,应顾全大局,鸣喇叭警告,不得进入,确保行车安全。 ( )

单元4　车 辆 技 术

模块 10　车辆构造和日常维护

知 识 目 标

1. 知道大型客车的四大基本组成、各基本组成的功能和主要构成部件及各部件的作用；
2. 知道大客车的主动安全装置及被动安全装置的基本组成及功用；
3. 知道仪表盘各灯光符号及操控开关的含义；
4. 知道大型客车日常维护的主要内容。

能 力 目 标

1. 能根据大客车的铭牌描述车辆的相关信息；
2. 能运用大客车的性能评价标准对大客车性能进行评价；
3. 能正确操作各操纵机构及电气操控开关；
4. 能对大客车进行日常维护，保持大客车处于良好运行状态。

案 例 导 入

2012 年 8 月 31 日，驾驶员郭×驾驶一辆从灵宝市出发的中型客车，行驶至连霍高速三门峡市境内 784 千米 +480 米处，车辆在制动时因制动系统故障向左跑偏，撞向道路左侧中央隔离墙，随后又冲破道路右侧防护栏，坠入 20 米深沟内，造成 11 人死亡、14 人受伤。在后续的事故调查中发现，该肇事客车制动鼓磨损严重，右前制动气室膜片老化、开裂并漏气，制动系统故障未能被及时发现并消除，是造成本起事故的主要原因。

知 识 储 备

1　大客车的总体结构

1.1　大客车的定义

按《营运客车类型划分及等级评定》(JT/T 325—2018)标准，营运客车分为客车及乘用车两类,按车身长度分为特大型客车、大型客车、中型客车和小型客车四种。其中这里的大客车是指车长大于9米用于营业性旅客运输的汽车,即包括大型客车和特大型客车。

1.2 大客车的基本构造

各类汽车基本上都是由发动机、底盘、车身和电气设备组成。

(1)发动机。

发动机是汽车的心脏,是汽车的动力源。其功能是将燃料燃烧的热能转变为机械能,对外输出动力,主要由曲柄连杆机构、配气机构、燃料供给系统、起动系统、冷却系统、润滑系统及电子控制系组成。作为跑长途的大型客车目前主要以柴油为燃料,因而为柴油发动机(图10-1)。

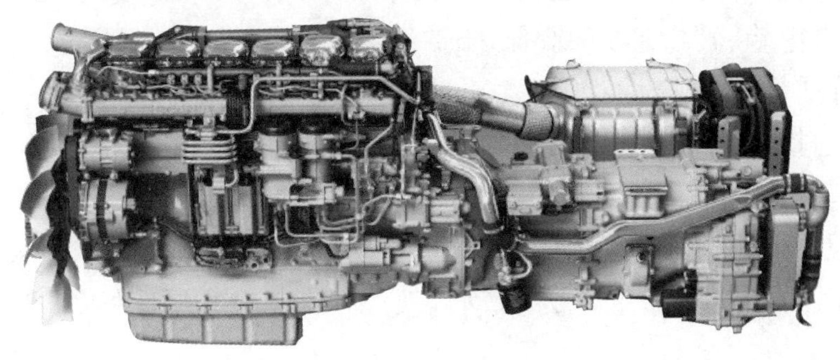

图10-1 大客车柴油发动机

(2)底盘。

底盘(图10-2)是汽车的骨架,是汽车的基础。其功能是接受发动机的动力,使汽车得以正常行驶,主要由传动系统、行驶系统、转向系统及制动系统组成。

(3)车身。

车身是汽车的外衣(图10-3),是汽车的外壳。大客车车身一般采用整体封闭式车身,其功能是用以乘坐驾驶员及旅客或安装底盘的所有构件并将汽车构成一整体且承受相应的力和力矩。

图10-2 大客车底盘

图10-3 大客车车身

(4)电气设备。

电气设备是汽车的血液,主要由电源、用电设备及配电装置三部分组成。

1.3 大客车的主要性能指标

大客车的主要性能指标包括客观方面和主观方面两部分。

(1)客观方面的性能指标。

客观方面的性能指标主要为动力性指标(最高车速、加速时间、最大爬坡度)、经济性指标(百千米油耗)、排放性指标(排放标准有欧洲、美国、日本标准体系,我国参照欧洲标准)、制动性指标(制动效能、制动效能稳定性、制动时方向稳定性)、操纵稳定性指标(转向灵敏度、转向轻便性、最小转弯半径、回正性、直线行驶能力、转向可靠性)、通过性指标(最小离地间隙、接近角、离去角、最小转弯半径和内轮差、转弯通道圆、附着质量、附着系数及车辆接地比压)、平顺性指标(乘坐舒适性)、安全性指标(主动安全性、被动安全性、信息安全性、其他安全性)、可靠性指标(平均首次故障里程、平均故障间隔里程、当量故障率等)、载客量(最大座位数)和行李舱容积等。

(2)主观方面的性能指标。

主观方面的性能指标主要为车辆外观、制造工艺、售后服务、使用成本和品牌价值。

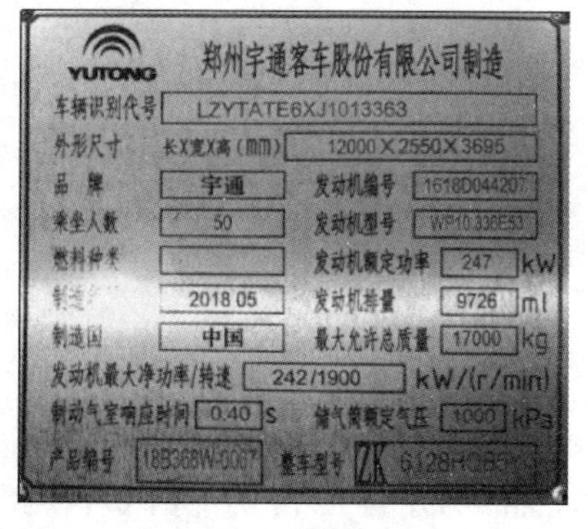

图 10-4 车辆铭牌

1.4 大客车的铭牌

大客车的铭牌,主要体现车辆信息,一般置于车辆前部易于观察处。宇通客车一般安装在车厢内前门踏步后墙板上,包含有厂牌,型号,发动机功率,总质量,载客人数,VIN 代号,产品编号,出厂年、月、日等车辆识别信息。

(1)宇通大客车的车辆铭牌示例,如图 10-4 所示。

(2)车辆识别代号(VIN)。

车辆识别代号(VIN)是制造厂为了识别车辆而给每一辆车指定的一组字码。该号码的生成有着特定的规律,共有 17 位,每一号码对应一辆车,并能保证 50 年内在全世界范围内不重复出现。因此也称为“汽车身份证”。

车辆识别代号主要由三部分组成:第一部分(前面三位),世界制造厂识别代号(WMI),主要包括地理区域、国别、制造厂;第二部分(第四至第九位),车辆说明部分(VDS),主要说明车辆的一般特性;第三部分(最后八位),车辆指示部分(VIS),主要包括车型的年款代码、装配厂及生产顺序号,如图10-5所示,为车辆VIN码图。

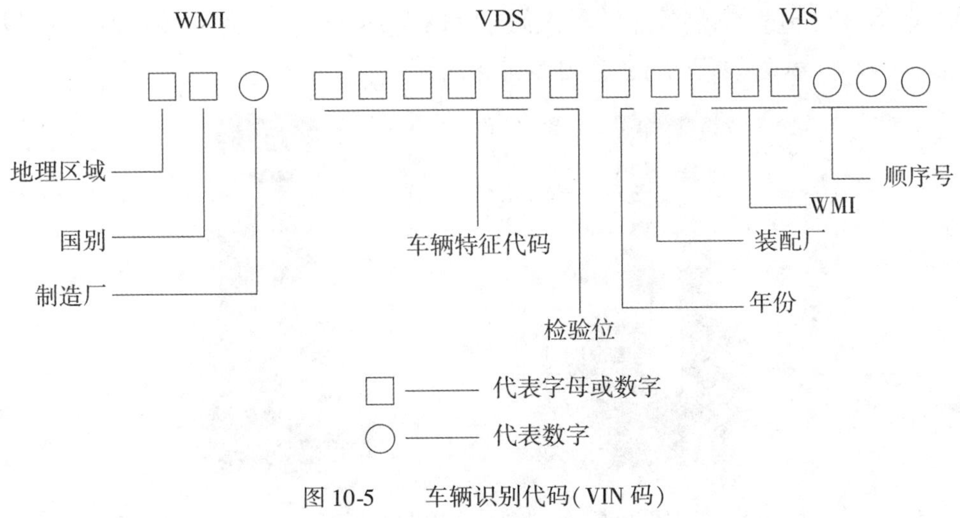

图10-5 车辆识别代码(VIN码)

2 大客车发动机的结构原理及日常使用注意事项

2.1 大客车发动机总体构造

2.1.1 发动机基本结构

长途客运车的发动机主要采用柴油发动机。柴油发动机的基本结构包括两大机构五大系统,如图10-6所示,为柴油发动机基本结构图。主要包括曲柄连杆机构、配气机构、燃料供给系统、电子控制系统、冷却系统、润滑系统及起动系统。

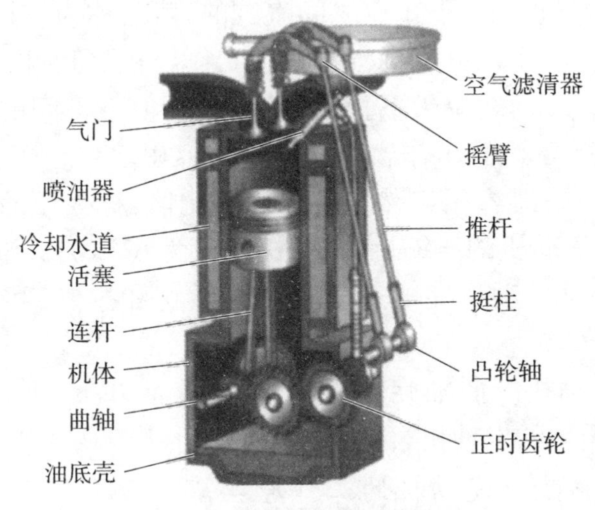

图10-6 柴油发动机基本结构图

2.1.2 四冲程发动机的常用专业术语

发动机的常用专业术语主要有上止点、下止点、活塞行程、曲柄半径、汽缸工作容积、发动机排量、燃烧室容积、汽缸总容积、压缩比、工作循环、四行程发动机等,如图 10-7 所示为发动机的常用专业术语图。

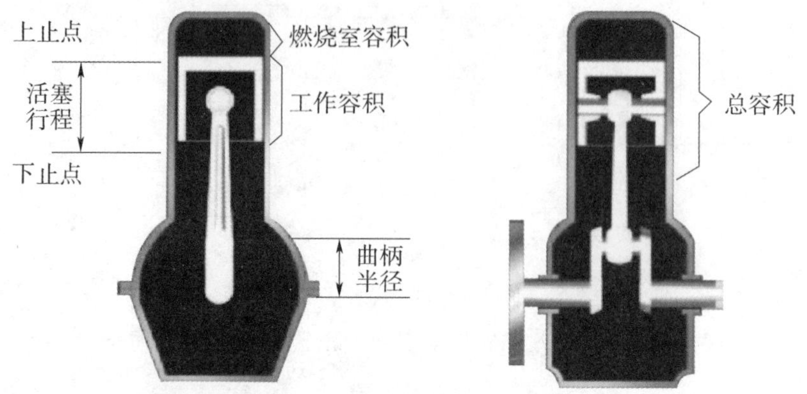

图 10-7 发动机的常用专业术语图

(1)上止点。活塞顶部距离曲轴旋转中心线的最远位置,称为上止点。

(2)下止点。活塞顶部距离曲轴旋转中心线的最近位置,称为下止点。

(3)活塞行程。上、下止点间的距离叫活塞行程。四行程发动机的活塞从上(下)止点到下(上)止点每移动 1 次称为 1 个行程,且每移动 1 个行程,曲轴必须旋转半周(180°)。

(4)曲柄半径。曲轴旋转中心到曲柄销中心之间的距离。

(5)燃烧室容积。活塞位于上止点时,活塞顶上方空间的容积,称为燃烧室容积。

(6)汽缸工作容积。上、下止点之间汽缸的容积,称为汽缸工作容积。

(7)发动机排量。多汽缸发动机各汽缸工作容积之和,称为发动机排量。

(8)汽缸总容积。活塞位于下止点时,活塞顶上方空间的容积,称为汽缸总容积。汽缸总容积等于汽缸工作容积与燃烧室容积之和。

(9)压缩比。汽缸总容积与燃烧室容积的比值,称为压缩比,压缩比表示气体被压缩的程度。发动机的压缩比,汽油机一般为 6 ~ 10,柴油机为 16 ~ 22。

(10)工作循环。发动机完成进气、压缩、做功和排气四个行程叫一个工作循环。

(11)四行程发动机。曲轴旋转两周(720°),活塞上、下往复运动四个行程内,完成一个工作循环的发动机,称为四行程发动机。

2.1.3 四冲程柴油发动机的工作原理

四冲程柴油发动机的工作是由进气、压缩、燃烧膨胀做功和排气四个过程来完成的,这四个过程构成了一个工作循环。

在四冲程柴油发动机的四个行程中,只有第三行程即工作冲程才产生动力对外做功,而其余三个行程都是消耗功的准备过程。为此在柴油机上必须安装飞轮,利用飞轮的转动惯性,使曲轴在四个行程中连续而均匀地运转。

2.2 大客车柴油发动机的燃料供给系统

柴油发动机的燃料供给系统由柴油供给系统、空气供给系统、混合气形成装置及废气排出装置四部分组成。

2.2.1 柴油供给系统

(1)电控高压共轨系统。

2008 年 7 月 1 日,我国车用柴油机开始执行国Ⅲ排放标准,传统柴油机必须加装电控系统,才有望达到排放标准的要求。目前,车用柴油机大部分安装了电控高压共轨系统,其中,采用 Bosch 共轨系统所占比例很大。宇通大客车装有的 WP10.336E53 柴油发动机采用的就是电控高压共轨系统。利用一个高压油泵,以一定的速比连续将高压燃油输送到共轨管内,高压燃油再由共轨送入各缸喷油器,ECU 直接控制喷油器内的高速电磁阀,实现燃油定时、定量喷射。电控高压共轨系统如图 10-8 所示。

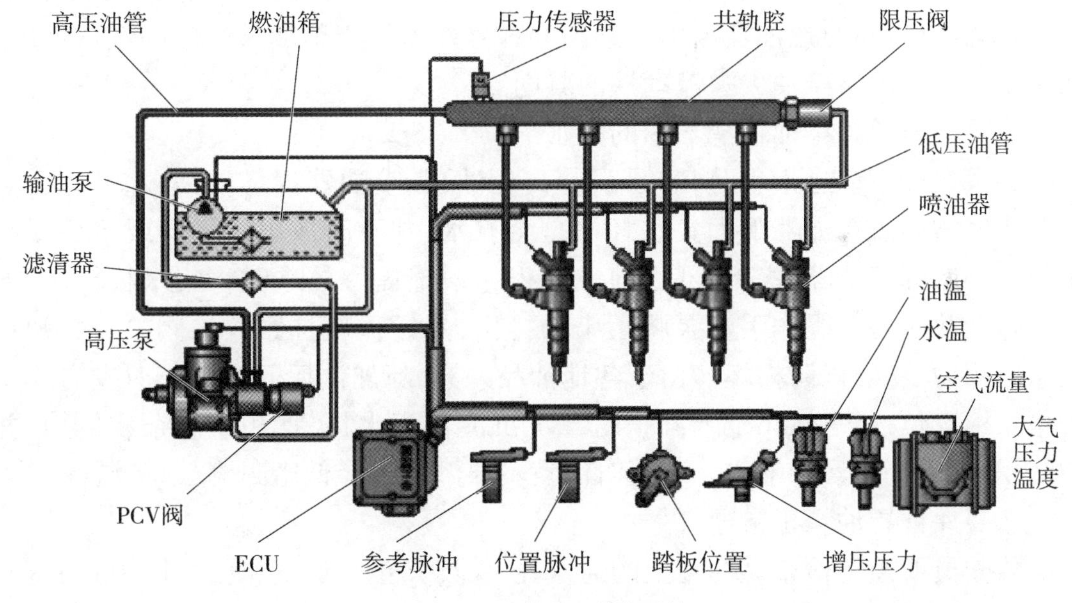

图 10-8 电控高压共轨系统

(2)柴油供给系统的日常使用注意事项。

①要保证加注柴油的品质。

电控柴油发动机采用共轨喷射系统更加容易实现一个汽缸工作过程中的多

次喷注，喷油压力可达 160～220MPa，喷油量及喷油正时更加精准，可实现降低排放的要求。但是对燃料中的杂质、水含量及硫含量要求高，因此必须加注符合要求的柴油。具体来说，就是搭载国Ⅳ（或欧Ⅳ）柴油发动机的车辆应使用满足国Ⅳ（或欧Ⅳ）标准的柴油，搭载国Ⅴ（或欧Ⅴ）柴油发动机的车辆应使用满足国Ⅴ（或欧Ⅴ）标准的柴油，搭载其他排放的柴油发动机的车辆，应使用对应排放标准的柴油。国产大客车如宇通要求添加正规国Ⅴ标准的燃油。否则会对发动机造成不可挽回的损害，不但会增加颗粒排放，无法满足排放要求，对于国Ⅳ以上排放，使用 EGR 系统的发动机，还会引起严重的结胶、积炭，增加管路阻力和影响 EGR 冷却器效率。

特别强调的是，在柴油的所有指标中，含硫量是最主要和对喷油系统影响最大的一个指标。

柴油的添加必须小心操作，首先加油前车辆应熄火，钥匙保持在“OFF”挡。然后打开油箱舱门上的加油小口，再旋开油箱盖，把加油枪插入加油口时，注意不要损坏滤网，加油结束后一定要拧上油箱盖，关闭油箱舱门上的加油小口。

注意：切勿将汽油、酒精与柴油混合，这种混合物会引起爆炸；应立即去掉溢出到汽车车身上的燃油，否则会有车身漆面损坏的危险；切不可行驶到油箱完全没油状态，接近没油时，供油不规律，会导致发动机缺火；加油时油箱不要加得过满，否则温度升高时燃油会溢出。柴油的牌号并不是指柴油所适应的气候温度，而是指在某温度下柴油失去流动性的凝固点。

②要及时放掉柴油粗滤器中的集水。

如果燃油系统进入水分，容易引起高压油泵、喷油器损坏或失效。因此，驾驶员应经常检查粗滤器下面集水杯中是否有水，并及时放出。每周或至少应在水位达到燃油滤清器滤芯底部之前或在报警系统提醒放水时将集水杯放水，方法是打开放水阀并操作手油泵将污染物排出，然后重新拧紧放水阀。开关塑料放水阀用力要轻，以防损坏。由于各地油品差异，新加油后开车 2 小时左右应检查集水标水位。每 4000 千米维护时拿下沉淀器积水杯，把积水和杂质倒掉，并清洗积水杯、外罩及扩散锥。装复时注意不要漏装或装偏密封圈，以免漏油。

③要保证燃油箱正常通气。

驾驶员要经常检查燃油箱上的通气孔，保证其正常通气，通气孔一旦堵塞会造成输油泵泵油效率降低。

④要及时给柴油供给系统排气。

新柴油机、长期停用的柴油机或由于柴油箱吸空、管路漏气，可能会在柴油机低压油路中混有空气，导致柴油机起动困难，起动前需要进行手动排气，方法如下：

a. 排气前要保证油箱中有足够的柴油；

b. 松开手油泵上的放气螺栓；

c. 按动手油泵直到放气螺栓无气泡冒出；

d. 拧紧放气螺栓，起动柴油机。

注意：松开或拧紧放气螺栓时切勿用力过猛，以防损坏；另外不要在低压油路排气前一直用起动机强行带动柴油机起动，否则会损害电气系统，甚至烧坏启动电机；在燃油表指针到达红线警示时必须加油，否则油路容易进气。

2.2.2 空气供给系统

柴油发动机的空气供给系统主要由空气滤清器、空气流量计（进气压力传感器）、中冷器、进气管、增压压力装置等组成。

（1）废气涡轮增压器结构原理。

现在柴油发动机一般都安装废气涡轮增压器，结构原理如图 10-9 所示。通过发动机排放的废气推动涡轮叶片转动，再由涡轮叶片带动共用一轴的压气机叶片转动，由于压气机叶片是布置在发动机进气歧管，当涡轮叶片带动压气机叶片高速转动时，将会使发动机的压力升高，汽缸内的空气密度加大，从而使发动机的进气量增多，此时即意味着可多喷柴油到汽缸内进行燃烧，从而达到增加发动机功率的目的。同时由于发动机进气压力升高，可使发动机的混合气压力升高，使燃烧更加完全，从而大大降低发动机排放烟度值，达到减少环境污染的目的。为了改善带增压器发动机低转速时的动力性能，通常都装用高转速的废气涡轮增压器（最高转速可达十几万转/分钟），为避免发动机高速时带来过高的进气压力和流量，而导致汽缸爆发压力过高，油耗上升，增压器超速，一般都在增压器上装设旁通阀，由增压器的压气机压力控制旁通阀的开启。当压力超过规定值时，通过调节器动杆开启旁通阀，将汽缸废气从旁通阀直接排到消声器。废气涡轮增压器的工作温度一般在 600 ~ 900℃，涡轮转速通常在 20000 转/分钟，增压值在 2bar 左右，涡轮轴用机油润滑，大部分使用水冷散热。

（2）带废气涡轮增压器的车辆日常使用注意事项。

废气涡轮增压器的设计使用寿命一般为 120 万千米。若损坏则起不到增压效果，将会使发动机功率大幅下降（约下降 30%）。因而在使用中要注意：

①涡轮增压车辆存在涡轮迟滞现象，在操作车辆中尽量轻柔加速，避免急加速。

②刚起动时要预热。在发动机刚起动时，必须有一定的预热过程，等机油压力和冷却液温度达到一定的要求，以保证发动机和废气涡轮增压器有良好的润

滑保障。如果发动机起动后就高速大负荷运转,很容易由于机油黏度大、润滑性能不良和润滑油尚未完全供应到各润滑部位,造成发动机和废气涡轮增压器各摩擦部位润滑不良,甚至短时间内处于干磨状态,导致废气涡轮增压器和发动机异常磨损。

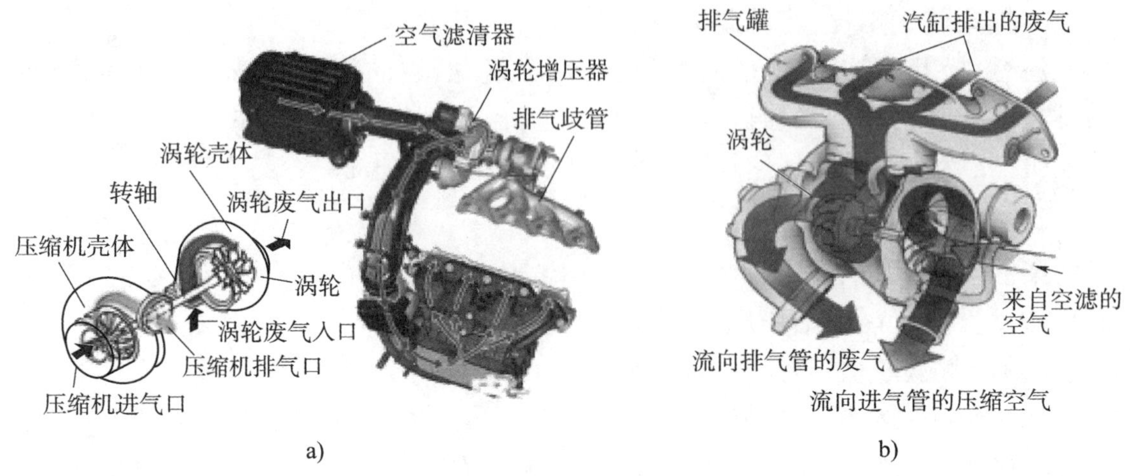

图 10-9　废气涡轮增压器结构原理

③按发动机说明书的要求使用润滑油。废气涡轮增压器也是使用发动机的润滑油来润滑,而废气涡轮增压器的转速是发动机转速的几十倍,而且安装在温度很高的排气管上,以上这些因素都对发动机润滑油提出了比较苛刻的性能要求。因而带废气涡轮增压器的发动机不能使用适用于普通非废气涡轮增压器发动机的润滑油,必须按发动机说明书的要求使用润滑油,否则就容易出现由于润滑油使用不当而导致浮动轴承非正常磨损的恶果。

④在行驶后应使发动机在怠速下运转约 1 分钟,然后再将发动机熄火,以免涡轮增压器受损。若行驶后立刻熄火容易导致增压器散热不良,造成该部位润滑油结焦变质,加速轴承磨损。在发动机运转速度很高的情况下突然熄火,也容易导致由于发动机机油泵不工作不能给废气涡轮增压器提供润滑油,而废气涡轮增压器的转速很高,停止转动需要一定的时间,容易导致废气涡轮增压器在比较长的时间内处于干磨状态,而加速了轴承的磨损。

(3)中冷器。

中冷器的功用是降低发动机的进气温度。中冷器的结构及工作时空气流程结构如图 10-10 所示。

中冷箱位于车后侧散热器组的最外面,是网格式铝质导热散热箱,由于涡轮增压器的工作温度在 600～900℃,经过增压的空气温度大幅度升高,气密度变低,所以必须要由中冷箱来降低压缩后空气的温度,提升气密度,增加功率输出。

在日常使用中要注意清洁中冷箱的网格,铝片网格非常脆弱,不得用高压水枪冲射,吸附有杂物或是蚊虫时要小心清理干净。日常检查中还要注意进气及出气接头是否会漏风,定期坚固接头。

a)中冷器的结构

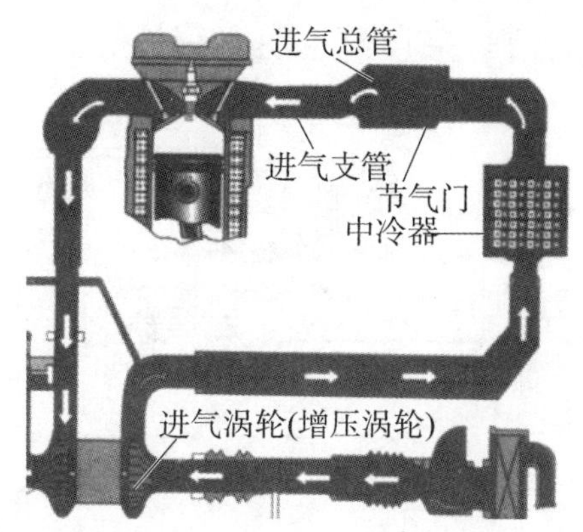

b)中冷器工作时的空气流程结构图

图 10-10　中冷器的结构及工作时的空气流程结构图

2.2.3　混合气形成装置

柴油发动机的混合气形成于燃烧室。

2.2.4　废气排出装置

柴油发动机的废气排出装置主要由排气管、排气消声器以及尾气净化装置等组成。现代大客车采用的尾气净化装置主要有废气再循环(EGR)、柴油机氧化催化器(DOC)、微粒氧化催化器(POC)、柴油机微粒捕集技术(DPF)以及选择性催化还原系统(SCR)。这里主要介绍采用电子控制的废气再循环(EGR)系统及选择性催化还原系统(SCR)。

(1)废气再循环(EGR)系统。

柴油发动机燃烧后废气中的主要含量为氮氧化合物(NO_x),废气温度越高,氮氧化合物的浓度越高,为了减轻氮氧化合物的浓度,将燃烧后的废气按照发动机的工况配比后重新进入汽缸,加入新鲜空气中共同燃烧,这就是废气再循环(EGR)。目的是降低排气温度,降低废气中的氮氧化合物浓度,减轻排气后处理的压力,降低环境污染。

①废气再循环(EGR)系统结构组成。

废气再循环(EGR)系统结构组成如图 10-11 所示。主要元件是 EGR 阀,见下图废气再循环 EGR 阀。安装在排气歧管上,其作用是独立地对再循环到发动机的废气量进行准确控制。

②废气再循环(EGR)系统工作过程。

EGR 阀的开与关由发动机电子控制单元(ECU)进行控制。当汽车怠速或还没有达到工作温度时，EGR 阀关闭，没有尾气进入燃烧室；当发动机进入正常工作温度，转速达到设定值时，EGR 阀打开，一定比例的废气随进气进入燃烧室。ECU 根据发动机冷却液温度传感器、节气门位置传感器和空气流量传感器等输入的信号来控制 EGR 系统。

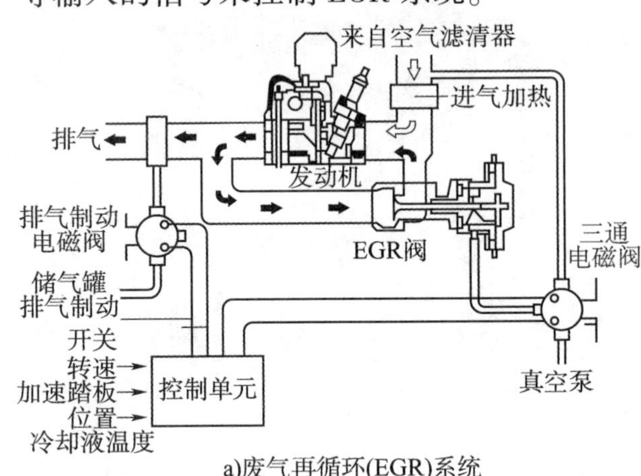

a)废气再循环(EGR)系统

b)废气再循环（EGR）阀

图 10-11　废气再循环（EGR）系统结构组成

③带废气再循环（EGR）系统车辆日常使用注意事项。

EGR 系统中从排气歧管经 EGR 阀后进入冷却水套，废气经过冷却后再进入进气歧管，废气对冷却水套影响极大，特别是含硫量高的柴油燃烧后的废气对水套的腐蚀严重，所以要严格遵守车辆规范中对油品的要求，不能加注含硫量超标的柴油，否则容易腐蚀水套，造成漏水和水温过高。在驾驶车辆时，尽量避免急加速，应该保持发动机工作平顺，避免发动机工况的激烈改变。

（2）选择性催化还原系统（SCR）。

选择性催化还原技术（SCR）是针对柴油车尾气排放中 NO_x 的一项处理工艺，即在催化剂的作用下，喷入还原剂氨或尿素，把尾气中的 NO_x 还原成 N_2 和 H_2O。催化剂有贵金属和非贵金属两类。该技术被广泛应用于柴油机尾气后处理，通过优化喷油和燃烧过程，尽量在机内控制微粒 PM 的产生，而后在机外处理富氧条件下形成的氮氧化物，及时用车用尿素（车用尿素在一定温度下分解生成氨）对氮氧化物（NO_x）进行选择性催化还原，从而达到既节能又减排的目的。该项技术是欧洲主流技术路线，欧洲长途载货车和大型客车几乎全部采用这一技术。利用化学反应的原理，在发动机后端排气管中按照发动机工况喷注配比的尿素液体，可以降低最高 90% 的氮氧化合物，将其转化为水蒸气。

国Ⅳ柴油发动机尾气净化装置采用的技术路线有 EGR + DPF，EGR + DOC/

POC 以及 SCR。MAN 车的发动机欧Ⅳ之后的全部采用 EGR 系统配合高压共轨喷油系统来达到环保要求;SCANIA 车欧Ⅳ的亦采用 EGR 系统;欧Ⅴ的基本不用 EGR 系统,采用低压共轨喷油系统加 SCR 选择性还原系统来达到环保要求;欧Ⅵ开始又使用 EGR + SCR 系统来满足环保要求。

①SCR 系统组成。

SCR 系统由催化消声器(催化器)、计量喷射单元(喷射泵)、尿素(添蓝)罐、尿素加热装置、电控装置及相应管路和线束组成,具体如图 10-12 所示。

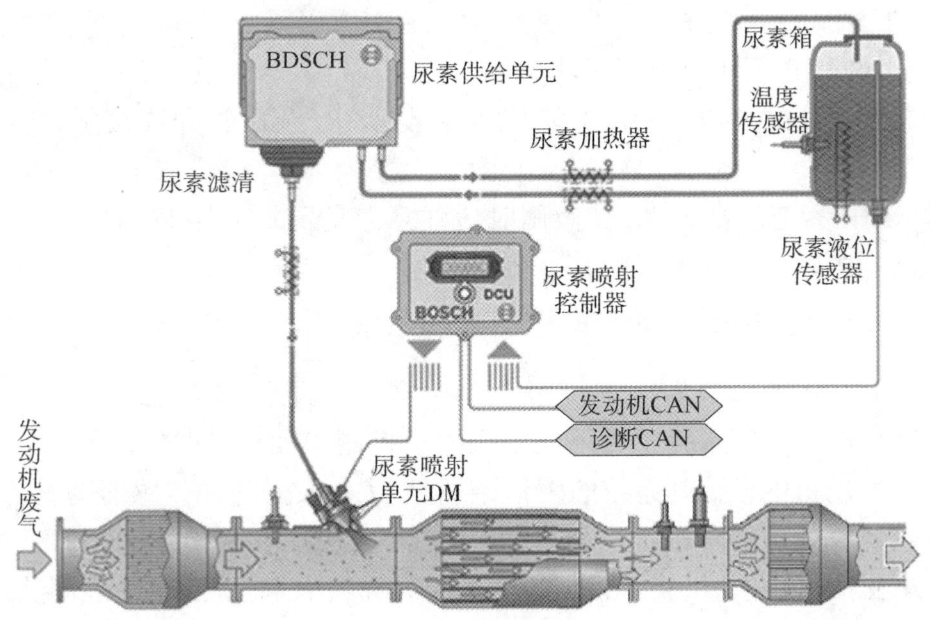

图 10-12 SCR 系统组成

②SCR 系统工作过程。

尾气从涡轮出来后进入排气混合管,在混合管上安装有尿素计量喷射装置,喷入尿素水溶液,尿素(添蓝)在排气管混合区遇高温分解成氨气(NH_3)和水,与排气充分混合后进入 SCR 催化消声器。在 SCR 系统催化剂表面利用 NH_3 还原 NO_x,排出 N_2,多余的 NH_3 也被氧化为 N_2,排到大气中。

③带 SCR 尿素系统车辆日常使用注意事项。

在驾驶安装有 SCR 系统的车辆时,要留意尿素存量,一般情况下,尿素的使用量为柴油的 2% ~7%,消耗 100L 燃油的同时会消耗 5L 液体尿素水溶液。必须加注符合车辆技术规范要求的尿素溶液,使用质量没有保证的尿素可能引起催化器中毒、喷嘴堵塞、尿素结晶堵塞排气管的故障。带 SCR 尿素系统车辆日常使用注意事项如下:

a. 禁止柴油机在无尿素液的情况下工作。

b. 加注尿素溶液量不超过尿素罐体上最高液位刻度线，加注尿素溶液量一般以尿素罐总容积的 80% 为宜，避免加注过多，低温环境下尿素溶液冻结膨胀撑破装载容器。

c. 当仪表液晶显示屏上提示“尿素液位低”时，请添加尿素，否则当液晶屏上显示“尿素液位低”时，MIL 灯会闪烁，同时发动机将进入降扭模式，导致车辆无法正常使用，必要时请在车上适当储备尿素溶液以备急用。

d. 每半年对尿素罐进行一次清洗维护。清理干净尿素箱内沉淀的污染物、油脂，拆下尿素箱滤网进行清洗。尿素罐、SCR 催化器、计量喷射泵、喷嘴、尿素管路等更换时，必须使用原厂配件。

e. 尿素溶液的存放、使用过程中，避免与灰尘、杂质等异物接触，防止受到污染。

f. 车用尿素有轻微碱性，在使用时应注意避免溅洒到眼睛和皮肤上。如不小心溅洒到眼睛或皮肤上，请马上用清水冲洗。

2.3 大客车柴油发动机的电子控制系统

2.3.1 柴油发动机电子控制系统的组成及工作原理

发动机电子控制系统主要由发动机电子控制单元（ECU）、传感器及执行元件组成。发动机电子控制系统的工作原理是 ECU 根据各种传感器的输入信号，经过比较计算处理后向相应执行器发出指令，以实现各种功能的控制。如控制喷油器电磁阀，使发动机获得最佳的喷油时间和喷油量，从而精确控制柴油发动机的工作过程。

2.3.2 柴油发动机电子控制系统的控制功能

不同车型发动机电子控制系统的控制功能有所差异。其中最基本的控制功能就是控制柴油的供给，另外还有废气再循环、后排气净化控制等。如 MAN 车发动机电子控制系统的控制功能主要有：

（1）油量定位点设置、燃油计量。

（2）油压控制（通过高压泵进行）。

（3）油压释放（跛行模式功能）。

（4）怠速控制。

（5）最高速度控制、排烟和扭矩限制。

（6）自适应分段汽缸扭矩控制。

（7）汽缸关闭。

（8）废气再循环。

(9)空气系统/废气再处理装置。

(10)废气温度与废气管理。

(11)涡轮增压控制(排气泄压阀控制)。

(12)信号采集和运行变量计算。

(13)诊断与监控功能。

(14)OBD 功能。

2.3.3 柴油供给的电子控制

现代电控喷油技术实现的手段主要有电控泵喷嘴、电控单体泵以及电控共轨系统,如图 10-13 所示。

a)电控泵喷嘴(UIS) b)电控单体泵 c)共轨系统(CRS)

图 10-13 柴油发动机电子控制喷油方式

电控泵喷嘴(UIS):在泵喷嘴系统中,喷油泵和喷油嘴组成一个单元。每个发动机汽缸都在其缸盖上装有这样一个单元,通过摇臂或者推杆来驱动。

电控单体泵(UPS):系统工作方式跟泵喷嘴相同,它是一种模块式结构的高压喷射系统。与泵喷嘴系统不同的是,其喷油嘴和喷油泵用一根较短的喷射油管连接,单体泵系统中每个汽缸都设置一个单柱塞喷油泵,由发动机的凸轮轴驱动。

共轨系统(CRS):在共轨系统中,ECU 通过接收各传感器的信号,借助于喷油器上的电磁阀,让柴油以正确的喷油压力在正确的喷油点喷射出正确的喷油量,保证柴油机最佳的燃烧比、雾化和最佳的点火时间,以及良好的经济性和最少的污染排放。

2.3.4 电控柴油发动机的自诊断功能

(1)潍柴 WP7/WP5/WP6 系列电控发动机自诊断功能。

旋转钥匙至“on”挡,发动机的五个指示灯全部点亮,然后按照一定的顺序一个接一个熄灭,说明发动机各项连线正常。如果有个别故障存在,有个别灯将不熄灭,不同程度的故障会亮不同颜色的灯。在仪表盘上有以下四个指示灯,释义如下:

①红色:故障指示灯。当电控发动机有严重故障时,此灯点亮。此灯亮时,必须停车熄火,排除故障后,方可起动发动机。

②黄色:警告指示灯。当电控发动机有轻微故障或操作不正常时,此灯点亮,请停车检查,或到附近的维修服务站检查,以排除故障。

③绿色:等待指示灯。当该灯点亮时,说明发动机自动预热系统在工作,须等待,该灯熄灭后,方可进行正常起动。

④燃油积水指示灯。当该灯点亮时,说明燃油粗滤器中存水过多,须手动将水放掉,并对燃油粗滤器进行定期维护。

(2)玉柴电控发动机自诊断功能。

①旋转钥匙至"on"挡,发动机无故障的情况下,故障指示灯微亮或不亮;如果发动机存在故障,发动机故障指示灯为强亮。

②旋转钥匙至"on"挡,不要起动发动机,"按下—松开"诊断请求开关即可激活故障闪码,这样就进入了故障诊断模式。进入诊断模式后,电控单元就会把当前存在的故障通过故障指示灯闪烁来输出,供维修人员识别读取。

③在进入故障模式后,故障指示灯会自动连续地闪烁输出故障码,直到把当前的故障码都输出完毕为止。当所有的故障码都输出一遍后,如果要进行再一次读取,重复上面步骤即可。

2.4 大客车柴油发动机的冷却系统

2.4.1 冷却系统的功用

冷却系统的功用是将发动机受热零件吸收的部分热量及时散发出去,保证发动机在最适宜的温度状态下工作。发动机最适宜的冷却液温度为85~95℃。

2.4.2 冷却系统的基本组成

大客车四冲程柴油发动机采用水冷却,主要由水泵、散热器、冷却风扇、节温器、连接水管、膨胀水箱、发动机机体和汽缸盖中的水套、放水阀及其他附属装置等组成。MAN车的冷却系统基本组成如图10-14a)所示,相应部件在实车上的位置如图10-14b)所示。

发动机既怕热也怕冷,研究表明,发动机发挥最佳效率的冷却水温度是90℃,只有在最佳温度运转才最省油。为了保证发动机工作的最佳温度,宇通给它安装了一个变频"空调",温度越高,风扇的运转速度越大,从而让发动机长期保持在最佳温度附近。宇通公司的这套发动机冷却系统称为发动机智能节能冷却系统(ATS),也称为发动机热管理系统,主要包括控制器、冷却模块和冷却风扇。图10-15所示为宇通客车柴油发动机的智能冷却系统组成。

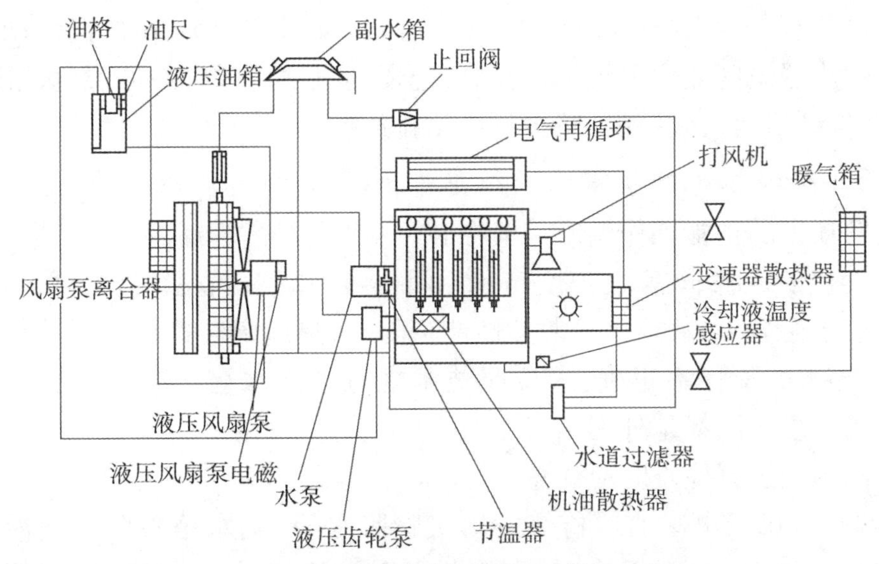

a)MAN车冷却系统组成图

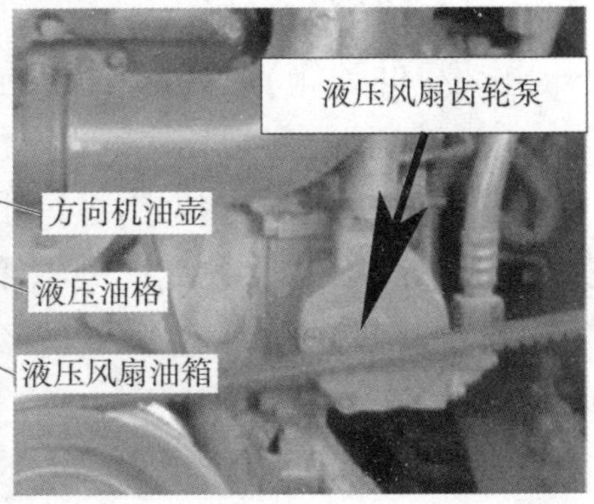

b)柴油发动机的智能节能冷却系统(ATS)

图 10-14 MAN 车的冷却系统

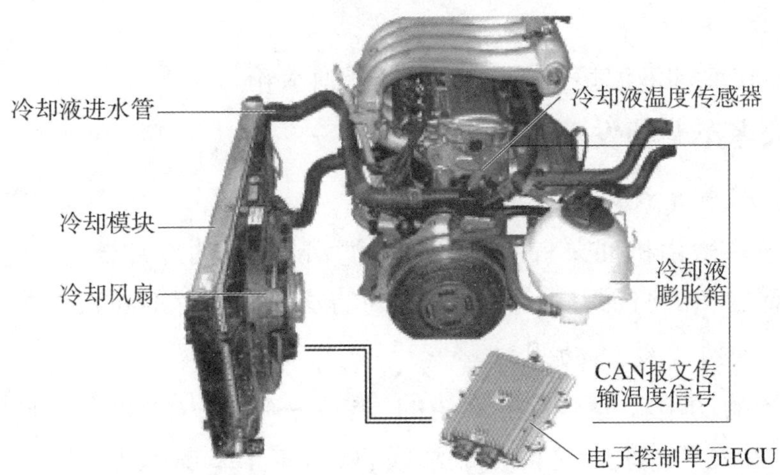

图 10-15 宇通客车柴油发动机的智能冷却系统组成图

发动机智能冷却系统(ATS)的工作原理:冷却风扇由ECU根据发动机冷却液温度及中冷器温度变化无级调速控制,使发动机工作在合适的温度范围之内,降低油耗,发动机运行效率高,减少污染物排放。

2.4.3 冷却系统的日常检查注意事项

柴油发动机的正常工作温度一般在80~90℃,最高不能超过90℃,如果"开锅",对发动机的危害非常大,温度高其原因一般为缺水,节温器、水泵不工作,发动机内水道水垢多等,散热水箱散热性能下降、散热风扇转速控制失效也是其原因之一,水箱水的配比不正确,未按照技术规范加注水箱水亦会引起水温不正常。以上的诸多原因都是外因。

对冷却系统进行检查时应注意:

(1)驾驶员每天出车前应检查发动机膨胀水箱(副水箱)、防冻液液面及管路连接情况,应安装牢固,无渗漏,水箱盖齐全有效,通气孔畅通,连接管路无裂损、老化,各接口密封良好,防冻液高度应位于上下线之间;检查油箱液位(风扇用液压电动机的油箱)是否在油箱的最高位和最低位(分别带"MAX"和"MIN"标志)之间,液压油泵、液压电动机及管路安装有无漏油及其他异常现象。

(2)副水箱少量缺水的情况下可以加注蒸馏水,不得加注矿泉水或自来水;大量缺水的情况下要加注配比的水箱水;水箱水原液浓度不得超过35%。

(3)行车中注意冷却液温度变化情况,记录冷却液温度变化趋势,协助做好冷却液温度高的原因分析。

(4)遇到冷却液温度高的情况不要马上熄火,检查是否会呕水,副水箱是否会冒泡。

(5)当冷却液温度过高时,请检查水泵皮带张紧度、风扇皮带张紧度及节温器。

(6)不要在冷却液温度高的情况下打开副水箱盖。

2.5 大客车柴油发动机的润滑系统

2.5.1 润滑系统的基本组成

润滑系统一般由机油泵、油底壳、机油滤清器、机油冷却器、溢流阀、安全阀、机油压力传感器和机油压力表等组成(不同的发动机略有不同),如图10-16所示。

2.5.2 润滑系统的功用

润滑系统的功用就是不断将清洁的、具有一定压力的润滑油输送到各零件的摩擦表面,并在摩擦表面之间形成油膜,从而减小摩擦阻力、降低功率消耗、减轻机件磨损,以达到提高发动机工作可靠性和耐久性的目的。

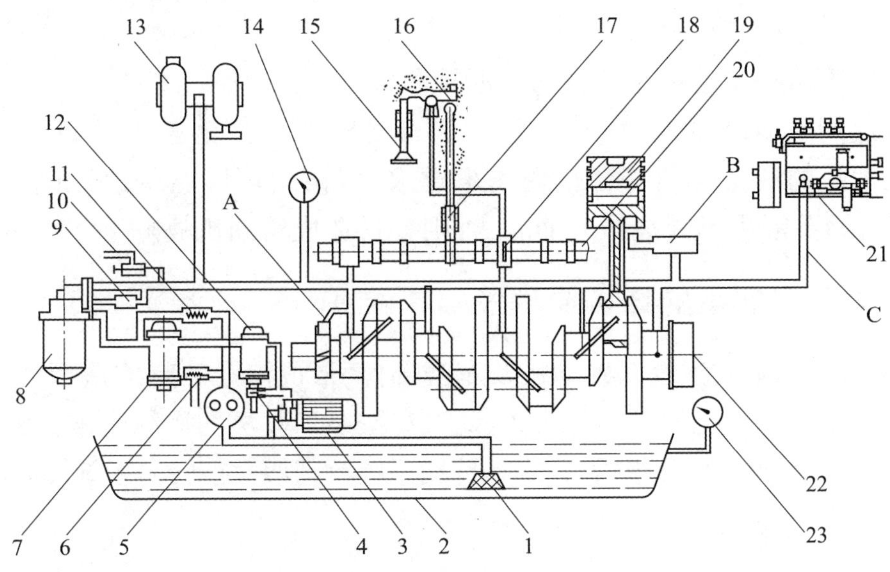

图 10-16　润滑系统的组成

1-集滤器;2-油底壳;3-预供泵;4-预供泵安全阀;5-机带泵;6-机带泵安全阀;7-冷却器;8-过滤器;9-旁通阀;10-调压阀;11-调温阀;12-加热器;13-增压器;14-油压表;15-气门;16-摇臂;17-挺柱;18-脉动油槽;19-活塞;20-凸轮轴;21-喷油泵;22-曲轴;23-油温表;A-至齿轮室;B-至活塞冷却喷嘴;C-至喷油泵

2.5.3　润滑系统的冷却方式

润滑系统的冷却方式有压力式润滑和飞溅式润滑。

(1)压力式润滑。

压力式润滑是指安装于油底壳的机械式机油泵提供压力油,通过发动机内的各组油道输送到曲轴主轴承、连杆轴承、活塞、凸轮轴轴承、凸轮、涡轮增压器等各运动零件表面进行润滑的润滑方式。承受负荷较大、相对运动速度较高的摩擦表面需用压力润滑,需要有一定压力的机油才能保证这些部位的摩擦表面形成足够厚度的油膜。

(2)飞溅式润滑。

飞溅式润滑是指由曲轴主轴承和连杆轴承间隙中挤出的机油激溅到摩擦表面进行润滑或利用连杆大端在工作过程中转动击打油底壳的机油,使机油飞溅,形成油滴或油雾,落到摩擦零件表面进行润滑的润滑方式。适用于负荷较小的摩擦部位,如汽缸壁套、配气机构的凸轮、挺柱等机件。

2.5.4　润滑系统的日常检查注意事项

(1)每天检查机油量变化和机油品质。

每天开车前检查机油的液面高度,方法是:将车辆停在平坦路面,开车之前或停车 15 分钟发动机冷却后,拉出机油尺,查看机油液面,当液面低于油尺的下刻线或高于油尺的上刻线时,禁止起动柴油机。

(2)行车中注意机油压力的变化。

(3)每天检查发动机是否会有渗漏现象。

(4)定期更换机油。

(5)加注的油品必须符合车辆技术要求,应根据环境温度选择使用正确牌号的机油,不要混用不同规格的油品,否则容易造成柴油机故障。

3 大客车底盘的结构原理及日常维护

底盘的作用是支撑汽车发动机及车身部件,形成汽车的整体造型,并接受来自发动机的动力,使汽车产生运动,保证汽车按照驾驶员的操纵正常行驶。

底盘主要由四大系统组成,分别是传动系统、行驶系统、转向系统和制动系统。

3.1 传动系统

3.1.1 传动系统的结构组成

传动系统主要由离合器、变速器、万向传动装置、主减速器、差速器、半轴等组成。

3.1.2 传动系统的布置形式

传动系统的布置形式主要取决于传动系统与发动机在汽车上的位置。主要有后置后驱、前置后驱等类型。目前国内大客车传动系统主要采用后置后驱类型。

3.1.3 传动系统各组成部件结构原理及日常使用注意事项

(1)离合器。

汽车离合器位于发动机和变速器之间的飞轮壳内,用螺钉将离合器总成固定在飞轮的后平面上,离合器的输出轴就是变速器的输入轴。在汽车行驶过程中,驾驶员可根据需要踩下或松开制动踏板,使发动机与变速器暂时分离和逐渐接合,以切断或传递发动机向变速器输入的动力。

①离合器的结构原理。

离合器主要由飞轮、压板、分离轴承、离合器片、分离拨叉、离合器总泵、离合器分泵等组成,如图10-17所示。

离合器的操纵机构分为机械式操纵机构和液压式操纵机构。为了减小所需的离合器踏板力,又不致因传动装置的传动比过大而加大踏板行程,在一些中重型货车和某些轿车上采用了离合器踏板的助力装置。另外还有一种气压助力式离合器操纵机构,利用发动机带动空气压缩机作为主要的操纵能源,驾驶员的肌体作为辅助的或后备的操纵能源,多与汽车的气压制动系统或其他气动设备共用一套压缩空气源。

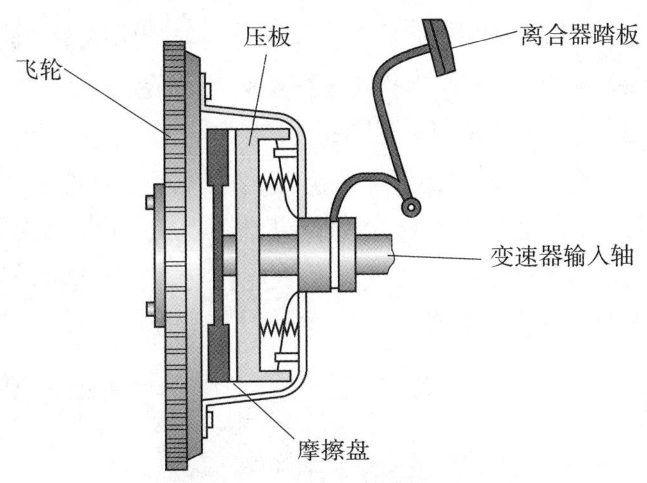

图 10-17 离合器结构组成图

②离合器日常使用注意事项。

a. 每天检查离合器主缸油壶液面,低于下限要加油,加注的离合器油必须符合车辆技术规范的油品要求。

b. 正确操作离合器,不要长时间使用半联动操作车辆。

c. 选择正确的起步挡位,避免高挡位起步,造成离合器片磨损;掌握正确的换挡时机,避免高速时换入低挡,造成离合器打滑。

d. 留意离合器踏板的接合位置,出现离合器打滑或分离不彻底、挂挡困难都有可能与离合器踏板的间隙大小有关。

e. 留意仪表盘上的警示灯,根据离合器磨损警示灯指示情况及时更换离合器片。图 10-18 所示为仪表盘上的离合器磨损警示灯。

图 10-18 仪表盘上的离合器磨损警示灯

f. 怠速时听离合器是否有异响,分离轴承损坏时多会有响声。

g. 操作离合器踏板若感到有异常跳动时需要及时检查。

(2)变速器。

①变速器的功用:实现变速、变扭;实现汽车倒行;实现中断动力传递。

②变速器的类型:客车常用的变速器按照操纵方式可分为手动变速器(MT)、自动变速器(AT)、手自一体自动变速器(AMT)。

③手动变速器。

a. 手动变速器结构。

宇通大客车上主要采用的是手动变速器,如图 10-19 所示,多为 5 个或 6 个前进挡，结构上主要由换挡齿轮机构[包括齿轮、轴(输入轴、输出轴、中间轴和倒挡轴)]、换挡操纵机构(包括选挡和换挡拨叉及定位销、操纵软轴等)组成。驾驶员操纵软轴控制换挡拨叉，使不同的齿轮组合产生变速变矩。目前应用的6挡手动变速器产品前进挡均为同步器换挡，倒挡为接合套换挡；5挡手动变速器产品一挡、倒挡为接合套换挡，其余为同步器换挡，同步器换挡保证了换挡的同步性。目前宇通产品所配的手动变速器的换挡操纵都是软轴操纵，分为两软轴操纵和三软轴操纵，两软轴操纵可以选配进口软轴。

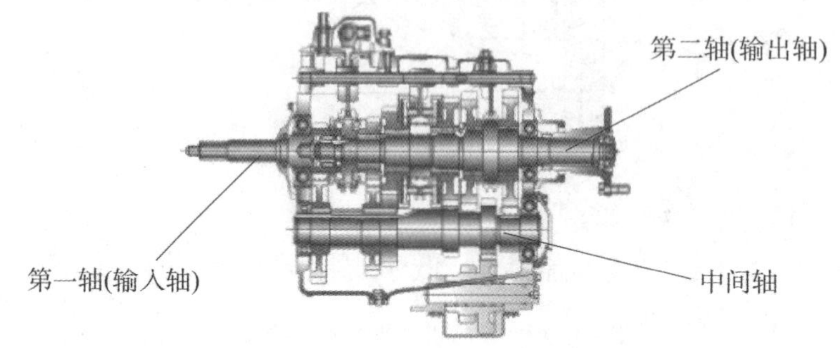

图10-19 宇通手动变速器结构

粤港汽车运输联营有限公司在用大巴中，MAN车辆大部分采用6前进挡的手动变速器，使用6套齿轮，部分采用8前进挡的手动变速器。为了减轻车辆驾驶人员的工作强度，在入挡部位加入气动辅助机构，协助驾驶员轻松排入挡位。其中6前进挡的手动变速器，使用6套齿轮，8、12、16个前进挡的使用4套齿轮加上1套或多套增速行星机构(高低挡转换机构)，高低挡转换机构由气压控制。

b. 手动变速器操作技巧。

根据发动机输出转矩和功率图10-20可知，选择换挡时机在发动机最大转矩和动力输出的重叠点进行升挡操作，可以发挥燃料的经济性，做到节油。另外在不低于最低扭矩输出转速的情况下进行降挡操作，可以降低喷油系统中喷油嘴的积炭程度，确保发动机的良好性能。加速踏板与离合器的良好配合可以降低对同步器的依赖，建议采用两脚离合的方式变换挡位。

c. 手动变速器日常使用注意事项：

(a)变速器内润滑油在冷车状态下黏度较高，所以冷车状态下变换挡位会变得不顺畅，需要在行驶一段里程后才会改变，这是正常的状况。

(b)车辆在静止状态下需要视车辆载荷及路面坡度选择适当的起步挡位，6前进挡的不得高于2挡起步，8前进挡的不得高于3挡起步，否则会造成接合起步挡位齿轮及轴承承受转矩过载而损坏，亦会造成离合器早期磨损。

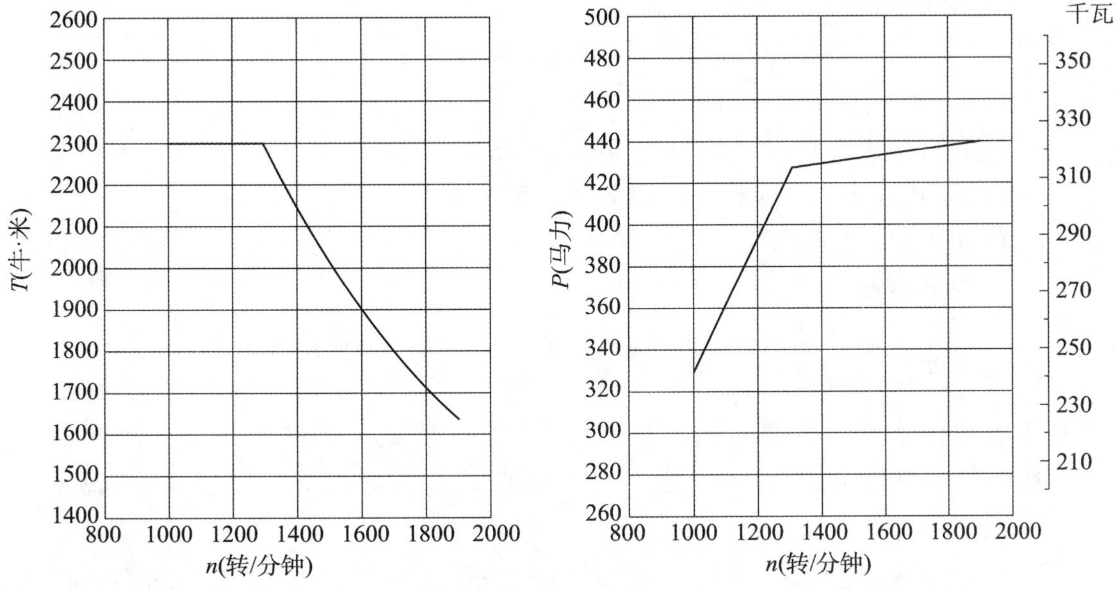

图 10-20 发动机输出转矩和功率图

(c)车辆在静止状态下需要挂入起步挡时,必须在踩下制动踏板 5 秒钟后,方可将变速杆推入相应的起步挡位,否则容易造成起步挡位同步环早期磨损,亦会造成起步挡位齿轮切入面打坏。

(d)车辆在正常行驶过程中必须选择与行驶速度相配比的挡位,不要高挡低速行车,亦不要低挡高速行车,容易损坏变速器及造成燃料消耗增大。

(e)不要空挡滑行车辆。特别是高速行车时,若空挡滑行车辆易发飘失控不安全;带挡滑行可以充分利用发动机制动,提高车辆安全性并可减轻制动系统的负担,提高其使用寿命。

(f)每日检查变速器是否会漏油,特别是风缸助力器内密封圈漏风会把变速器内的油往外压造成漏油;行车中注意观察变速器运转是否正常,有无异响,选换挡是否顺利。

(g)定期更换符合车辆技术规范的变速器油及油格。

④自动变速器。

目前宇通公司长途客车基本上都是采用手动变速器,自动变速器主要用在公交车上。粤港公司在用大巴中少数几台采用自动变速器。

a. 自动变速器组成。

常用的自动变速器都是液力自动变速器,主要由液力变矩器、行星齿轮变速器、油泵、液压控制系统、电子控制系统、油冷却系统等组成。通过液力传递和齿轮组合的方式来达到变速变矩。

b. 自动变速器优点。

取消了离合器操纵和频繁地换挡,使驾驶操作简单省力,提高行车的安全性。

提高了发动机和传动系统的寿命,因采用液力传动,发动机和传动系统是弹性连接,能缓和冲击,有利于延长相关零件的寿命。

汽车起步加速更加平稳,能自动适应行驶阻力的变化,实现自动换挡,提高汽车的行驶平顺性。

能吸收和衰减换挡过程中的振动和冲击,提高了车辆的乘坐舒适性。

从以上分析可以看出,自动变速器会是汽车变速器的一个重要发展方向,并且有逐步取代手动变速器的趋势。同时,后续自动变速器的发展方向更多的是针对换挡策略的优化,换挡策略的好坏将日益成为判断自动变速器好坏的标准。

⑤手自一体变速器。

手自一体变速器是在手动变速器基础上进行改造,主要改变手动换挡操纵部分,即在总体传动结构不变的情况下通过加装电脑控制的自动操纵系统来实现换挡的自动化。手自一体变速器主要结构如图 10-21 所示。

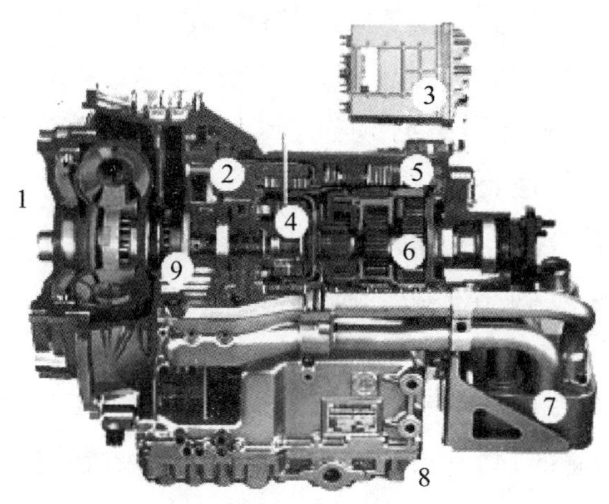

图 10-21　手自一体变速器结构组成

1-液力变矩器;2-前置缓速器;3-变速器电控模块;4-多片离合器;5-多片制动器;6-行星齿轮变速箱;7-油/水热交换器;8-液压控制模块;9-液压油泵

粤港公司的 SCANIA 车辆全部采用手自一体变速器,有 8 前进挡和 12 前进挡两个类型。下面主要以粤港公司 SCANIA 车安装的手自一体变速器为例(图 10-22),分析其结构及工作原理。

SCANIA 车安装的手自一体自动变速器是在传统手动变速器的基础上增加自动变速操纵系统形成的,主要由普通齿轮箱(和手动变速器一样)、电子控制离合器、自动换挡操纵机构和电子控制部分等组成(图 10-22)。由电脑控制执行机构来代替人力完成选换挡和离合器的操作，从而实现手动变速器的自动变速操纵。

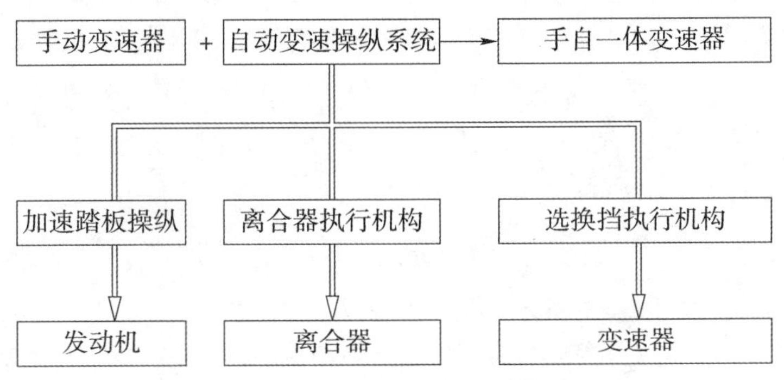

图 10-22　手自一体变速器构成

a. 操作说明。

配备手自一体变速器的商用车有手动和自动两种变速操作模式，可通过手柄面板上 A/M 按钮切换，手柄面板如图 10-23 所示。各挡位介绍见表 10-1。

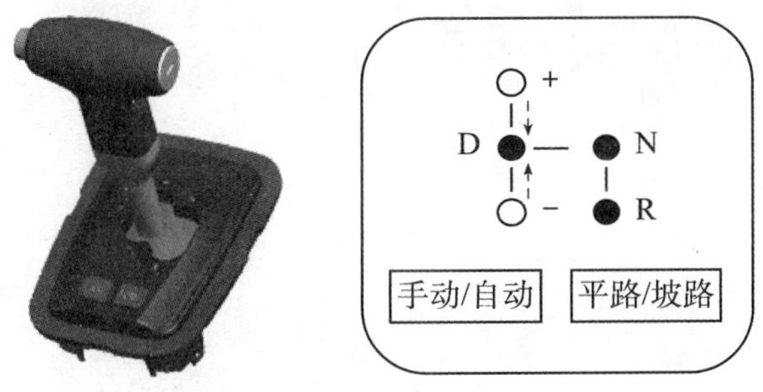

图 10-23　手柄面板示意图

手自一体变速器挡位介绍　　表 10-1

实心黑圈	手柄可以停留的位置
空心黑圈	手柄可以到达但不能停留的位置
箭头	手柄回弹方向
D	前进挡
+	升挡
-	降挡
N	空挡
R	倒挡
A/M	手自切换按钮。默认自动，按下变手动

自动模式下，起动时驾驶员踩下制动踏板，将手柄杆置于“D”位置，当仪表显示换挡完成后，松开制动踏板踩下加速踏板加油，车辆即可自动起步。行车过程中，驾驶员只需要控制加速踏板和制动踏板即可，换挡动作由电脑自动完成。

自动模式下允许驾驶员随时通过操作手柄到“+”“-”“N”进行人工升降挡或摘空挡干预(自动模式下的所有人工干预换挡动作首先经过电脑判断,确认不会影响行驶安全后方可进行换挡,否则电脑不会响应人工干预动作)。

手动模式下,起车方式和自动模式一样;行车过程中,驾驶员除控制加速踏板和制动踏板外,还需操作手柄发出换挡指令,离合器分离结合动作、变速器换挡动作由电脑控制完成。

商用车 AMT 系统保留了离合器踏板,不论是自动还是手动模式,都允许驾驶员踩下离合器踏板按照传统手动变速器进行换挡。

SCANIA 车厂前期的车辆仍有起步离合器踏板,半联动操作要靠人工完成。后期带有蠕动功能的 AMT 变速器,已经取消了离合器踏板,由辅助系统自动实现半联动功能和变换挡位功能。起步初始挡位设置,8 挡的一般设置在 2 挡,12 挡的一般设置在 4 挡,以上设置一般在出厂时就已设定好,在日常使用中要因应车辆载重和坡度来调整,可以通过手动操作来降低起步挡位。SCANIA 车的手自一体变速器的操纵杆有以下几种模式:

D——前进挡;

N——空挡;

R——倒挡;

A——自动换挡模式;

M——手动换挡模式。

SCANIA 车的手自一体变速器操纵杆如图 10-24 所示。

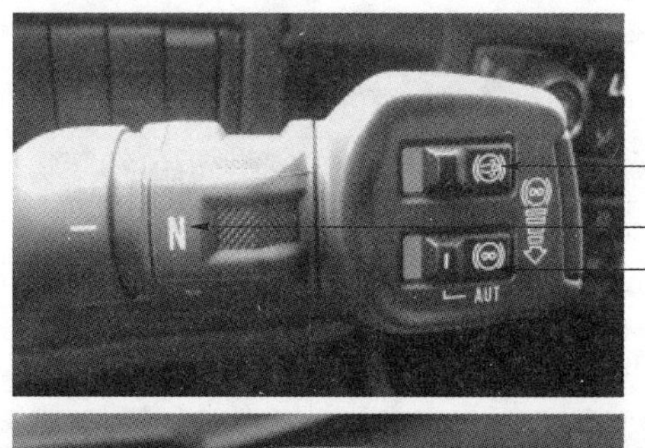

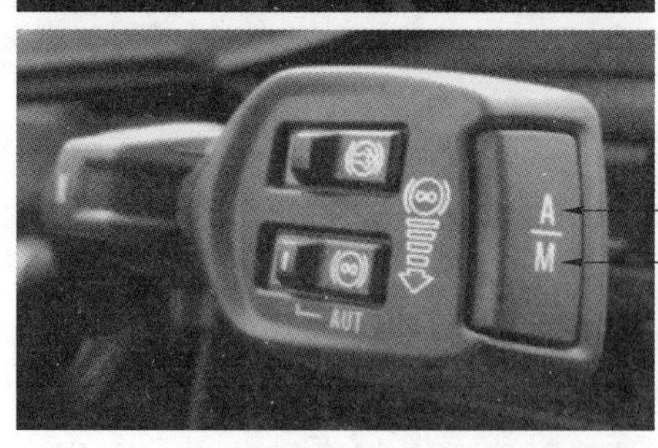

图 10-24

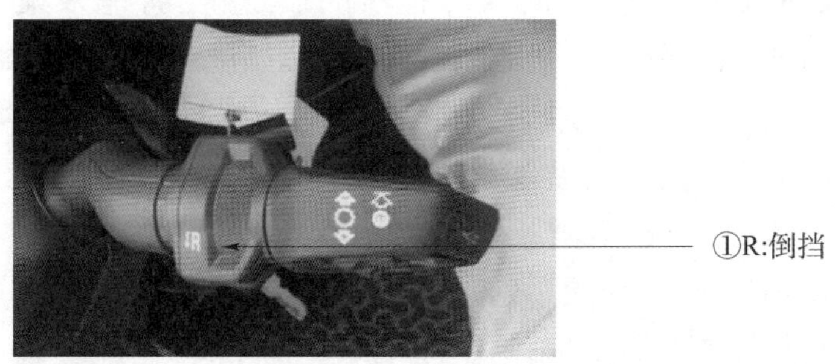

图 10-24　SCANIA 车的手自一体变速器操纵杆

b. 工作原理。

按照动力源不同，手自一体变速器可分三类：液压操纵控制、气动操纵控制和电机驱动。SCANIA 车的手自一体变速器采用气动操纵控制，如图 10-25 所示为手自一体变速器工作原理图。

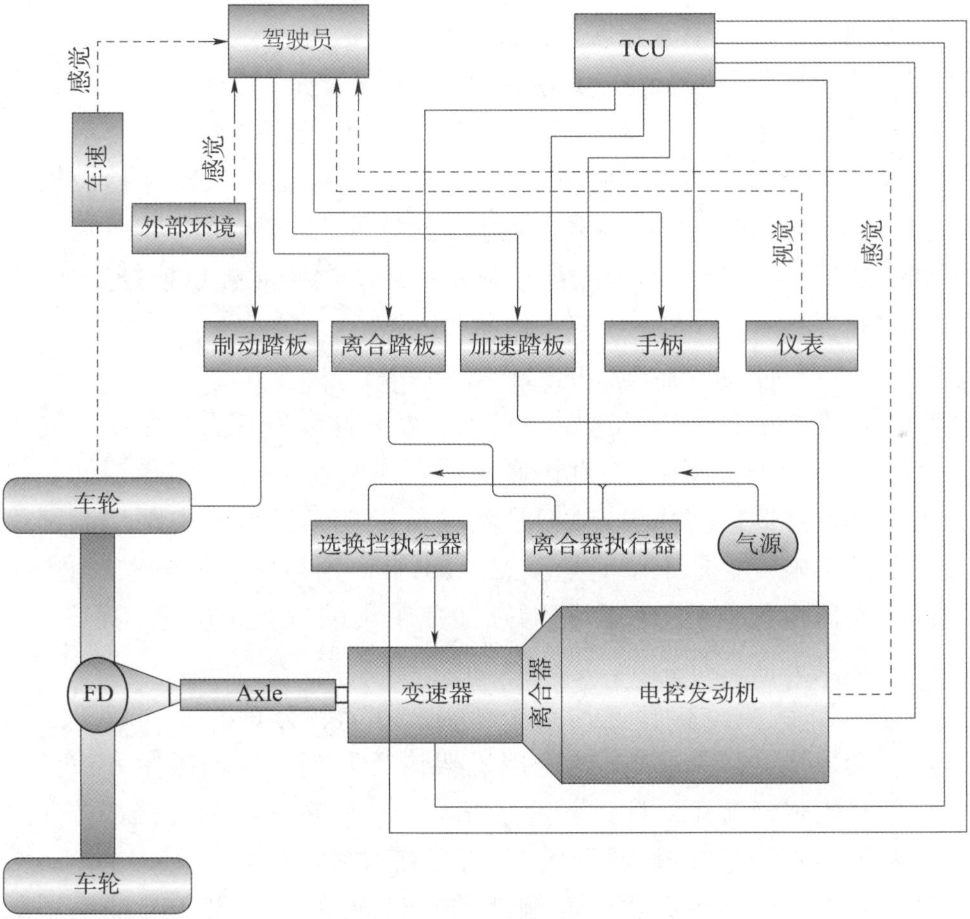

图 10-25　手自一体变速器工作原理图

在车辆行驶过程中,电脑根据软件程序的设定,实时地采集车速、发动机转速和转矩、当前挡位以及驾驶员可操作的手柄、加速踏板和离合器踏板等信号。

通过对采集的信号进行处理和判断,电脑可以实时感知车辆行驶状态,给出当前行驶的最佳目标挡位。需要换挡时,电脑发出换挡指令并通过 CAN 总线控制发动机收油,使发动机转速达到目标控制值。

发动机收油完成后,电脑通过控制离合器电磁阀组通电将高压气路打开,离合器执行器汽缸活塞在压缩空气作用下将离合器分离,在此过程中,电脑实时监测离合器位置,保证离合器彻底分离,中断传动动力。

之后,根据要换入的目标挡位的不同,电脑先后控制装在选换挡执行器上的选挡电磁阀组与换挡电磁阀组通电,打开不同的高压气路并控制相应的汽缸动作,从而实现选挡和换挡动作。换挡完成后,电脑控制离合器电磁阀组使离合器执行器汽缸内气体释放,离合器缓慢结合。

最后通过 CAN 总线控制发动机恢复供油。整个控制过程在 2 秒之内完成,且驾驶员无明显的动力中断和恢复的感觉。

商用车载荷变化范围大,工作环境恶劣,工况复杂。为保证驾驶安全,手自一体变速器系统保留了离合器踏板。允许驾驶员在任何时候按照传统手动变速箱换挡方式进行换挡。根据驾驶员的手柄输入,在保证换入目标挡位安全的前提下,电脑响应驾驶员的换挡请求,通过控制选换挡执行器上电磁阀组进行换挡。换挡完成后,通过仪表盘上的挡位显示和蜂鸣器鸣叫提示换挡完成,驾驶员可以结合离合器。

c. 驾驶手自一体变速器车辆的操作技巧。

驾驶员对安装手自一体变速器的驾驶态度和操纵方式直接影响离合器的使用寿命和变速器的正常使用,亦直接影响燃料消耗量。升挡和降挡的时机虽然由变速器电脑按照既定程式设定,但是驾驶员操控车辆过程中踩加速踏板的深度和速率直接影响变速器电脑对驾驶意图的判断,所以在实际驾驶过程中,即时的换挡时机可以由驾驶员通过不同的踩加速踏板的方式来决定,以下方式将被变速器电脑识别为需要加挡。

在加速过程中,发动机转速达到 1300 ~ 1500 转/分钟时,轻收加速踏板,变速器电脑将会发出升挡指令,由选换挡机架执行升挡。这种操作方式可充分利用发动机的最大输出转矩对应的转速下完成升挡。每一次的升挡都按照这种操作方式,将会获得最有效的燃料利用率,可以获取最低油耗。

急踩加速踏板的驾驶方式将会触动排气制动动作,不利于喷油系统的连贯性,会加剧离合器片的磨损和同步器的磨损,车辆的平顺性和舒适性亦受到影响,在最高转矩输出转速之外的发动机转速下换挡,会造成燃料的损失,增加燃料消耗量。

d. AMT 自动变速器的优点。

(a)动力性、经济性好。

在行车过程中,电脑根据载荷、路况以及车辆运行状况(包括车速、发动机转速、负荷等参数)的不同,实时地给出最佳的动力性或经济性目标挡位。并按照该目标挡位在较短的动力中断时间内自动完成换挡。

由于是自动换挡,因此,换挡频率大于手动换挡频率,且换入的是动力性或经济性最佳的挡位,使得动力性优于手动车辆,整车油耗比手动车辆低,比自动变速器更低;此外,机械传动传递效率高,更利于充分发挥车辆的动力性,同时提高燃油经济性,降低排放污染。

(b)操纵方便,减轻劳动强度。

传统手动变速器通过手柄操纵机械软轴换挡,换挡力大。且在换挡过程中需要控制离合器分离结合。装备手自一体变速器系统后,驾驶员只需操纵制动踏板和加速踏板即可。换挡动作指令和换挡动作由电脑控制完成,若驾驶员想手动换挡,操作手柄也仅仅需要克服手柄的手感力。简化了操作,更减轻了驾驶员劳动强度。

(c)安全性和可靠性高。

装备手自一体变速器系统后简化了车辆驾驶且降低了劳动强度,使得驾驶员把大部分精力放在路况观察与判断上。因此,提高了行车安全。由于保留了离合器踏板,允许驾驶员在任何时候都可以转入手动控制换挡,进而提高了可靠性。

(d)价格便宜。

由于采用车上现成的压缩空气为动力源节省了动力源成本,此外,气动系统属于洁净能源系统,无污染;气动执行元件加工精度要求相对低,加工难度和加工成本都低;手自一体变速器系统是在传统手动变速箱基础上改进的,对于变速器(手动)生产厂家来讲,在原生产线的基础上只需添置或改造很少部分设备即可实现批量生产,因此,整个系统成本不会提高太多。相比自动变速器,价格优势非常明显。

(3)万向传动装置(传动轴和万向节)、尾牙(主减速器、差速器)和半轴。

对于这三部分结构,在使用过程中要留意传动轴有无异响(传动轴十字轴松旷后出现底盘振动、传动轴套管松动后出现咣当咣当异响,图 10-26 所示为万向传动装置出现了异响)和尾牙处是否有润滑油滴漏。在拖车时一定要拆下半轴,否则会严重损坏变速器和液压缓速器。

传动轴十字轴松旷后出现底盘振动、方向抖动

传动轴套管松动后出现咣当咣当异响

图 10-26　万向传动装置异响图

3.2　行驶系统

3.2.1　行驶系统的功用

(1)接受由发动机经传动系统传来的转矩,并通过驱动轮与路面附着作用,转化为汽车行驶的驱动力。

(2)将全车各部件连成一个整体,支承汽车的总质量。

(3)传递并承受路面作用于车轮上的各种力及其力矩。

(4)缓和不平路面对车身造成的冲击和振动,保证汽车平稳行驶。

3.2.2　行驶系统的组成

汽车行驶系统一般由车架、车桥、车轮和轮胎、悬架组成。

(1)车架。

汽车车架俗称“大梁”。其上装有发动机、变速器、传动轴、前后桥、车身等总成和部件。车架的功用是支撑、连接汽车的各总成,使各总成保持相对正确的位置,并承受汽车内外的各种载荷。由于车架是整个汽车的基础,要承受汽车内外的各种载荷,因此,要求车架具有足够的强度、合适的刚度;要求它具有结构简单、质量轻等特点;同时,还应尽可能地降低汽车的重心和获得较大的前轮转向角,以保证汽车行驶时的稳定性和转向灵活性。客车为了减小质量,很多都取消了车架,制成了能够承受各种载荷的承载式车身,即无梁式车身,如图 10-27 所示为承载式车身(无梁式车身)及非承载式车身(有车架)。

a)承载式车身(无梁式车身)

b)非承载式车身

图 10-27　承载式车身和非承载式车身

(2)车桥。

车桥的功用是传递车架(或承载式车身)与车轮之间各方向的作用力。根据作用不同可分为转向桥、驱动桥、转向驱动桥和支持桥。

(3)车轮和轮胎。

车轮一般由轮毂、轮盘、轮辋三部分组成。轮胎安装在轮辋上。在汽车的行驶系统中,轮胎居于突出地位,作为路面和汽车连接件的轮胎支承汽车的总质量,传递各种力和力矩,吸收和缓和汽车行驶时受到的冲击和振动,保证车轮与路面有良好的附着性,以提高汽车的牵引性和制动性。因而轮胎的传力性能事关汽车的行驶性能、舒适性和安全性,汽车的动态性能主要受轮胎性能的制约。当今的汽车基本采用子午线轮胎,斜交轮胎已经不再使用。

①轮胎规格的表示方法。

如轮胎尺寸标记为295/80 R22.5 (91W),轮胎侧面各部分内容所表示的含义如下:

295:轮胎名义宽度(毫米);

80:名义断面比(高/宽比)(%);

R:子午线轮胎;

22.5:轮辋直径(英寸);

91:承载能力指数或载荷指数(91 表示轮胎允许最大承载为615 千克);

W:允许的最高车速(W =270 千米/小时)。

②轮胎日常使用注意事项。

汽车行驶中的阻力主要有滚动阻力和空气阻力。车用低滚动阻力的轮胎在低汽车速度范围的滚动阻力系数为0.008,而在150 千米/小时的高速度时则为0.017,这说明车辆行驶速度越高,所需要克服的滚动阻力越大。(滚动阻力由承载量、轮胎气压、轮胎花纹、滚动系数、路面摩擦因数、行驶速度等所决定)。花纹越深,则花纹块接地弹性变形量越大,由轮胎弹性迟滞损失形成的滚动阻力也将随之增加。较深的花纹不利于轮胎散热,使胎温上升加快,花纹根部因受力严重而易撕裂、脱落等。花纹过浅,不仅影响其储水、排水能力,容易产生有害的“滑水现象”,而且使光胎面轮胎易打滑的弊端凸显出来,从而使汽车安全性能降低。因此,花纹过深过浅都不好。客观规律是使用中花纹将越变越小。为了确保花纹作用的有效性,世界各国都对轮胎花纹磨损极限制定了明确的法规,并在轮胎胎肩沿圆周的若干等份处模刻轮胎磨耗极限警报标记或(和)“TWI”英文标记。当花纹块凸面磨损距离到花纹沟槽底部约1.6 毫米(1/16 英寸)时,标记处的花纹已被磨平,故显露出窄横条状的光胎面,借此警示驾驶员,该轮胎已到了必须更换的时候了。充气压力影响轮胎弹性变形量,从而影响滚动阻力,过低的充分压力会产生额外的滚动阻力,增加燃料消耗,即使轮胎轻微充气不足,油耗都将明显升高。而过高的充气压力会加剧轮胎磨损,影响轮胎的寿命。在同一条轮胎的使用周期中,全新胎的时候油耗是最高的,油耗在一定的条件下随着胎纹的磨损而降低,但是安全性能却下降。所以在轮胎的日常使用维护中应注意以下事项:

a. 出车前及中途停车后对所有轮胎气压进行检查(充气压力太高或太低均会缩短轮胎寿命,并对汽车的行驶特性有不利的影响),同时检查轮胎花纹深度及异常磨损情况(刺伤、裂纹、裂口和凹坑),并除去花纹上的异物,若发现轮胎存在非正常磨损时应送检车轮定位,前轮定位不正确及后桥位移容易引起轮胎的非正常磨损,出现咬痕。

b. 行驶过程中注意保护轮胎内外侧壁,避免压坏侧壁,在行驶过路沿或类似的地段时,只可慢速,车轮与路沿尽可能成直角通过。

c. 控制行驶速度可以降低油耗,因为速度越高,滚动阻力越大。另外,长时间高速行驶会使充气压力过低的轮胎频繁变形挤压,轮胎的温度将剧增,这会导致花纹裂开甚至轮胎爆裂,从而有发生事故的危险。还应避免在弯道快速行驶迅速提速。

d. 花纹深度对排水性能有着直接的影响,高速经过积水路面时浅花纹轮胎更加容易产生水楔引起打滑。

e. 定期进行车轮换位,子午线轮胎或是有方向性的轮胎只能在同一侧上调换,不能对角调换。图 10-28 所示是宇通客车的轮胎换位要求。

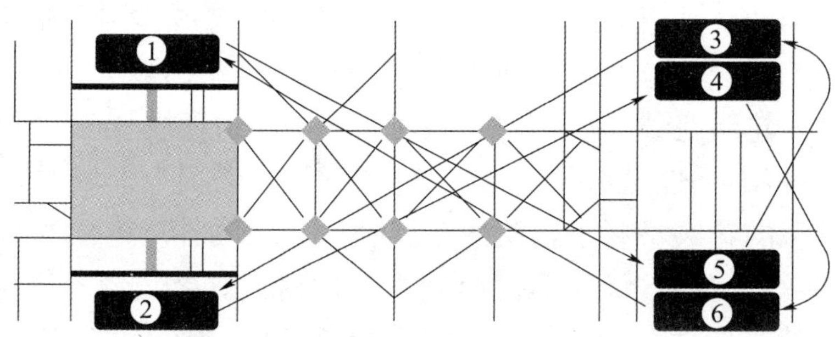

图 10-28 宇通客车轮胎换位

f. 在拆卸车轮之前做记号,以便重新安装时能保持原来的滚动方向。

g. 把已经拆卸下来的轮胎保存在凉爽、干燥和尽可能避光处。

h. 防止轮胎接触机油、油脂和燃油。

i. 气门嘴防尘帽如丢失应及时配置新的。

j. 定期检查车轮螺栓及螺母的状况，如发生损坏或性能下降，需及时更换，以免造成不必要的损失或带来安全方面的损害。

k. 使用冷的轮胎行车的前 500 千米要特别小心。新的轮胎在开始使用时尚未形成最佳的附着力，因此，在前 500 千米中应以适度的车速和相应的驾驶方式“磨合”，这也对提高轮胎寿命有好处。

(4)悬架。

①功用。悬架的功用是弹性地连接车桥和车身，传递作用在车轮和车身之间的一切力和力矩，比如支撑力、制动力和驱动力等，并且缓和由不平路面传给车身的冲击载荷、衰减由此引起的振动、保证乘客的舒适性及改善操纵稳定性等。

②悬架的组成。悬架主要由弹性元件、导向装置和减振器组成。

③汽车性能对悬架的要求。舒适性是大客车最重要的使用性能之一。舒适性与车身的固有振动特性有关，而车身的固有振动特性又与悬架的特性相关。悬架是汽车上的重要总成之一，它把车身和车轮弹性地连接在一起。人体所习惯的垂直振动频率为 1～1.6 赫兹，车身振动的固有频率应接近或处于人体适应的频率范围，才能感觉舒适。汽车的固有频率由悬架刚度和悬架弹簧支承的质量(簧载质量)所决定。由于汽车的载质量经常会发生变化，因此，固有频率也会随之而变化。为了使空载和满载时的固有频率保持一定或变化很小，需要把悬架刚度做成可调的。目前由电子控制的汽车悬架就能满足此要求。

④电子控制汽车空气悬架系统(ECAS)。

a. ECAS 基本组成及工作原理。

如图 10-29 所示，为电子控制汽车空气悬架系统(ECAS)组成及原理图，系统零部件如图 10-30 所示。

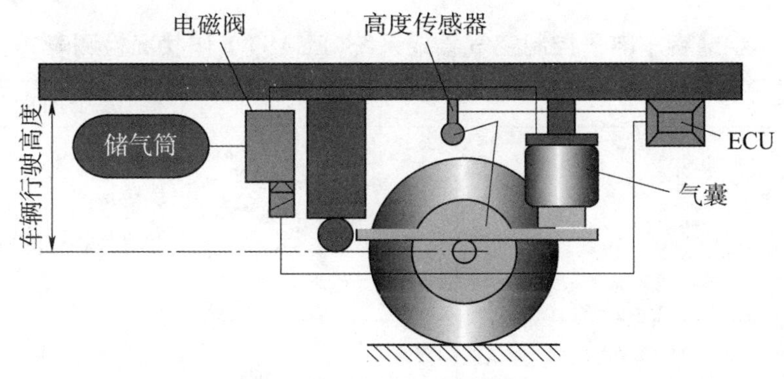

图 10-29　电子控制汽车空气悬架系统(ECAS)组成及原理图

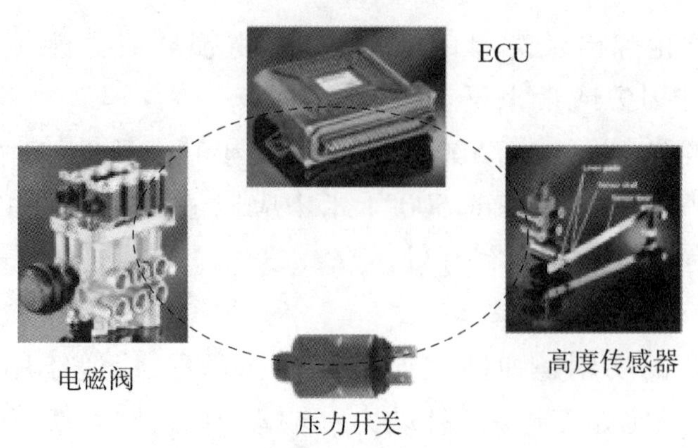

图 10-30　ECAS 系统零部件

ECAS 的工作原理是高度传感器负责检测车辆高度(车架和车桥间的距离)的变化,并把这一信息传递给 ECU,除高度信息外,ECU 还接受其他的输入信息,如车速信息、制动信息、转向信息、车门信息和供气压力信息等,然后 ECU 综合所有的输入信息,判断当前车辆状态按照其内部的控制逻辑,激发电磁阀实现对各个气囊的充气、放气调节,从而实现对车辆高度的控制。ECAS Ⅱ 技术是一项非常新的技术,当汽车在转弯的时候,由于离心力的作用,车身的重心位置会向外侧倾斜,它由电脑控制,会主动把外侧的气囊抬高,把内侧的气囊降低,保证车辆始终处于稳定状态,这项领先的技术是通过悬架系统的控制,来防止车翻,目前此技术也只有宇通在推广,这个技术跟前面的 ESP 组合,通过对悬架的控制,来解决侧翻问题。实际上这两种技术的组合,形成了一个完美的防侧翻的技术组合。

b. 电子控制空气悬架系统(ECAS)的工作状况检测。

以宇通客车为例,利用仪表盘上的气囊故障灯(红色)和气囊警告灯(黄色)显示 ECAS 系统的工作状况。表 10-2 为宇通客车电子控制空气悬架系统(ECAS)工作状况检测。

宇通客车电子控制空气悬架系统(ECAS)工作状况检测表　　表 10-2

仪表盘上的气囊灯	条　件	气囊灯状况	系统状况及解决方法
ECAS 红色故障灯 ECAS 黄色警告灯	打开点火开关	都不亮	表明灯泡可能有问题,检查并更换相应的白炽灯泡
ECAS 黄色警告灯	打开点火开关,ECAS 系统进行自检	点亮 2 秒后自动熄灭	表明系统无故障,可正常行驶

续上表

仪表板上的气囊灯	条　　件	气囊灯状况	系统状况及解决方法
ECAS 黄色警告灯	打开点火开关,ECAS系统进行自检	点亮2秒后不熄灭	表明系统存在故障,应进行检修
	车辆行驶中	闪烁	表明气囊气压值低。有危险,只能等消除故障、黄色警告灯熄灭时才能行驶
	车辆行驶中	常亮	表明两侧气囊不在同一高度上。通过仪表台上的ECAS升降以及复位开关调整气囊高度至正常即可
ECAS 红色故障灯	车辆行驶中	闪烁	表明ECAS系统中存在严重故障。此时气囊高度不能被检测和控制,必须排除故障后车辆才能行驶
	车辆行驶中	常亮	表明ECAS系统中存在不严重故障,可能是某个传感器或电磁阀故障。此时不能行车,排除故障后才能行驶

3.3　转向系统

3.3.1　客车转向系统的基本组成

客车转向系统是改变或恢复汽车行驶方向的专设机构,主要由转向操纵机构、转向器和转向传动机构三部分组成。大客车一般都是前轮转向且采用液压辅助转向系统(多用循环球转向机构,其中SCANIA车前后轮均转向)。图10-31所示为SCANIA车转向系统。

3.3.2　客车转向系统的日常使用注意事项

使用过程中要留意转向盘自由转角不要过大,留意转向过程中是否会有跳动。每天要检查方向机助力油泵油罐液面高度。图10-32所示为转向油罐图,其中透明油罐可直接观察,非透明油罐需要将油位刻度尺取出查看,低于下限时要加注符合车辆技术规范的油品。

图 10-31　SCANIA 车转向系统图

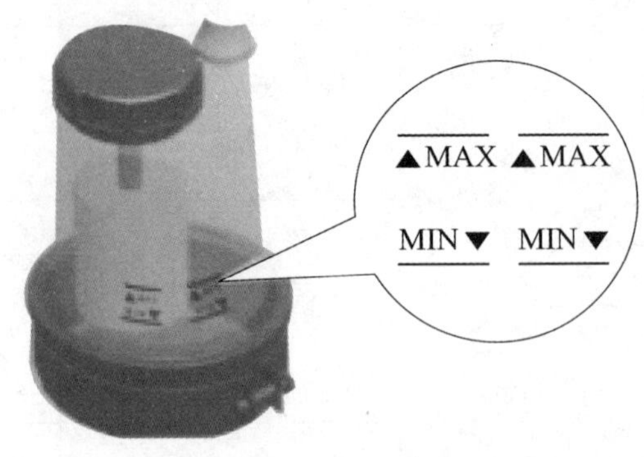

图 10-32　转向油罐

3.4　制动系统

驾驶员能根据道路和交通情况,利用装在汽车上的一系列专门装置,迫使路面在汽车车轮上施加一定的与汽车行驶方向相反的外力,对汽车进行一定程度的强制制动。这种可控制的对汽车进行制动的外力称为制动力,用于产生制动力的一系列专门装置称为制动系统。

3.4.1　制动系统的功用及构成

(1)客车制动系统的功用。

客车制动系统的功用是使行驶中的汽车按照驾驶员的要求进行强制减速甚至停车;使已停驶的汽车在各种道路条件下(包括在坡道上)稳定驻车;使下坡行驶的汽车速度保持稳定。

(2)制动系统的评价指标。

①制动效能。

制动效能,是指客车迅速降低行驶速度直至停车,或在下坡时维持一定车速及坡道驻车的能力,是制动性能最基本的评价指标。一般用制动距离、制动力、制动减速度等评价。

②制动距离。

制动距离是汽车在一定的初速度下,从驾驶员急踩制动踏板开始,到汽车完全停住为止所驶过的距离。

制动距离分析:驾驶员反应时间(0.3 ~ 1.0 秒);制动器作用时间(0.2 ~ 0.9 秒);制动器持续作用时间;放松制动器时间(0.2 ~ 1.0 秒),汽车制动过程如图 10-33所示。

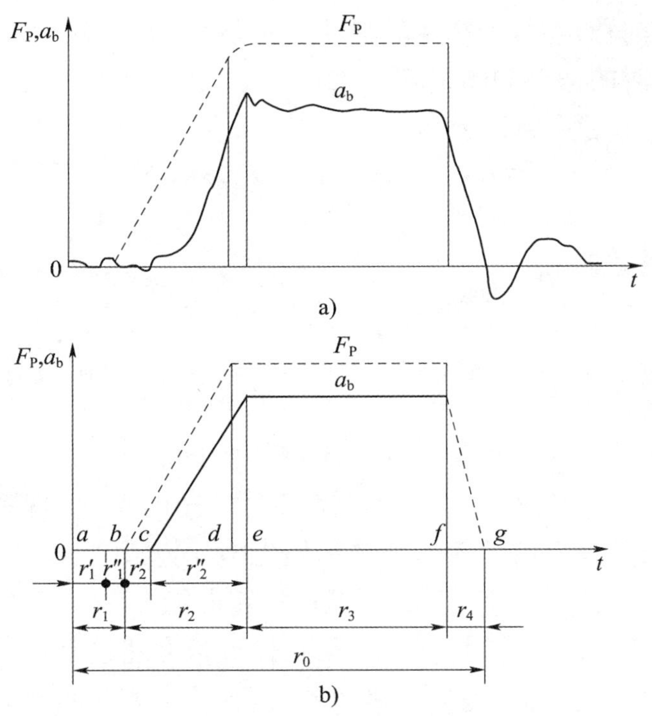

图 10-33 汽车制动过程图

决定汽车制动距离的主要因素：制动器起作用的时间、最大制动减速度以及起始制动车速。关系如下：

$$S = S_2 + S_3 = \left(\tau'_2 + \frac{\tau''_2}{2}\right)u_0 + \frac{u_0^2}{2j_{\max}} - \frac{j_{\max}\tau''^2_2}{24}$$

式中：S——制动距离；

S_2——从驾驶员脚踩制动踏板开始到制动器产生最大制动力为止汽车所运行的距离；

S_3——制动器持续作用时汽车所运行的距离；

τ'_2——从驾驶员脚踩制动踏板开始到制动器起作用为止所用的时间；

τ''_2——从制动器开始起作用到产生最大制动力为止所用的时间；

u_0——起始制动车速；

$j_{\max}$——汽车最大制动减速度。

由以上分析可知，为了保证行车安全，行车时必须与前车保持一定的安全距离。粤港公司的经验做法一般是安全距离 = 行车速度 − 20。

③制动效能的恒定性。

制动效能的恒定性主要由设计时的结构形式决定，包括热衰退性及水衰退性。

④制动时的方向稳定性。

制动时的方向稳定性是指客车制动时不发生跑偏、侧滑及失去转向能力。制动时汽车跑偏时的情形如图 10-34 所示。

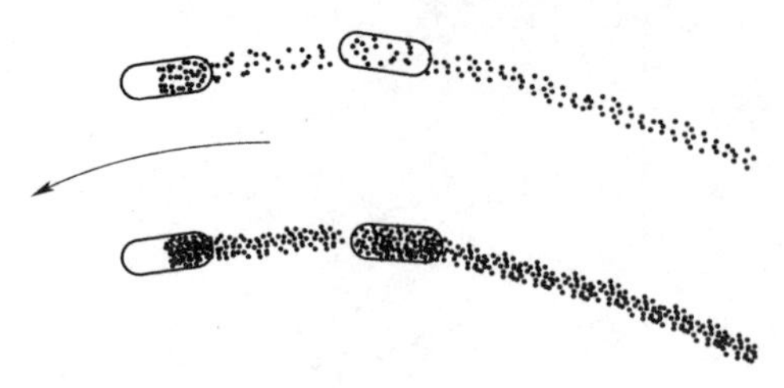

a)制动跑偏时轮胎在地面上留下的印迹

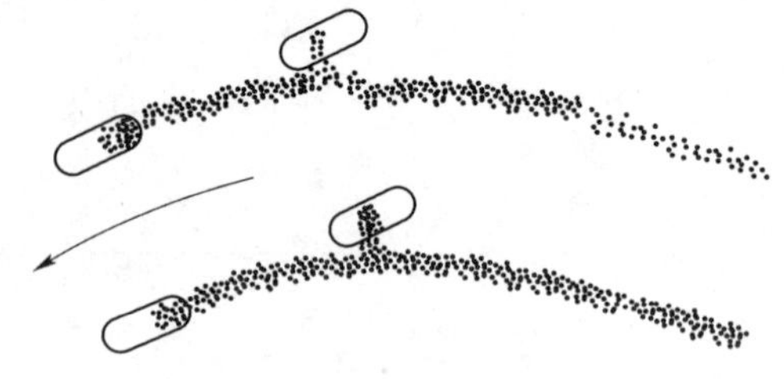

b)制动跑偏引起后轴轻微侧滑时轮胎留在地面上的印迹

图 10-34 制动时汽车跑偏的情形

如制造、调整误差造成左、右制动器制动力不等,则会出现制动跑偏。

制动过程中,若是只有前轮抱死或前轮先抱死拖滑,汽车基本上沿直线向前行驶(减速停车);汽车处于稳定状态,但丧失转向能力。

若后轮比前轮提前一定时间先抱死拖滑,且速度超过某一数值时,汽车在轻微的侧向力作用下就会发生侧滑。路面越滑、制动距离和制动时间越长,后轴侧滑越剧烈。

从保证汽车方向稳定性的角度出发,首先,不能出现只有后轴车轮抱死或后轴车轮比前轴车轮先抱死的情况,以防止危险的后轴侧滑;其次,尽量少出现只有前轴车轮抱死或前、后车轮都抱死的情况,以维持汽车的转向能力。

理想的情况是防止任何车轮抱死,前、后车轮都处于滚动状态,这样就可以确保制动时方向的稳定性。

(3)制动系统的构成。

制动系统主要由供能装置(压缩机、储气筒等)、操纵装置(踏板)、传动装置(软管等)、制动器、动力调节装置(各种阀体)、报警装置、压力保护装置等附加装置组成。

3.4.2 制动系统的分类

制动系统可分为行车制动系统、驻车制动系统、应急制动系统及辅助制动系统。根据国标要求,汽车必须具备行车制动系统、驻车制动系统及应急制动系统。

(1)行车制动系统。

用以使行驶中的汽车降低速度甚至停车的制动系统称为行车制动系统,对于宇通客车产品来讲,行车制动系统一般为双回路气制动系统(部分为液力制动系统);左前轮和右后轮共用一条制动回路,右前轮和左后轮共用另一条制动回路，当一个回路失效时，另一个回路仍能工作，这样有效提高了汽车的行车安全性。

(2)驻车制动系统。

用以使已停驶的汽车驻留原地不动的制动系统称为驻车制动系统。对于客车产品来说，一般采用气压驻车制动；液压驻车制动一般都是机械式软轴操纵，有中央鼓式制动器(作用于传动轴)和后轮制动器(直接控制后轮制动器)两种形式。

(3)应急制动系统。

在行车制动系统失效的情况下，保证汽车仍能实现减速或停车的制动系统称为应急制动系统。对于客车产品来讲，应急制动系统一般与驻车制动系统为一套系统。

(4)辅助制动系统。

随着汽车工业的技术进步，汽车发动机功率增加，汽车的行驶速度大幅度提高。同时一些商用汽车的大型化发展，使得汽车的最大总质量也有不同程度的增加，而现有的行车制动并不能完全满足频繁停车的市内公共汽车以及在高速公路及山区行驶的重型汽车。因此，对汽车制动装置提出了更加苛刻的要求，而要解决这些问题，比较切实可行的方法就是安装辅助制动装置。《机动车运行安全技术条件》(GB 7258—2017)规定了车长大于 9 米的客车(对专用校车为车长大于 8 米)、总质量大于等于 12000 千克的货车和专项作业车、所有危险货物运输车，应装备缓速器或其他辅助制动装置。由此可见，安装辅助制动装置是非常有必要的。辅助制动装置是用以使车辆在制动过程中，速度降低或稳定在一定速度范围，但它并不是用以使车辆停驶的机构。与主制动装置相比，辅助制动装置虽然在短时间可以吸收的功率比较小，但是它吸收的功率在很长时间内可以保持不变或基本保持不变。对于客车产品来讲，辅助制动系统的形式有发动机排气制动、缓速器、发动机制动等。

①发动机排气制动。

a. 排气制动的结构原理。

排气制动就是在发动机排气管出口与消声器进气管之间安装一阀门，当排气制动不起作用时，阀片处于张开状态，不影响发动机的工作；当排气制动起作用时，阀片关闭，使发动机在排气行程中，排出的气体因阀片关闭排气通道而被压缩，增加了发动机的排气背压，从而消耗汽车动能，达到制动效果。大客车的排气制动装置主要由电磁阀、储气管筒和排气制动阀等部分组成，如图 10-35 所示为排气制动装置图。

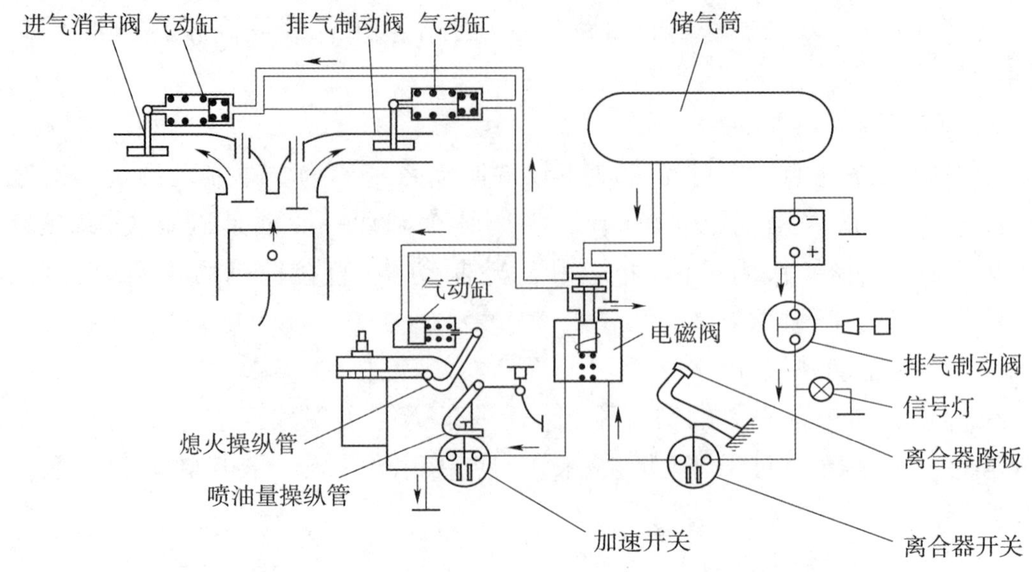

图 10-35　排气制动装置

b. 排气制动在手自一体变速器车辆中的特殊作用。

安装手自一体变速器的车辆,在驾驶员加速过程中,变速器的挡位从低向高转换,每一次的升挡都会带来发动机转速的下降,为了配合前后两个挡位的齿比,变速器电脑会向 EMC 发动机电脑发送指令,由发动机电脑向排气制动执行器发送执行指令,动作排气制动,让发动机转速下降,以利于顺利完成变速器的升挡程序。排气制动的动作时间长短及关闭强度受升挡时的发动机转速影响,驾驶员踩加速踏板的深度和速率直接影响升挡时的发动机转速。要求驾驶手自一体变速器车辆的驾驶员要有良好的驾驶习惯,不要急加速操作车辆,以保护变速器及节约燃料。

②缓速器。

a. 安装缓速器的优势。

安全性:能够减少车轮制动器热衰退,制动跑偏,轮胎过热导致爆胎的发生,因此,提高了汽车的行驶安全性。

经济性:采用缓速器的车辆,可明显降低轮毂、轮胎的温度(可下降 30% ~ 40%),使轮毂、刹车蹄片和轮胎的使用寿命延长,极大地节约了车辆的使用成本;能提高汽车下长坡的平均行驶速度和增强驾驶员下长坡时的安全感。

舒适性:采用缓速器的车辆,可减少驾驶员的工作疲劳度,制动过程柔和、平稳,提高了车辆的乘坐舒适性。

环保性:使用缓速器的车辆,减少了制动蹄片磨损,从而减少制动蹄片磨损时产生的粉尘,环保性增强。

后期维护的方便性:使用缓速器的车辆,减少了制动蹄片的磨损,无须经常调整制动蹄片间隙和制动器系统的更换工作,维护工作量可以大大减少。

近年来,缓速器(缓速器装置)在客车上得到越来越广泛的应用,主要分电涡流缓速器、液力缓速器两类。宇通大客车上既装有电涡流缓速器,也有些装有液力缓速器,粤港公司前期的部分跨境大巴车辆装有电涡流缓速器,为数不多,其他跨境大巴都安装液力缓速器。深圳粤港的大巴基本都安装电涡流缓速器。

b. 电涡流缓速器。

电涡流缓速器在宇通客车上已经广泛使用,安装于车辆传动系统中,主要由定子和转子两部分构成。利用转子在旋转过程中切割磁力线,内部产生电涡流,由电涡流产生的磁场和定子线圈磁场相互作用,充分消耗汽车动能,起到减速的目的。

电涡流缓速器制动力矩产生的具体过程是当驾驶员接通缓速器的控制手柄(或踩下制动踏板)开关进行减速或制动时,电涡流缓速器的励磁线圈自动通直流电励磁,产生的磁场在定子磁极、气隙和前后转子盘之间构成回路,图 10-36 所示为电涡流缓速器的结构及工作原理图。

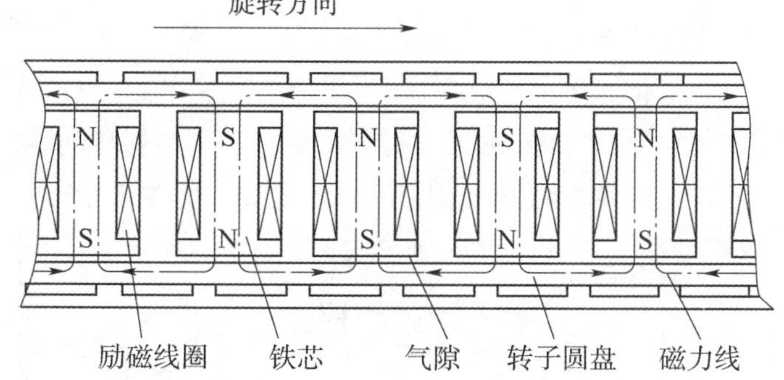

图 10-36 电涡流缓速器的结构及工作原理图

电涡流缓速器主要有三种:转子式电涡流缓速器、滚筒式转子电涡流缓速器及永久磁铁式电涡流缓速器。

电涡流缓速器安装位置主要有三种:安装在变速箱输出端、安装在驱动桥输入端及安装在传动轴中间。

电涡流缓速器结构简单,生产制造成本不高;制动力矩范围广,可达4000 牛·米,适合于各种形式(5 ~50 吨)的车辆。它响应时间短(仅有 40 毫秒,比液力缓速器的响应快 20 倍),无明显时间滞后,工作时噪声很小。

图 10-37 所示为电涡流缓速器特性曲线图,是在试验系统上测得的某电涡流缓速器四个不同挡位上产生的制动力矩随转子转速变化的特性曲线。从特性曲线上可以看出,力矩随转速增加而迅速增大,达到一定转速时有极大值,而后

随着转速增加制动力矩略有下降。

c. 液力缓速器。

液力缓速器是由转子、定子、工作腔、输入轴、热交换器、储油箱和壳体组成，图 10-38 所示为液力缓速器结构组成图。其安装方式一般分为与传动轴串联和并联两种。串联时可在变速器前、后安装；如果采取并联方式，则将缓速器和变速器作为一个整体来安装。

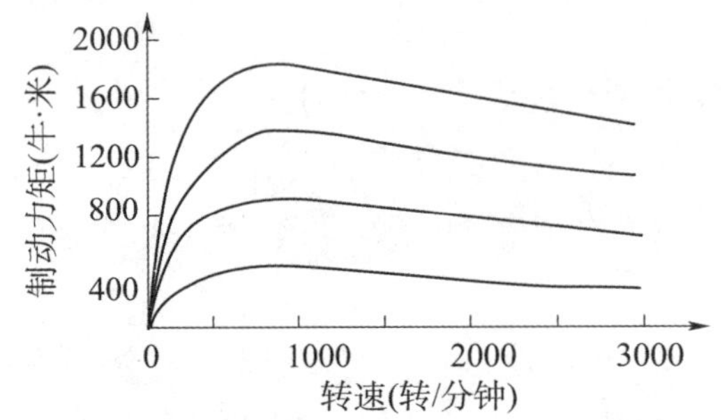

图 10-37　电涡流缓速器特性曲线图

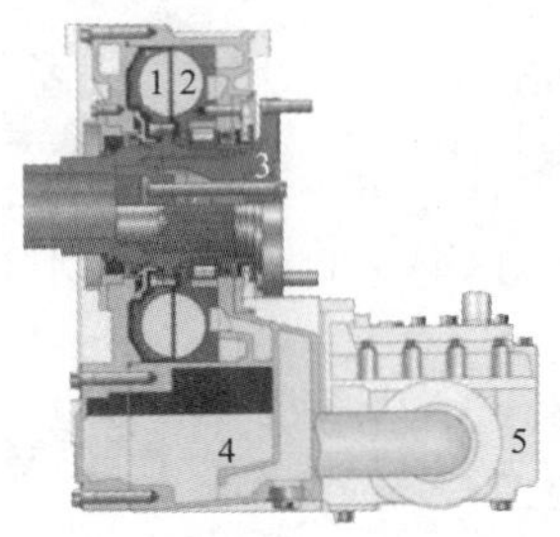

图 10-38　液力缓速器结构组成图

1-转子；2-定子；3-连接法兰；4-缓速器独立供油系统；5-热交换器

液力缓速器的工作原理如图 10-39 所示。缓速器工作时，压缩空气经电磁阀进入储油箱，将储油箱内的变速器油经油路压进缓速器内，缓速器开始工作。转子带动油液绕轴线旋转；同时，油液沿叶片方向运动，甩向定子。定子叶片对油液产生反作用，油液流出定子再转回来冲击转子，这样就形成对转子的阻力矩，阻碍转子的转动，从而实现对车辆的减速作用。

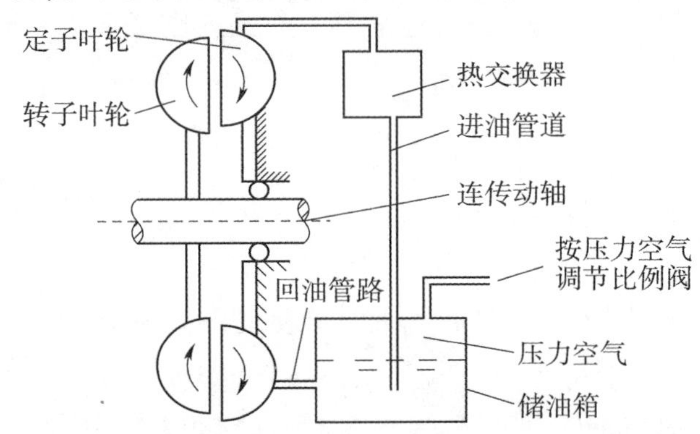

图 10-39　液力缓速器工作原理

图 10-40 所示为液力缓速器特性图。随着转速的增加，制动力矩迅速上升，到某一定值后达到稳定，处于低制动强度级时制动力矩稳定在较宽的速度内，处于高制动强度时，制动力矩随转速的稳定范围变窄。从整个特性曲线来看，制动力矩几乎与制动强度成正比。

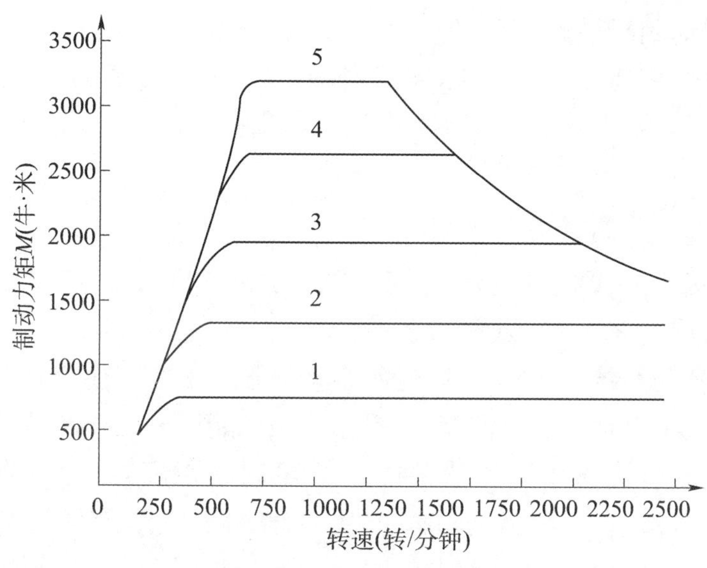

图 10-40　液力缓速器特性图

d. 缓速器的优缺点。

电涡流缓速器的优点：电涡流缓速器结构简单，采用电流直接驱动，没有中间环节，生产制造成本不高；制动力矩范围广，可达 4000 牛·米，适合于各种形式(5～50 吨)的车辆。它响应时间短(仅有 40 毫秒，比液力缓速器的响应快 20 倍)，无明显时间滞后，工作时噪声很小 。工作原理简单，工艺成熟，价格比较低。

电涡流缓速器的缺点：自重比较大，不利于布置，增加整车整备质量；散热不太好，长时间工作后制动效能及可靠性会降低(一般来说，持续满负荷工作 40 分钟左右，电涡流缓速器转子温度可达 250～320℃，而到达 600℃时缓速器会完全丧失制动能力)。

液力缓速器的优点：制动效能高，可以保证更高的速度下坡行驶；工作液产生的热量易于传出和消散，长时间工作后制动效能及可靠性没有明显衰退，适合坡度较多的山区使用；自重及尺寸小，便于布置，可以与变速器连成一体。

液力缓速器的缺点：工艺要求比较高，价格比较高；接合和分离滞后时间长，响应速度相对电涡流缓速器要长，另外，也会导致额外的功率损失；对整车散热系统要求更高，需增加散热片面积；维修难度大，成本略高。

e. 缓速器的操控方式。

缓速器的操控方式分脚控和手控方式两种，可根据个人驾驶习惯自由选择控制方式。宇通客车仪表台上带有缓速器翘板开关，通过该开关可以解除或恢复缓速器脚控功能。缓速器脚控功能起动时，缓速器的脚控由脚制动阀控制，共分四级,随着制动踏板被踩下的幅度增加,缓速器的各挡位逐步工作。缓速器的手控和脚控方式,应留意客车具体配置;操作脚控开关(重踩踏板)时缓速器工作的同时整车刹车也工作,操作脚控开关(轻踩踏板)时或操作手控开关时仅缓速器工作。

3.4.3 防抱死制动系统(ABS)

在制动系统中除了这些基本系统装置外,GB 7258—2017 要求,车长大于 9 米的公路客车、旅游客车、未设置乘客站立区的公共汽车和专用校车必须安装辅助装置防抱死制动系统(ABS)。防抱死制动系统是在制动期间控制和监视车辆速度的电子系统。它通过常规制动系统起作用,能够充分利用轮胎与路面之间的峰值附着性能,提高汽车抗侧滑性能并缩短制动距离,充分发挥制动效能,同时保持车轮转动(防止车轮制动过程抱死),增加了汽车制动过程中的可控性,可提高车辆的主动安全性。ABS 失效时,常规制动系统仍然起作用。

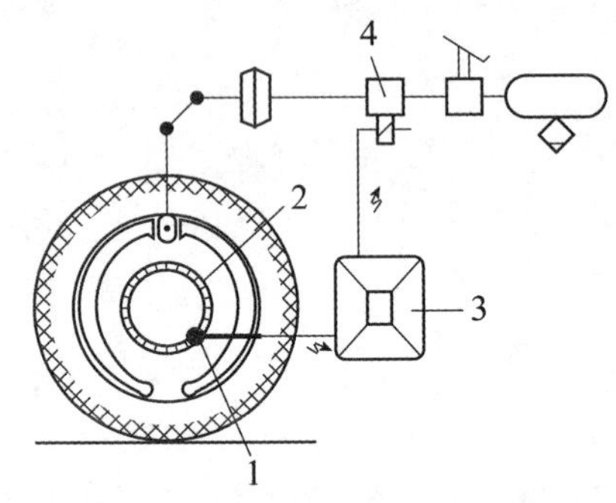

图 10-41　防抱死制动系统(ABS)原理及组成

1-轮速传感器;2-齿圈;3-电子控制器;4-压力调节器

(1)防抱死制动系统(ABS)原理及组成。

防抱死制动系统(ABS)原理及组成如图 10-41所示。其工作原理为利用速度传感器检测车轮的速度,然后把车轮速度信号传送到微电脑里,微电脑根据输入的车轮速度,通过压力调节器重复的减少和增加在轮子上的制动压力来控制车轮的滑动率,保持车轮转动。

(2)制动防抱死系统(ABS)的作用。

调节制动压力,防止车轮抱死,提高驾驶稳定性。

在湿滑路面上,利用峰值附着性能,缩短制动距离。

(3)防抱死制动系统(ABS)的优点。

①增加了汽车制动时的稳定性。ABS 系统可以防止车轮制动时被完全抱死,提高了汽车行驶的稳定性。资料表明,装有 ABS 系统的车辆,可使因车轮侧滑引起的事故比例下降 8% 左右。

②能缩短制动距离。这是因为在同样紧急制动的情况下,ABS 系统可以将滑移率控制在 20% 左右,从而可获得最大的纵向制动力。

③改善了轮胎的磨损状况。事实上,车轮抱死会加剧轮胎磨损,而且轮胎胎面磨耗不均匀,会使轮胎磨损消耗费用增加。经测定,汽车在紧急制动时,车轮抱死所造成的轮胎累加磨损费,已超过一套防抱死制动系统的造价。因此,装用 ABS 系统具有一定的经济效益。

④使用方便,工作可靠。ABS 系统的使用与普通制动系统的使用几乎没有区别,制动时只要把脚踏在制动踏板上,ABS 系统就会根据情况自动进入工作状态,如遇雨雪路滑,驾驶员也没有必要用一连串的点制动方式进行制动,ABS 系统会使制动状态保持在最佳点。此即 ABS 制动过程中的保压状态。

(4)防抱死制动(ABS)系统使用注意事项。

①ABS 系统的功能受限于车轮道路附着力,因此,在潮湿或光滑路面上行驶时,一旦发现车轮有抱死倾向,应降低车速,适应道路及交通状况,切勿利用 ABS 提供的有限安全功能进行冒险。

②一旦 ABS 系统发生故障,防抱死制动系统警报灯即亮,但不影响 ABS 外的其他制动装置,其他制动装置仍起作用,且对于这样的车辆应尽快去维修。

切不可误认为任何情况下 ABS 系统均能缩短制动距离,某些情况下,如在碎石路面或在下过雪的光滑路面上行驶时(通常需降速谨慎驾驶),制动距离可能更长。

当车辆装有防滑链条时,车辆的 ABS 系统将可能失效,使用制动时需慎重。

3.4.4 制动系统日常使用注意事项

①早上出车前检查风缸存风量,留意车辆高度是否平衡,漏风量是否过大。

②行车过程中留意仪表盘风缸风压。

③正常驾驶情况下将缓速器开关调到自动(1)位置,使用制动踏板联动控制,尽量不要用气压制动。

④不要空挡滑行车辆。

⑤单独使用缓速器受到道路条件的限制,在弯道或是下雨、冰雪路面及其他湿滑路面,请不要使用缓速器,以防止车辆在制动时失去控制而打滑。在此路况下应关闭缓速器控制开关。

⑥如果没有使用缓速器而缓速器的工作指示灯亮,则意味着缓速器出现故障,在这种情况下应尽快送维修服务站检修。

⑦缓速器工作指示灯是必不可少的,如果缓速器运行时指示灯不亮,应及时检查或更换。

⑧不可因安装缓速器忽视谨慎驾驶。为此需尝试交替使用一、二、三挡以观察车辆的稳定性和轮胎附着力。

⑨在手柄控制模式下,在车辆停止时请不要忘记将手柄回到“0”位,以避免电流不必要的浪费。

⑩缓速器使用后刚停时,其温度过高,禁止用手摸,以免烫伤,禁止冲洗以免变形。

⑪禁止使用腐蚀、挥发性溶剂清洗，清洗缓速器可以使用高压清洗水枪，但水压不能超过 2.3 千克/平方厘米，定子线圈接线等部位，只能用低压喷头清洗。

⑫清洗缓速器时必须断开电源总开关，控制盒严禁冲洗；清洗缓速器时，缓速器必须处于完全冷却状态，并且完全晾干后才能使用。

4　大客车电气设备的结构原理及日常维护

大客车电气设备主要包括电源系统、起动系统、灯光信号系统、仪表系统、空调系统、音响系统、车门控制系统、电子控制系统及其他辅助系统等。

4.1　电源系统

4.1.1　电源系统的功用及组成

大客车的电源系统也称充电系统，其主要作用是给大客车各用电设备提供低压直流电能。主要由蓄电池、发电机、电压调节器及充电状态指示装置等组成。

4.1.2　电源系统的日常维护注意事项

以宇通客车蓄电池的日常维护为例，主要是清洁蓄电池外部，检查线缆紧固情况。蓄电池外部应清洁无污物（严禁用水清洗蓄电池），特别注意检查排气孔及接线柱周围是否脏污，正、负极接线柱紧固到位。另外，还应每天检查蓄电池的液面高度，液面应处于最高“MAX”“MIN”之间。如果低于“MIN”刻度，需要加蒸馏水（注意不得随意加电解液）。

4.2　仪表、信号系统

驾驶舱仪表台包括各种显示仪表、信号灯（工作指示灯或故障警告灯）及各种组合开关等。

宇通客车仪表盘结构及 SCIANIA 仪表盘部分仪表及按键开关含义分别如图 10-42 所示。

a)宇通客车仪表盘

图　10-42

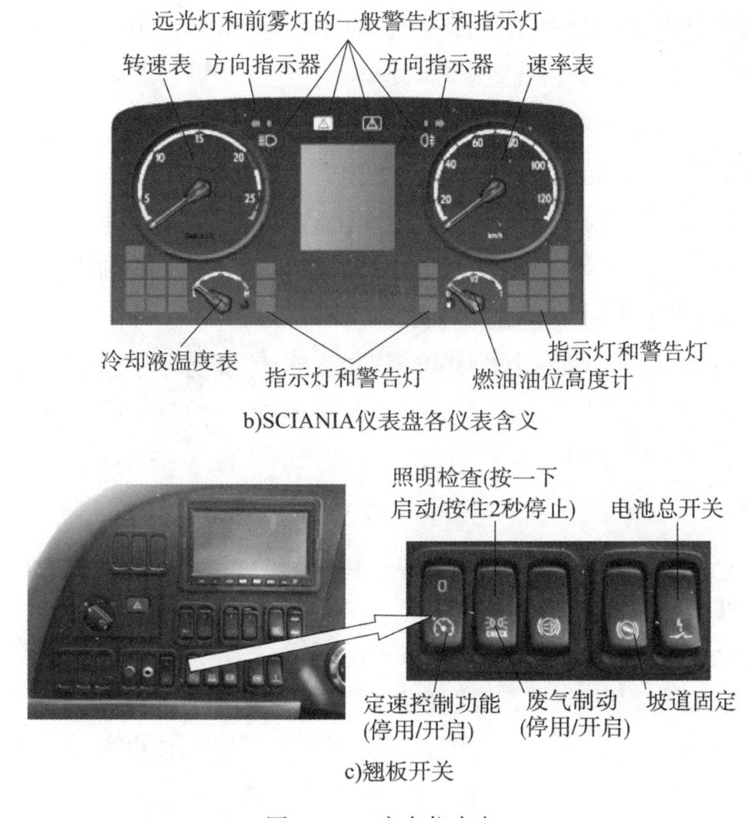

b)SCIANIA仪表盘各仪表含义

c)翘板开关

图 10-42　客车仪表盘

5　大客车的安全性装置

5.1　主动性安全装置

车辆安全系统中,主动安全性是指所有能让行进中的车辆停止或是降低速度或是降低车辆偏离正常行驶车道的设施设备,减少事故发生的可能,提高车辆的安全性,这种安全综合性能称为主动安全性。行车制动、辅助制动、ABS、ASR、ESP、TC 等均是主动安全设备,在车辆使用过程中确保这些主动安全设备的性能完好,可以发挥良好的主动安全性能,降低事故发生的可能性。

(1)ASR 系统。

汽车驱动防滑系统(Acceleration SlipRegulation 或 Traction Control System,简称 ASR 或 TCS)(日系车型称它为 TRC 或 TRAC),是继 ABS 后采用的一套防滑控制系统,是 ABS 功能的进一步发展和重要补充。ASR 系统和 ABS 系统密切相关,通常配合使用,构成汽车行驶的主动安全系统。

当车轮转动而车身不动或是汽车的移动速度低于转动车轮的轮线速度时,车轮胎面与地面之间就有相对的滑动,这种滑动称为“滑转”,以区别于汽车制动时车轮抱死而产生的车轮“拖滑”。驱动车轮的滑转,同样会使车轮与地面的附着力下降。

纵向附着力下降,使驱动车轮产生的牵引力减小,导致汽车的起步性能、加速性能和在滑溜路面的通过性能下降;而横向附着力的下降,又会降低汽车在起步、加速、滑溜路面行驶时的稳定性。汽车防滑转电子控制系统是在车轮出现滑转时,通过对滑转车施以制动力或控制发动机的动力输出来抑制车轮的滑转,以避免汽车牵引力和行驶稳定性的下降。

典型的具有防抱死制动和驱动防滑功能的汽车防滑控制系统中,驱动防滑系统和防抱死制动系统共用车轮转速传感器和电子控制单元(ECU),只在通往驱动车轮制动轮缸的制动管路中增设一个驱动防滑系统制动压力调节装置,在由加速踏板控制的主节气门上方增设一个由步进电机控制的副节气门,并在主、副节气门外各设置一个节气门开度传感器,即可实现驱动防滑控制。

(2)ACC 自适应巡航控制系统。

ACC 自适应巡航控制系统能自动调节车辆速度,与前行车辆保持安全行驶距离;通过听觉和视觉警示、发动机控制以及紧急情况下的局部制动对潜在的危险作出反应。该系统提高了车辆的安全性及驾驶员操作的有效性和舒适性。

(3)电子稳定性控制系统(ESC)和电子制动系统(EBS)。

ESC 提高了车辆的方向稳定性,防止了车辆侧翻、打滑和甩尾。EBS 缩短了制动距离,使整个制动过程中车辆的方向控制更稳定,并提高了驾驶的有效性和舒适度。同时 EBS 能减少刹车片的磨损,从而降低了维修成本。

(4)AEBS 紧急制动系统(On Guard Plus)。

AEBS 紧急制动系统(On Guard Plus)其实是将碰撞缓解系统(On Guard)技术提高到一个新的水平。这是一种先进的紧急制动系统,由威伯科在 2010 年 9 月首次公开推出。该系统通过融入最新的 EBS 和 ABS 技术扩大了 On Guard 系列的功能范围。与之前的系统不同,当前方正在行驶和减速的汽车停止时,AEBS(On Guard Plus)紧急制动系统可以作出反应,并且它的碰撞缓解功能可以对前方静止的汽车作出反应。On Guard 系统是一种碰撞缓解系统,可以在即将发生碰撞的情形下自主制动,达到 35% ~40% 的制动效果,On Guard Plus 系统可以在前方有正在行驶和减速的汽车时全面启用制动功能。

5.2 被动安全性装置

车辆安全系统中,被动安全性是指在车辆发生交通事故或意外后能降低事故损失或伤害的设施、设备或是特殊结构。例如,防撞梁、安全带、安全气囊、安全带收紧装置、柔性仪表盘、后翻头枕、伸缩转向盘等。

6　大客车的日常维护

下面以粤港公司日常检查的安全三检制度为例进行介绍。

6.1　出车前检查

(1)检查GPS信号、座椅电视功效、座椅下UBS插口充电功效。

(2)车身有无损坏(倒车镜是否松动、沙板扣是否牢固)。

(3)轮胎情况(花纹、胎侧表面、磨损情况)。

(4)灯光、喇叭是否正常。

(5)转向、制动是否正常。

(6)动力转向液(红色)、风扇液压油是否正常。

(7)冷却液是否正常。

(8)电池补充液、雨拔补充液是否正常。

(9)燃油、尿素(20%时会出现黄灯警示)是否正常。

(10)车辆安全设施是否齐全(玻璃锤、灭火器、三角牌、应急箱装置)。

(11)是否有漏油、漏水、漏电、漏气现象。

(12)其他警报信号(倒车、行李舱门、太平门、车门)是否正常。

(13)保证“四不”:不带故障出车,不酒后驾车,不疲劳驾驶,不违规行车。

(14)保证“四严”:严禁“三品”上车,严防火灾,严禁超载,严防车辆事故。

6.2　开车前检查

(1)上车前沿车身外围,目测车身完整(侧镜、车身、灯壳);有否障碍物;检查车胎(胎纹、胎身、胎压)。

(2)车上检查:起动电源(点火开关拧至“ON”但不起动)检查汽缸风压、刮水器、灯光,起动发动机前确保驻车制动手柄拉起、挂空挡。

(3)打开发动机舱,检查油、水、电、气,保证油、水、电、气“四不漏”,并检查驱动皮带松紧度。

车长每周检查车辆内容如下:

(1)检查机油(确保车辆不会起动,拔匙,打开发动机舱盖,抽出油尺,用抹布清洁,放回油尺,抽出油尺,检查油位)。

(2)检查冷却水水位。

(3)检查轮胎气压(根据轮胎气压标准)。

6.3　行车中检查

随时随地听、察发动机应无异响、无漏油、无漏水、无漏电现象,观察仪表的工作情况，手动、脚控制动交通是否影响行车的安全性，否则应立即停车检修或报修。若行车途中进入服务区休息时，利用休息时间检查轮胎的使用情况，检查轮轴辘头的发热情况。

6.4　收车后检查

(1)电源是否关闭(先关闭锁匙 2 分钟后才关闭电源)。

(2)检查车身有无碰擦。

(3)清洁车辆卫生。

(4)保证“四不漏”：不漏水、漏电、漏气、漏油。

(5)做好“四勤”：勤检查、勤维护、勤紧固、勤润滑。

(6)做到“五良好”：使用性能良好、润滑良好、密封良好、紧固良好、调整良好。

(7)保持“四清”：保持空气格、尿素加注口、冷气网和蓄电池的清洁。

模块小结

本模块主要介绍了汽车发动机、底盘、车身、电气设备的结构原理及使用注意事项，还介绍了大客车的主动安全性装置及被动安全性装置。知己知彼，才能百战百胜。作为汽车驾驶员，只有对所驾驭的汽车性能进行全面了解，才能熟悉使用，正确操作，保证安全行车。为此，从事长途运输的大客车驾驶员，需要了解大客车的主要结构及使用注意事项，并按要求正确操纵使用大客车，做好大客车的日常维护，使大客车始终处于良好的运行状态，从而保证大客车的安全运行。另外，正确认知所驾驶车辆的主动和被动安全性能，可以对动态安全车速有一个基本的掌握，在被动安全性能中，所有的驾驶员均应该认识到驾驶位置空间有限带来的被动安全性能受限的问题，在日常驾驶车辆过程中特别要注意与前车保持足够的安全距离。总的来说，对车辆各构件做必要的了解是正确操作车辆的基础；每天及每周对车辆状况的检查有助于驾驶人员掌握车辆的性能变化；正确操控车辆有助于安全。

练习提高

请说明柴油机不能起动的原因。

模块 11 节油驾驶技术

知识目标

1. 正确理解车辆节油驾驶的意义；
2. 了解客车加油驾驶的技巧。

能力目标

1. 能够按照道路交通状况选择正确的节油驾驶技术；
2. 能够按照客车维护规范维护车辆并达到节油和安全驾驶效果。

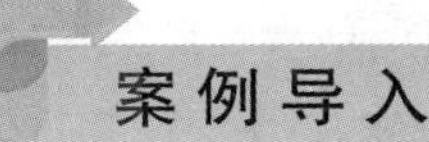

案例导入

从客车驾驶员到节油专家

常州公路运输集团有限公司乔森工作室的负责人乔森，从一名普通的长途客车驾驶员成长为在节能减排事业上不停逐梦的“草根节油专家”。

乔森于1994年进入常州公路运输集团有限公司，当了一名普普通通的客运驾驶员，每天开着大客车往返于城市之间。为了确保旅客安全，他苦练驾驶技术，熟悉各类路况特点，掌握各类车辆性能，凭借过硬的驾驶技术及丰富的安全行车经验和良好的驾车习惯，屡屡排除险情，创造了连续安全行车4000天的好成绩。

丰富的行车经验和熟练的驾驶技术并没有让乔森感到满足，他想，公路客运燃料成本太大，如果能有办法让行驶中的大客车减少柴油消耗，那将为企业省下一笔很大的开支，是为社会创造效益的。于是，乔森结合自己的知识和技术，在公司领导的支持下，与相关部门一起总结出了一套“乔森节油操作法”，并与身边的驾驶员分享。一段时间下来，大家不仅提高了驾驶的安全性而且节油效果明显，这也让乔森成了节油专家。

知识储备

1 客车工况特点介绍

普通道路客车运行特点如下：

(1)车速低:公交限速 70 千米/小时,平均车速≤40 千米/小时。

(2)怠速时间长,起停频繁:怠速占比很高,其余大部分转速处于 1200 转/分钟以下。

高速公路客车运行特点如下:

(1)车速限速:客车限速 100 千米/小时,平均车速 80 ~ 90 千米/小时,除正常高速运行外,进站出站基本处于城市工况。

(2)客运转速:随着客车行业发展,各个客车厂家对动力总成要求越来越高,客运车匹配小速比后桥已成趋势。小速比后桥对应的转速偏低,基本在 1300 转/分钟以下。

2 影响客车油耗的因素

影响客车油耗的因素有主观因素和客观因素,驾驶员为主观因素,客车本身为客观因素。除了外观设计上尽量降低空气阻力,减少油耗外,使用上以下因素对油耗影响较大。

2.1 怠速对油耗的影响

怠速对油耗的影响如图 11-1 所示。

由图 11-1 可知,不同怠速对油耗的影响如下:不同怠速时的燃油消耗率有些差异,在拥堵型工况下,怠速对油耗的影响大,拥堵型路况下,怠速对总油耗的影响为 5% ~10%。同一路况,怠速越低,油耗越低;700 转和 620 转的怠速油耗差异不大,而 800 转和 700 转的怠速油耗差异较大,为 2.8 ~4 升/100 千米。

怠速时,发动机还需带动发电机和空调压缩机等附件,需满足附件对转速的要求,因此,怠速不能过低。

2.2 不同驾驶习惯对油耗的影响

油门开度对油耗的影响:温柔小开度比粗暴大开度省油;换挡规律对油耗的影响:早换挡比晚换挡省油;制动习惯对油耗的影响:预见性好,制动少,才能省油,城市公交 1/3 时间在制动工况,制动会使能量加倍损耗。驾驶规律对油耗的影响为 5% ~30%。

2.3 整车质量、天气对油耗的影响

整车质量、天气对油耗的影响如图 11-2 所示。

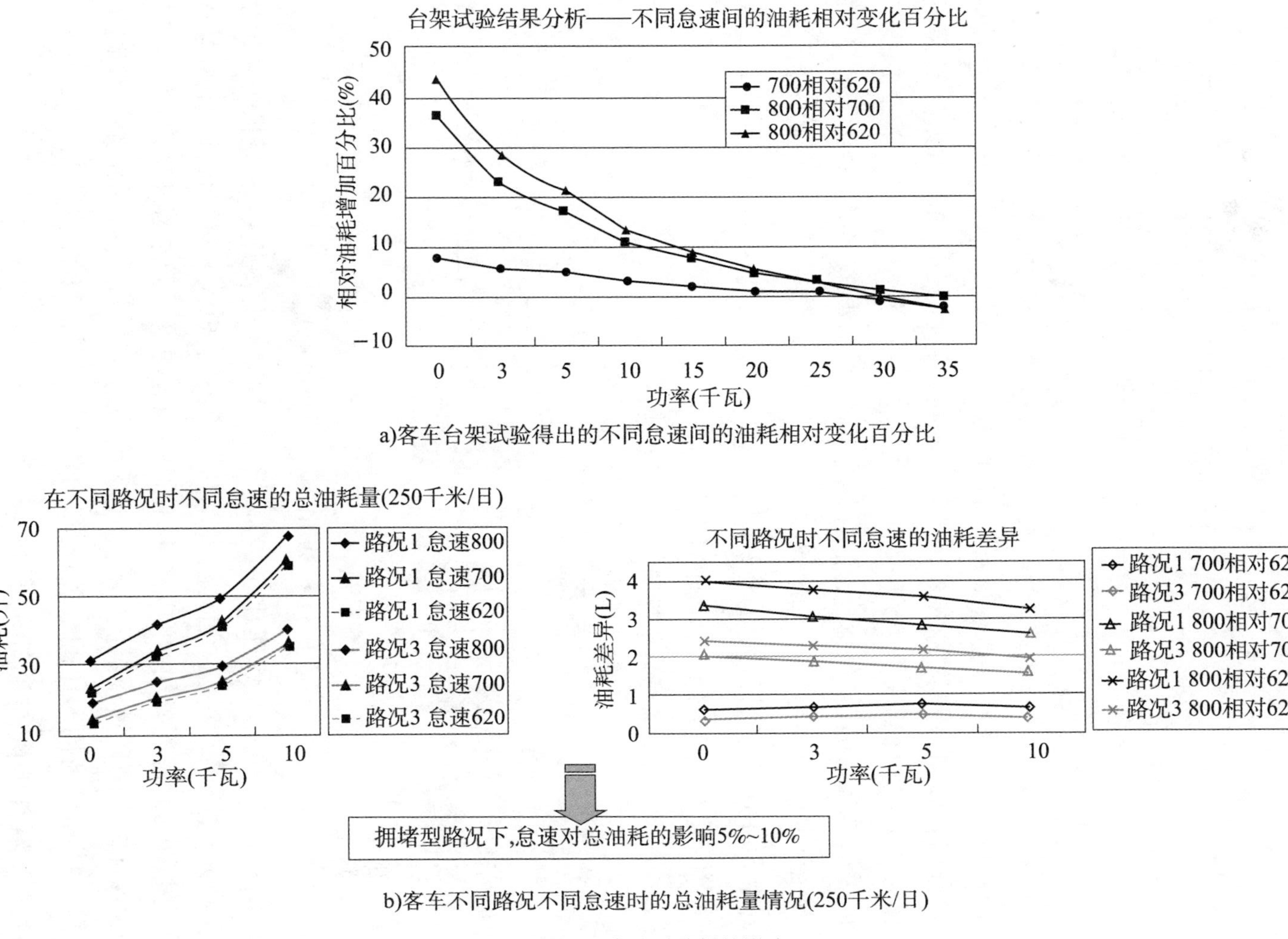

a)客车台架试验得出的不同怠速间的油耗相对变化百分比

b)客车不同路况不同怠速时的总油耗量情况(250千米/日)

图 11-1　怠速对油耗的影响

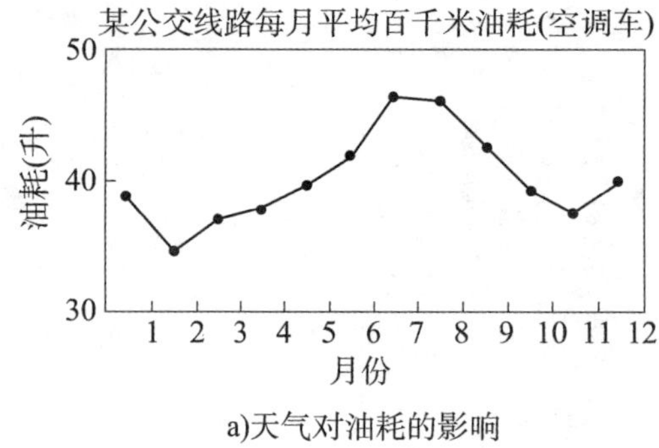

a)天气对油耗的影响

AVL-Crulse城市典型路况仿真计算

整车质量(吨)	百千米油耗(升)	*油耗变化(%)
9.9	26.28	–4.68
10.4	26.92	–2.36
10.9	27.57	0
11.4	28.18	2.21
11.9	28.82	4.53

注：*油耗变化：指相对10.9吨时的百千米油耗。

b)整车质量对油耗的影响

图 11-2　整车质量、天气对油耗的影响图

由图 11-2 可知,通过仿真计算,油耗随整车质量的增加而增加,接近线形规律。空载和满载油耗差异为 20% ~30% ;不同线路因载荷和车重差异导致的油耗差异为 5% ~10% 。另外天气对油耗的影响如下:其中空调车,无论开冷气还是开暖气都是能量的转换,因此,油耗随空调使用情况有冬季小峰,夏季大峰的规律;非空调车油耗受气温的影响较小。天气对油耗影响为 5% ~30% 。

2.4　动力匹配对油耗的影响

动力匹配对油耗的影响如图 11-3 所示。

主减速比的选择对经济性和动力性的影响

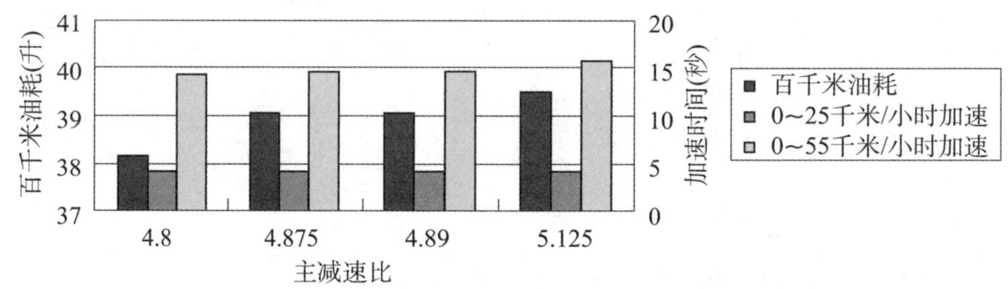

图 11-3　动力匹配对油耗的影响图

由图 11-3 可知,主减速比小,有利于发动机常用转速区的降低,改善经济性,但对动力性的影响较小(前提:发动机的低速扭矩大);不同的主减速器 – 变速器 – 发动机的搭配模块,可以产生不同的油耗结果,可差异 15% ~25% ,甚至大于 30% ;相同的变速器,不同的速比系列也会有不同的油耗结果。建议重点考虑第二挡和最高挡速比的合理选择。动力匹配对油耗影响为 5% ~25% 。

2.5　附件匹配对油耗的影响

附件功耗在功率输出中占一定比重,且功耗与油耗具有相关性,功耗高,油耗也高;功耗和转速、背压有关,转速越高,附件功耗越大;空调是最大的耗功附

件,根据有关资料,冷空调开启时的附件功耗在3~20千瓦之间。

(1)进、排气系统附件对油耗的影响。

进排气阻力的增加可使功率下降,油耗增加,阻力越大,对油耗的影响越大,当阻力过大,导致进排气不充分时,功率和油耗都将受到明显影响。

(2)空压机对油耗的影响。

附件功耗随转速的增加而急剧增加,有背压时的附件功耗是无背压时的2倍以上,空压机通常有背压,功耗不容忽略。

(3)发电机对油耗的影响。

发电机在中低转速,功耗随转速的增加而增加,功耗是输出功率的1.5~2倍,4千瓦时功耗7~8千瓦,4千瓦发电机是2千瓦发电机的2倍左右。

(4)风扇对油耗的影响。

理论上,风扇消耗功率与转速成三次方关系,而且风扇的噪声与转速成对数关系。因此,转速对功耗和噪声有较大影响,一般要求风扇的四周速度不超过60米/秒,圆周速度过高,噪声会很大,风扇叶片可靠性也会下降,超过70米/秒时,需验算叶片的强度。试验表明,风扇功耗随转速的增加而明显增加,占总附件功耗比例较大。实际车辆上,因背压较高,耗功更多。

总之,附件匹配合理性对油耗和功率的影响较大,不同的附件匹配情况,可以产生不同的油耗结果。发动机附件匹配对油耗的影响为5%~15%。

3 客车节油操作技能

受环境及能源的影响,节油已经越来越受重视,改善驾驶员的驾驶习惯可很好地达到节油效果,以下为几点节油操作提示(以宇通客车为例)。

3.1 起步操作要合理

起步时,要先对发动机进行预热,提供发动机的工作温度,特别是冬天开车前适当热车可很好降低油耗,发动机在冷状态下工作油耗明显高于热状态下;一挡起步,能够提供充足的动力,起步时应平稳、柔和加速、松离合、避免大加速。

3.2 注意起步加速,经济性换挡

起步加速时,发动机连续处于负负荷状态,燃油消耗比较大,发动机转速在绿色区域时的单位时间燃油消耗量为最小,所以每挡增速的目标应该在发动机转速为绿色区域范围。如图11-4所示为经济性换挡图,其中1挡换二挡:850~950转/分;2挡换3挡:1150~1250转/分;3挡换4挡:1200~1300转/分;4挡换5挡:1200~1300转/分。

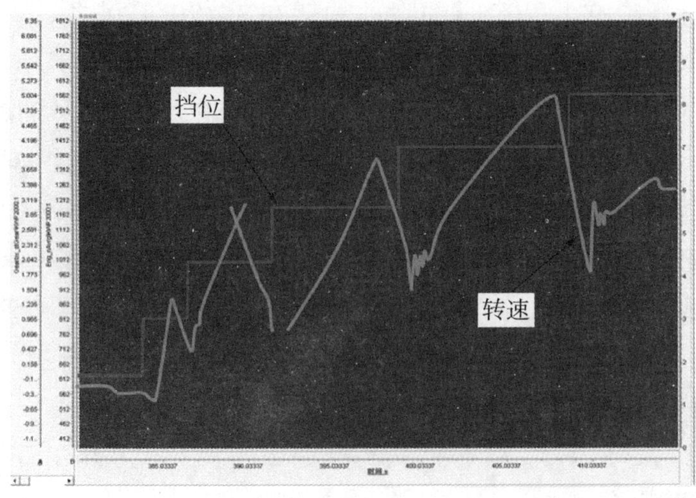

图 11-4　经济性换挡图

公交频繁起停、换挡习惯的好坏也影响着油耗。若起步时适当地换挡，则油耗低，起步时长时间不换挡则油耗高。

3.3　脚轻手快，合理选择挡位

轻踩加速踏板和制动踏板，换挡及时，避免高速低挡及高挡低速（加快磨损），相同速度下，使用较高挡位比使用较低挡位时发动机转速相对要低，发动机要更省油，应根据路况合理选挡；停车时提前减速，避免猛踩制动踏板。油门开度与瞬时喷油量实测关系如图 11-5 所示。

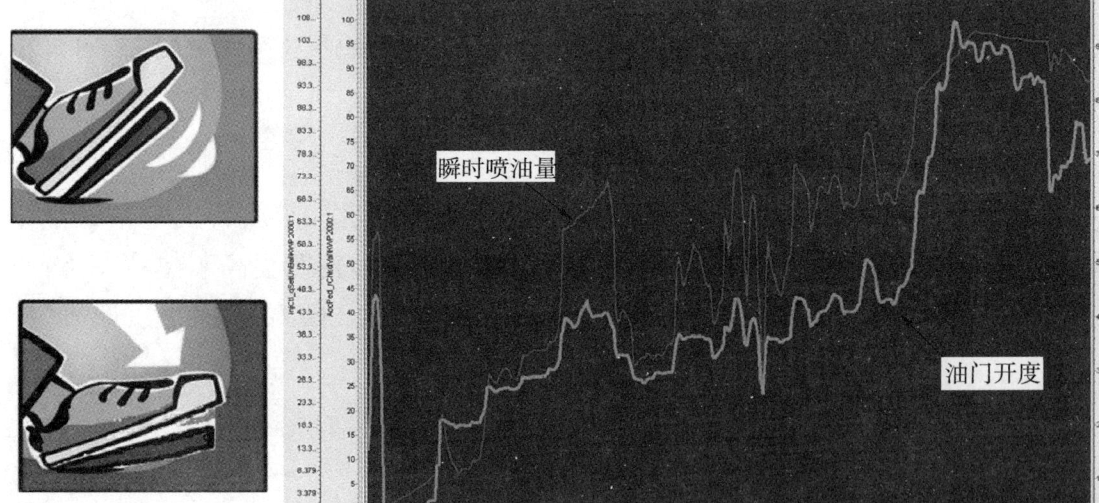

图 11-5　油门开度与瞬时喷油量实测曲线图

驾驶车辆尽量匀速行驶,变速行驶时因为重复加速和减速的操作行驶,燃油消耗量将明显提高,所以要保持匀速,加速踏板应尽量保持不动。

驾驶车辆控制最高车速。客车超过经济时速后,速度越快燃油消耗越多,即使在天气、路况都十分理想的情况下,也要特别控制最高速度。

3.4 避免长时间怠速

发动机空转时也是要消耗燃油的,控制怠速运转不超过 5 ~ 8 分钟;如果可能,在停车长时间等待时应尽量将发动机熄火而不能让它一直怠速运转。

3.5 增加预判减制动

起动加速时的燃油消耗与全力爬坡时油耗同样大。因此,要提高驾驶员对道路的预见性,减少制动次数,以减少停车次数,避免因先制动再加速而造成不必要的燃油消耗。

3.6 充分利用发动机倒拖不喷油特性

发动机在倒拖状态转速 800 转/分以上时将停止喷油,利用这一特性,在遇到大下坡时带挡滑行,可达到最大省油;车辆停车时,利用别挡,达到发动机倒拖,实现节油。

注意:不要刻意带挡滑行,例如,车速提高后再带挡滑行再提速,反而费油。

3.7 注意控制胎压

当胎压不足时,汽车阻力明显增加,油耗也相应会增加,此问题往往被驾驶员忽视。轮胎气压较正常低 20% 就会增加燃油消耗约 8%;当气压高时,燃油消耗量变低,但轮胎寿命却变短,附着力降低。

3.8 使用空调有讲究

夏季开空调前,应先打开窗待热气散发;行驶时,车窗要关严,避免增加发动机负荷,从而减少燃油消耗量;一般应将空调设置温度为 25℃,气温不是很高时应多用换气功能。

3.9 监控冷却温度

发动机在最佳的工作环境下才能达到最佳的工作效率。一般工作温度为 80 ~ 95℃,温度过低会使燃油燃烧不充分,导致燃油消耗量增大。

3.10 选择防冻液作为冷却液

有的车主为了省钱,采用自来水作为冷却液,发动机内腔极易结垢,影响发动机散热性能甚至堵塞管道,增加油耗。防冻液可以起到很好的防锈作用,使用防冻液的发动机故障率明显低于用水的。

3.11 爬坡时的节油技能

驶至坡顶前放开加速踏板，让车辆滑过坡顶，然后利用动能下坡，有效地节省油耗；驶至坡底前再度轻微加速，利用下坡冲力将车速提高而再次爬另外一处斜坡。

模块小结

建立良好的节油驾驶意识和行为习惯是一名合格的驾驶员的基本职业要求，而认知发动机动力输出扭矩图是节油驾驶的基础，做到平缓加速是节油驾驶的基本要领，预见性收油是节油驾驶的有效措施，良好的驾驶心态有助于节油效果的提高。

练习提高

请针对本模块所介绍的节油驾驶技术内容，思考并总结下一步自己将如何进行节油驾驶。

应用篇

单元5 驾驶评价

模块12 基于防御性驾驶技术的车辆驾驶人员驾驶评价

知识目标

1. 了解开展驾驶员驾驶评价的相关要求；
2. 了解评价项目的组成、内容和标准。

能力目标

能够基于“防御性驾驶技术”对驾驶员开展驾驶评价和指导，并形成书面评价意见。

知识储备

1 概述

1.1 评价对象

开展评价的对象主要包括企业新入职驾驶员上岗前的驾驶培训与评价、在职驾驶员驾驶操作再培训与评价、交通肇事(违规)驾驶员驾驶操作评价，通过驾驶员培训师的跟车评价，可有效发现并纠正评价对象存在的问题，并对评价对象进行及时督导，起到有效提高安全驾驶的作用。

1.2 评价工作要求

驾驶员培训师在开展评价作业过程中要做到公正客观、严肃认真、以身作则、言传身教、细心指导。

1.3 评价方法

驾驶员培训师通过对评价对象进行跟车作业，依据“防御性驾驶”技术的相关要求，对其驾驶作业过程按下列的各项要求进行全面评价，如实填写相关的基本信息，最终形成总体性评价。

2 驾驶评价具体内容

评价日期：________年________月________日

上一次的评价日期:________年________月________日

第________次评价

培训师:____

2.1 评价准备

如下内容由当班驾驶员填写,在对应的“□”内打“√”。

(1)是否清楚本次驾驶评价 清楚□ 不清楚□

(2)是否收到企业发出的驾驶评价通知书 收到□ 未收到□

(3)您如何理解驾驶评价(单选或多选)

有助于提高安全意识 □

有助于提高对车辆的认知 □

有助于提高规范操作的自觉性 □

有助于掌握防御性驾驶的关键技术 □

有助于提高自身的安全驾驶水平 □

没有作用 □ 没有必要 □

2.2 基本信息

如下内容在培训师指导下由驾驶人填写,在对应的“□”内打“√”。

姓名:________编制:________

主车:________机动:________

所属营运企业:____________________其他:____________________

车型:____________________车号:____________________

车辆登记时间:____________行驶总里程:____________

变速箱类别:机械手动□ 电子机械自动□ 液压自动□ 预选□

前进挡挡位数:12□ 8□ 7□ 6□ 4□

转向盘位置:左□ 右□

辅助减速器:液压□ 电涡流□ 没有□

2.3 评价目的

以下内容由培训师填写,在对应的“□”内打“√”。

(1)本次驾驶评价的属性 常规性□ 指定性□ 新入职□ 自评价□

(2)本次驾驶评价的目的

规范车辆操作 □

规范灯光使用 □

落实防御性驾驶关键技术 □

了解驾驶风格 □

记录自己驾驶情况 □

关键项目评价 □

2.4 评价基本情况

2.4.1 车辆基础检查

如下内容由培训师配合驾驶员实操并填写,在对应的“□”内打“√”。

(1)车辆外观。

外观完整 是□ 否□——损坏位置:____________________

外观清洁 是□ 否□

车内整洁 是□ 否□

(2)灯光检查。

转向灯正常 是□ 否□

示廓灯正常 是□ 否□

前照灯正常 是□ 否□

制动灯正常 是□ 否□

前雾灯正常 是□ 否□

后雾灯正常 是□ 否□

双闪灯正常 是□ 否□

车厢灯正常 是□ 否□

(3)油液气检查。

机油正常 是□ 否□ 是否滴漏 是□ 否□

冷却液正常 是□ 否□ 是否滴漏 是□ 否□

制动油正常 是□ 否□ 是否滴漏 是□ 否□

动力转向液正常 是□ 否□ 是否滴漏 是□ 否□

风扇液压油正常 是□ 否□ 是否滴漏 是□ 否□

变速器油底壳是否渗漏 是□ 否□

油箱或高低压油路是否渗漏 是□ 否□

风缸工作压力正常 是□ 否□

风路是否漏风 是□ 否□

(4)皮带及风格检查。

主传动皮带中间点静止情况下压变量 小于10毫米□ 大于10毫米□

皮带外表而是否开裂或起皮 是□ 否□

冷泵皮带(如有)开启冷气工作后是否跳动 是□ 否□

皮带外表面是否开裂或起皮　是□　否□
风扇皮带(如有)启动后是否跳动　是□　否□
皮带外表面是否开裂或起皮　是□　否□
风路是否堵塞　是□　否□　上次清理日期________

(5)轮胎检查。

左前轮轮胎花纹深度　小于5毫米□　大于5毫米□
是否偏磨　是□　否□
右前轮轮胎花纹深度　小于5毫米□　大于5毫米□
是否偏磨　是□　否□
左后轮主轮胎花纹深度　小于5毫米□　大于5毫米□
是否偏磨　是□　否□
左后轮副轮胎花纹深度　小于5毫米□　大于5毫米□
是否偏磨　是□　否□
右后轮主轮胎花纹深度　小于5毫米□　大于5毫米□
是否偏磨　是□　否□
右后轮副轮胎花纹深度　小于5毫米□　大于5毫米□
是否偏磨　是□　否□

(6)《行车日志》填写。

当班驾驶员是否填写《行车日志》　是□　否□
填写事项与以上检查是否相符　是□　否□
不相符的原因　没有检查□　检查项目不完整□　发生了变化□

(7)车辆基础检查及车容车貌和驾驶员着装评价。

对车辆基础性能了解情况　非常熟悉□　熟悉□　了解□　陌生□
完全不了解□
车辆外表剐碰痕迹情况　多于5处□　3~4处□　1~2处□　没有□
车辆外观清洁程度　清洁□　一般□　较脏□
车厢内整洁程度　整洁□　一般□　较乱□
车长着装　整齐□　普通□　未穿工装□

2.4.2　动态情况

天气：　晴朗□　阴雨□　暴雨□　狂风暴雨□
评价路段起点:____________时间:____________里程表:____________
途经点:____________时间:____________里程表:____________
终点:____________时间:____________里程表:____________

(1)车辆起动。

准确了解仪表板各按钮的含义及操作方式　是□　否□

准确了解各仪表指针或数值的含义及正常工作范畴　是□　否□

准确了解行程电脑的操作及读数的含义　是□　否□

开锁匙转动到“ON”后等待电脑自检完成后起动车辆　是□　否□

(2)车辆起步。

佩戴安全带　是□　否□

打转向灯　是□　否□

看后视镜　是□　否□

挡位选择是否合适　是□　否□

踩离合器后3～5秒挂挡　是□　否□

挂挡打齿　是□　否□

看后视镜　是□　否□

匀速起步　是□　否□

起步空转　是□　否□

评价路段每次起步情况一致性　100%□　70%□　50%□　30%□　10%□

(3)换挡时机。

起步后第一次升挡时机　正常□　转速过低□　转速过高□

其他升挡时机　正常□　转速过低□　转速过高□

加速过程　正常□　过急□　过慢□

降挡时机选择　正常□　车速过快□　拖挡□

评价路段换挡时机情况一致性　100%□　70%□　50%□　30%□　10%□

(4)车速控制。

高速公路路段车速控制　速度过慢□　守规则□　偶尔超速□　经常超速□

地方公路路段车速控制　速度过慢□　守规则□　偶尔超速□　经常超速□

城市道路路段车速控制　速度过慢□　守规则□　偶尔超速□　经常超速□

通过隧道路段车速控制　速度过慢□　守规则□　偶尔超速□　经常超速□

弯道及匝道路段车速控制　速度过慢□　守规则□　偶尔超速□
经常超速□
雨雾天气行车车速控制　比正常天气慢□　无区别□　没有发生□
对限速标志牌的反应　提前□　及时□　无视□　不觉□
(5)车距控制。
高速公路路段车距控制　过大□　守规则□　偶尔过小□　经常过小□
地方公路路段车距控制　过大□　守规则□　偶尔过小□　经常过小□
城市道路路段车距控制　过大□　守规则□　偶尔过小□　经常过小□
通过隧道路段车距控制　过大□　守规则□　偶尔过小□　经常过小□
弯道及匝道路段车距控制　过大□　守规则□　偶尔过小□　经常过小□
与左侧车道或障碍物距离控制　过大□　合适□　偶尔过小□
经常过小□
与右侧车道或障碍物距离控制　过大□　合适□　偶尔过小□
经常过小□
(6)视觉盲区。
保持扫视情况　基本做到□　偶尔做到□　较少□
看左边倒后镜间隔　大于10秒□　8秒□　6秒□　4秒□　2秒□
看右边倒后镜间隔　大于10秒□　8秒□　6秒□　4秒□　2秒□
车体盲区的判断　准确□　偶尔□　无视□
后视镜盲区的判断　准确□　偶尔□　无视□
路口盲区的判断　准确□　偶尔□　无视□
坡道盲区的判断　准确□　偶尔□　无视□
弯道盲区的判断　准确□　偶尔□　无视□
超车盲区的判断　准确□　偶尔□　无视□
会车盲区的判断　准确□　偶尔□　无视□
穿行盲区的判断　准确□　偶尔□　无视□
障碍盲区的判断　准确□　偶尔□　无视□
遇到视觉盲区所采取措施情况：
收加速踏板降低车速　是□　否□
将右脚放在制动踏板　是□　否□
视觉盲区判断准确度　100%□　80%□　50%□　30%□　10%□　0□
(7)信息沟通。
前行方向对进入15秒范围内的人车障碍物识别　准确□　偶尔□　无视□

前行方向对进入2秒范围内的人车交流　准确□　偶尔□　无视□
前行方向对进入2秒范围内的人车交流方式或措施：
鸣喇叭　是□　否□
闪前照灯　是□　否□
加速通行　是□　否□
减速或停车　是□　否□
前行后方对进入2秒范围内的人车交流　准确□　偶尔□　无视□
前行后方对进入2秒范围内的人车交流的方式或措施：
使用手势语言　是□　否□
使用灯光语言　是□　否□
当后车明确表示要超车时：
减速创造机会让行　是□　否□　故意压道□
当后车意欲超车而前方不具备条件时
鸣喇叭表示危险　是□　否□
打左(右)转向灯表示不允许超越　是□　否□
打双闪灯表示危险不允许超越　是□　否□
(8)规范使用灯光。
早上无太阳打开小灯行车　是□　否□
傍晚无太阳打开小灯行车　是□　否□
行经光线受遮挡路段打开小灯或视情况打开前照灯行车　是□　否□
基本上□____%
夜晚及时打开前照灯行车　是□　否□
正确使用高低灯行车　是□　否□
进入隧道前200米打开前照灯行车　是□　否□　基本上□____%
驶离隧道后200米关闭前照灯　是□　否□　基本上□____%
阴天是否打开小灯行车　是□　否□　基本上□
雨天普通公路打开________灯及前雾灯行车　是□　否□
雨天高速公路打开________灯及前后雾灯行车　是□　否□
遇前方突发情况下打开双闪灯行车　是□　否□
行驶中车辆发生故障打开双闪灯　是□　否□
暴雨天气视线严重不良打开双闪灯行车　是□　否□
浓雾天气视线严重不良打开双闪灯行车　是□　否□
转弯打开转向灯直至完成转弯　是□　否□　基本上□____%

行驶中变线或超车打开转向灯直至目的实现　是□　否□　基本上□___%

进入道路回旋处及驶出正确使用转向灯　是□　否□　基本上□____%　不了解□

(9)倒车。

选择正确的倒车点　是□　否□

关闭车内音响　是□　否□

打开双闪灯　是□　否□　基本上□____%

打开驾驶位侧窗　是□　否□　基本上□____%

遵守“宁前莫后”的原则　是□　否□　基本上□____%

(10)态度及道德。

驾驶车辆过程轻松愉快　是□　一般□

驾驶车辆过程严肃紧张　是□　一般□

驾驶开始至本次行程结束精神状态变化　明显下降□　变化不大□　极度疲劳□

文明行车不随意穿插变道　是□　否□

经常性连续变道　是□　否□

驾驶操作激烈无耐心　是□　否□　普通□

随意使用高灯或高音喇叭以警告他人　是□　否□

驾驶车辆过程中骂骂咧咧　是□　否□　时有发生□

驾驶车辆平顺性好舒适性高　是□　否□　不稳定□

驾驶车辆过程中接电话次数________次　总时间________分钟　单次最长时间________分钟

驾驶车辆过程中打电话次数________次　总时间________分钟　单次最长时间________分钟

驾驶车辆过程中使用手持接打电话 ________次

(11)安全意识。

对其他道路使用者的意图判断　准确□　一般□　不良□　极差□

驾驶反应　快□　正常□　慢□　迟钝□

驾驶过程中使用空挡滑行　是□　次数________　从不□

高速公路行驶过程中使用提早收油滑行降低车速　是□　偶尔□　从不□

高速公路行驶过程中使用辅助制动降低车速　是□　偶尔□　从不□

高速公路行驶过程中使用主制动降低车速　是□　偶尔□　极少□　无□

驾驶车辆过程中使用重制动次数__________次

驾驶车辆过程中使用急制动次数＿＿＿＿＿次【记录原因后面描述】

驾驶车辆过程中采用急打方向紧急避险次数＿＿＿＿＿次【记录原因后面描述】

高速公路主线直行经过出口时选择正确车道　是□　偶尔□　否□

整体驾驶过程中车道选择合理　是□　基本□　不好□　极差□

2.4.3　其他

经常性凝视　是□　偶尔□　否□

经常性发呆　是□　偶尔□　否□

对交通标志、标线理解并执行　是□　偶尔□　否□

中途停车检查车辆底部滴漏　是□　否□

中途停车检查前后轮胎气压　是□　否□

中途停车检查前后4个制动盘温升一致性　是□　否□

关停发动机之前关闭所有附属设备的运作　是□　否□

关停发动机之前怠速运行发动机3分钟　是□　否□

车辆停场后执行车辆检查　是□　否□

如果您是一名普通旅客,由该车长驾驶车辆时,您想坐在什么位置　前排□

中间□

本表评价总里程:＿＿＿＿＿＿其中非高速公路里程:＿＿＿＿＿＿隧道数量:＿＿＿＿＿＿

2.5　基本情况交流

2.5.1　驾驶员的驾驶感觉

＿＿＿＿＿＿＿＿＿＿＿＿＿＿＿＿＿＿＿＿＿＿＿＿＿＿＿＿＿＿

＿＿＿＿＿＿＿＿＿＿＿＿＿＿＿＿＿＿＿＿＿＿＿＿＿＿＿＿＿＿

＿＿＿＿＿＿＿＿＿＿＿＿＿＿＿＿＿＿＿＿＿＿＿＿＿＿＿＿＿＿

＿＿＿＿＿＿＿＿＿＿＿＿＿＿＿＿＿＿＿＿＿＿＿＿＿＿＿＿＿＿

2.5.2　培训师提醒事项

＿＿＿＿＿＿＿＿＿＿＿＿＿＿＿＿＿＿＿＿＿＿＿＿＿＿＿＿＿＿

＿＿＿＿＿＿＿＿＿＿＿＿＿＿＿＿＿＿＿＿＿＿＿＿＿＿＿＿＿＿

＿＿＿＿＿＿＿＿＿＿＿＿＿＿＿＿＿＿＿＿＿＿＿＿＿＿＿＿＿＿

＿＿＿＿＿＿＿＿＿＿＿＿＿＿＿＿＿＿＿＿＿＿＿＿＿＿＿＿＿＿

2.6　总体评价

总体评价:优秀□　良好□　合格□　不合格□

2.6.1 驾驶道德

2.6.2 对车辆技术性能的熟悉程度

2.6.3 职业道德

2.6.4 安全意识

2.6.5 防御性驾驶技术关键点的掌握程度

2.7 评价应用

2.7.1 培训师意见

2.7.2 驾驶员所属单位意见

2.7.3 企业安全部门意见

培训师签名：　　　　驾驶员所属单位负责人签名：

企业安全部门负责人：　　　　完成时间：

模块小结

《驾驶评价表》是基于对防御性驾驶技术涉及的“安全车速、安全车距、视觉盲区、信息沟通”四个关键要素进行设计，涵盖了驾驶员出车前、行车中、收车后的整个实践操作过程，对驾驶员的“安全意识、规范操作、驾驶道德、车辆技术”进行了全方位评价，借助培训师的经验和能力，有助于对驾驶员作出全面客观的评价和有效指导，为用人单位有针对性地开展驾驶员培训提供有力支持。

练习提高

1. 在行车过程中遇突发情况时，有哪些处置原则？你认为最重要的有哪些措施？

2. 遇道路交通事故时，驾驶员应采取的现场应急处置措施有哪些？

3. 事故现场伤员救护的重点有哪些？

附录　道路交通安全违法行为记分分值

一、机动车驾驶人有下列违法行为之一，一次记12分：

（一）驾驶与准驾车型不符的机动车的；

（二）酒后驾驶机动车的；

（三）驾驶营运客车（不包括公共汽车）、校车载人超过核定人数20%以上的；

（四）交通事故后逃逸，尚不构成犯罪的；

（五）道路行驶的机动车未悬挂机动车号牌的，或者故意遮挡、污损、不按规定安装机动车号牌的；

（六）使用伪造、变造的机动车号牌、行驶证、驾驶证、校车标牌或者使用其他机动车号牌、行驶证的；

（七）驾驶机动车在高速公路上倒车、逆行、穿越中央分隔带掉头的；

（八）驾驶营运客车在高速公路车道内停车的；

（九）驾驶中型以上载客载货汽车、校车、危险物品运输车辆在高速公路、城市快速路上行驶超过规定时速20%以上或者在高速公路、城市快速路以外的道路上行驶超过规定时速50%以上，以及驾驶其他机动车行驶超过规定时速50%以上的；

（十）连续驾驶中型以上载客汽车、危险物品运输车辆超过4小时未停车休息或者停车休息时间少于20分钟的；

（十一）未取得校车驾驶资格驾驶校车的。

二、机动车驾驶人有下列违法行为之一，一次记6分：

（一）机动车驾驶证被暂扣期间驾驶机动车的；

（二）驾驶机动车违反道路交通信号灯通行的；

（三）驾驶营运客车（不包括公共汽车）、校车载人超过核定人数未达20%的，或者驾驶其他载客汽车载人超过核定人数20%以上的；

（四）驾驶中型以上载客载货汽车、校车、危险物品运输车辆在高速公路、城市快速路上行驶超过规定时速未达20%的；

（五）驾驶中型以上载客载货汽车、校车、危险物品运输车辆在高速公路、城

市快速路以外的道路上行驶或者驾驶其他机动车行驶超过规定时速 20% 以上未达到 50% 的;

(六)驾驶货车载物超过核定载质量 30% 以上或者违反规定载客的;

(七)驾驶营运客车以外的机动车在高速公路车道内停车的;

(八)驾驶机动车在高速公路或者城市快速路上违法占用应急车道行驶的;

(九)能见度气象条件下,驾驶机动车在高速公路上不按规定行驶的;

(十)机动车运载超限的不可解体的物品,未按指定的时间、路线、速度行驶或者未悬挂明显标志的;

(十一)机动车载运爆炸物品、易燃易爆化学物品以及剧毒、放射性等危险物品,未按指定的时间、路线、速度行驶或者未悬挂警示标志并采取必要的安全措施的;

(十二)用隐瞒、欺骗手段补领机动车驾驶证的;

(十三)驾驶中型以上载客汽车、危险物品运输车辆以外的机动车超过 4 小时未停车休息或者停车休息时间少于 20 分钟的;

(十四)机动车不按照规定避让校车的。

三、机动车驾驶人有下列违法行为之一,一次记 3 分:

(一)驾驶营运客车(不包括公共汽车)、校车以外的载客汽车载人超过核定人数未达 20% 的;

(二)驾驶中型以上载客载货汽车、危险物品运输车辆在高速公路、城市快速路以外的道路上行驶或者驾驶其他机动车行驶超过规定时速未达 20% 的;

(三)驾驶货车载物超过核定载质量未达 30% 的;

(四)驾驶机动车在高速公路上行驶低于规定最低时速的;

(五)驾驶禁止驶入高速公路的机动车驶入高速公路的;

(六)驾驶机动车在高速公路或者城市快速路上不按规定车道行驶的;

(七)驾驶机动车行经人行横道,不按规定减速、停车、避让行人的;

(八)驾驶机动车违反禁令标志、禁止标线指示的;

(九)驾驶机动车不按规定超车、让行的,或者逆向行驶的;

(十)驾驶机动车违反规定牵引挂车的;

(十一)在道路上车辆发生故障、事故停车后,不按规定使用灯光和设置警告标志的;

(十二)上道路行驶的机动车未按规定定期进行安全技术检验的。

四、机动车驾驶人有下列违法行为之一,一次记 2 分:

(一)驾驶机动车行经交叉路口不按规定行车或者停车的;

(二)驾驶机动车有拨打、接听手持电话等妨碍安全驾驶的行为的;

(三)驾驶二轮摩托车,不戴安全头盔的;

(四)驾驶机动车在高速公路或者城市快速路上行驶时,驾驶人未按规定系安全带的;

(五)驾驶机动车遇前方机动车停车排队或者缓慢行驶时,借道超车或者占用对面车道、穿插等候车辆的;

(六)不按照规定为校车配备安全设备,或者不按照规定对校车进行安全维护的;

(七)驾驶校车运载学生,不按照规定放置校车标牌、开启校车标志灯,或者不按照经审核确定的线路行驶的;

(八)校车上下学生,不按照规定在校车停靠站点停靠的;

(九)校车未运载学生上道路行驶,使用校车标牌、校车标志灯和停车指示标志的;

(十)驾驶校车上道路行驶前,未对校车车况是否符合安全技术要求进行检查,或者驾驶存在安全隐患的校车上道路行驶的;

(十一)在校车载有学生时给车辆加油,或者在校车发动机引擎熄灭前离开驾驶座位的。

五、机动车驾驶人有下列违法行为之一,一次记1分:

(一)驾驶机动车不按规定使用灯光的;

(二)驾驶机动车不按规定会车的;

(三)驾驶机动车载货长度、宽度、高度超过规定的;

(四)上道路行驶的机动车未放置检验合格标志、保险标志,未随车携带行驶证、机动车驾驶证的。

参考文献

[1] 王杨.道路交通法规[M].北京:人民交通出版社股份有限公司,2017.

[2] 交通运输部职业资格中心.道路客货运输驾驶员从业资格培训教材[M].北京:人民交通出版社,2012.

[3] 交通运输部职业资格中心.道路客货运输驾驶员继续教育教材[M].北京:人民交通出版社,2012.

[4]《道路客货运输驾驶员职业素质教育培训指南》编写组.道路客货运输驾驶员职业素质教育培训指南[M].北京:人民交通出版社股份有限公司,2017.

[5] 交通运输部.安全驾驶从这里开始[M].北京:人民交通出版社,2013.

[6] 李利勤,张广友.道路交通安全管理[M].北京:人民交通出版社股份有限公司,2018.

[7] 交通运输部公路科学研究院.《道路旅客运输企业安全管理规定》释义[M].北京:人民交通出版社股份有限公司,2018.

[8] 张开云.大客车防御性驾驶技术[M].北京:人民交通出版社股份有限公司,2017.

[9] 交通运输部职业资格中心.机动车驾驶教练员四级[M].北京:人民交通出版社股份有限公司,2015.

[10] 马歇尔·卢森堡.非暴力沟通[M].北京:华夏出版社,2009.